클래식과 전쟁사

클래식 음악과 함께하는 재미난 전쟁사 이야기

클래식과 전쟁사
클래식 음악과 함께하는 재미난 전쟁사 이야기

2025년 5월 15일 초판1쇄 인쇄
2025년 6월 15일 초판2쇄 발행

지은이 | 서천규
교정교열 | 정난진
펴낸이 | 이찬규
펴낸곳 | 북코리아
등록번호 | 제03-01240호
주소 | 13209 경기도 성남시 중원구 사기막골로45번길 14
      우림2차 A동 1007호
전화 | 02-704-7840
팩스 | 02-704-7848
이메일 | ibookorea@naver.com
홈페이지 | www.북코리아.kr
ISBN | 979-11-94299-40-0 (03920)

값 22,000원

* 본서의 무단복제를 금하며, 잘못된 책은 구입처에서 바꾸어 드립니다.

CLASSICAL MUSIC & WAR HISTORY

클래식과 전쟁사

클래식 음악과 함께하는, 재미난 전쟁사 이야기

서천규 지음

북코리아

글을 시작하며

『클래식과 전쟁사』라는 제목이 다소 생소해 보여 전쟁사와 무슨 관계가 있는 것인지 궁금해할 수 있다. 물론, 여기에서 '클래식'은 'classical music', 즉 클래식 음악이라는 의미다. 오래전부터 전쟁은 많은 예술작품의 소재로 다뤄져왔다. 그 이유는 전쟁이 갖는 특성 때문이라고 할 수 있다. 삶과 죽음이 공존하는 전장(戰場)은 생존을 위한 인간의 본능이 적나라하게 드러나면서 긴장과 공포 등 다이내믹한 상황이 만들어진다. 적을 격퇴해야 내가 사는 것처럼, 한 번도 경험하지 못한 불확실성 속에 그대로 노출된다.

그 속에서 수많은 일이 벌어지고 이야기가 전해져 회자한다. 때론 마치 방금 본 영화처럼 아주 선명하고, 강렬하며, 자극적인 소재가 된다. 연극이나 소설 같은 문학작품은 물론, 미술과 음악 등에도 고스란히 옮겨져 인간의 심성을 깊숙이 자극한다.

전쟁은 인류가 지구에 존재하면서부터 늘 있었다. 정글이나 초원지대 야생의 동물들도 끊임없이 싸운다. 그 규모나 방법의 차이가 있을 뿐 인류도 고대 씨족사회나 부족사회부터 생존과 세력 확장을 위해 싸워왔다. 지금도 지구촌 어디선가는 인간이 누려야 할 자유, 인간의 권리, 행복 같은 말들과 관계없이 여전히 삶과 죽음을 다투고 있고 앞으로도 그럴 것이다.

클래식 음악 중에는 전쟁을 주제로 하는 작품들이 많다. 전쟁의 참상 속에서 생명과 가족애, 희망과 사랑, 인간애, 그리고 자유와 평화 등을 다루고 있다. 전쟁의 참담함도 다루고, 전쟁에 임하는 저항 의지를 고양하기도 하며, 어떤 경우에는 전쟁에서의 승리를 찬송하기도 한다. 그리고 어떤 경우에는 전쟁에서의 희생자를 추모하고 노래한다.

음식도 스토리텔링과 함께하면 더 맛이 나듯이 음악도 당시의 배경과 스토리를 알고 들으면 그 느낌은 완전히 달라질 수 있다. 클래식 음악을 들으며 전쟁사를 읽을 수 있다면 그 느낌은 크게 달라질 것이고, 거꾸로 전쟁사를 접하면서 그 전쟁이 소재가 된 음악을 듣는다면 훨씬 재밌어질 수 있다.

어느 영화의 한 장면이 생각난다. 휴식하던 대열 속에 갑자기 적이 쏜 포탄이 떨어져 순식간에 아수라장이 되었을 때의 병사들 모습이 선명하게 떠오른다. 일제히 대피하고 난 후 그들의 눈은 지휘관을 바라본다. 그 눈빛의 의미는 아마도 "어떻게 할까요?"라는 물음일 것이다. 그때 그러한 혼란 속에서 흔들리지 않고 의연하고 침착하게 지시해야 하는 것이 지휘관, 간부의 역할이다.

그렇다면 그 힘, 여유, 내공(內功)은 어디에서 나오는 것일까? 그 답 중의 하나가 예술적 정서이고, 그중에서도 클래식 음악은 우리에게 전통과 정형화된 형식, 변치 않는 가치를 간직한 채 무한한 해석과 심오한 울림을 준다. 고난과 역경, 긴장과 공포를 극복할 수 있는 힘과 용기는 바로 정서적 안정과 여유 속에서의 이성적 판단에 기초한다.

꼭 전쟁터가 아닐지라도 누구나 극도의 긴장과 불안감, 불확실성의 상황에 놓일 수 있다. 회사에서 업무를 보면서, 또는 새로운 도전을 시도하면서, 아니면 예기치 않은 중대한 상황이 발생했을 때 우리 중의 누군가는 나침반 역할을 해야 한다.

이 책에서 다뤄진 클래식 음악은 중세시대와 르네상스, 바로크, 고전주의와 낭만주의, 인상주의 음악가와 작품들이 주로 포함되었다. 그리고 '클래식 음악'의 범주를 넓은 의미에서 현대 대중음악에 대비되는 개념으로, 중세부터 20세기 초반까지의 교향곡, 소나타, 협주곡, 오페라 등을 망라했다. 그 이유는 음악사조에 의한 기술에 한계가 있었기 때문이다. 일례로 낭만주의 음악을 대표하는 작가가 르네상스 시기의 전쟁사를 배경으로 음악을 만들었다고 해서 르네상스 음악이라 할 수 없기 때문이다.

따라서 전쟁사를 시대적으로 풀어가면서 그 전쟁을 소재로 한 음악을 소개하는 형식으로 정리했다. 전쟁사는 11세기 십자군전쟁부터 20세기 제2차 세계대전까지 주요 전쟁사를 다뤘다. 전쟁사의 소개는 독자들의 이해를 돕고자 전쟁이 발생하게 된 전후 배경과 작전계획 및 작전상황, 그리고 관련된 사진이나 전투 장면을 다룬 그림 등을 골고루 담으려고 했다. 소개되는 클래식 음악도 작곡 배경과 구성, 그리고 작품이 다루는 내용과 필자의 감상 등과 함께 가급적 초연 당시 악보의 일부라도 제시해 이해를 돕고자 했으며, 소개된 음악은 QR 코드화하여 전쟁사를 읽으면서 음악도 들을 수 있도록 했다.

전쟁은 끊임없이 되풀이되면서 수많은 교훈과 전리(戰理)를 일깨워주고 있다. 클래식 음악에는 선율과 감동이 있고, 전쟁사에는 역사와 교훈이 담겨 있다.

을사년(乙巳年) 5월
불암산 기슭에서
일봉(一峯) 서천규

글 싣는 순서

5 글을 시작하며

PART 1　중세시대 전쟁과 바로크 음악　11

13　오페라의 단골, 십자군전쟁
39　백년전쟁이 만들어낸 《오를레앙의 처녀》
53　종교개혁과 30년 전쟁 그리고 스메타나

PART 2　1700년대 전쟁과 클래식 음악　65

67　〈왕궁의 불꽃놀이〉와 오스트리아 왕위 계승 전쟁
85　모차르트 그리고 오스트리아-오스만 전쟁
92　미국 독립전쟁 시기의 색다른 음악
99　미국의 남북전쟁과 오페라

PART 3　혁명과 나폴레옹, 그리고 클래식　111

113　프랑스 혁명전쟁과 베토벤, 하이든
129　나폴레옹 전쟁의 시작과 파가니니, 베토벤
144　러시아 원정과 청야전술, 그리고 차이콥스키
152　라데츠키 행진곡과 라이프치히 전투
170　나폴레옹의 100일 천하, 워털루 전투

PART 4 나폴레옹 이후의 전쟁과 클래식   181

- 183   혁명의 여진과 새로운 음악사조
- 195   보불전쟁과 브람스 그리고 생상스
- 211   핀란드에서의 전쟁과 애국적 교향시

PART 5 제국주의의 충돌과 제1차 세계대전   219

- 221   라벨과 베르됭 전투
- 230   드뷔시의 프랑스와 제1차 세계대전

PART 6 제2차 세계대전과 클래식   241

- 243   포위된 레닌그라드에 울려 퍼진 클래식의 선율
- 259   바그너와 히틀러, 그리고 제2차 세계대전
- 284   제2차 세계대전의 회상과 추모, 그리고 음악

- 297   글을 마무리하며
- 299   참고문헌
- 303   이미지 출처

PART 1

중세시대 전쟁과 바로크 음악

오페라의 단골, 십자군전쟁
백년전쟁이 만들어낸 《오를레앙의 처녀》
종교개혁과 30년 전쟁 그리고 스메타나

PART 1

오페라의 단골, 십자군전쟁

중세 시기를 흔히 '암흑의 시대'라고 한다. 이는 상대적 관점에서의 평가로 해석된다. 정치, 사회, 문화, 예술 등 여러 분야에서 이 시기가 고대 그리스-로마 시대보다 발전이 없었고, 30년 전쟁(1618~1648) 이후 계몽주의적 사상[1]의 발전과 근대국가 체계로 전환된 상황에서 중세를 바라보았을 때의 시각일 수 있다. 특히, 중세 시기에는 종교가 모든 것을 지배하고 인간의 세속적인 욕망과 정신이 철저히 무시되었기 때문에 그러한 결과가 나타났을 것으로 본다. "골이 깊으면 산이 높다"라는 말처럼, 중세가 종교에 함몰되어 많은 발전을 저해한지라 그 결과는 고스란히 1517년 루터(Martin Luther, 1483~1546)의 종교개혁 운동이나 1618년 30년 전쟁으로 이어졌다.

일반적으로 우리는 중세 시기를 476년 서로마제국[2]이 멸망하고 게

---

[1] 18세기 프랑스를 중심으로 유럽 전역에 퍼진 중세의 전통적·권위적 사상을 부정하는 혁신적 사상. 인간과 자연에 대한 합리적·과학적 인식에 의한 이성의 계발로 인류의 보편적 진보를 꾀하려 했고, 구래의 사상을 철저하게 비판했다.

[2] 로마제국은 기원전 6세기경부터 형성되어오다가 395년 동·서로마제국으로 분리되었다.

르만 민족의 대이동이 있었던 5세기부터 15세기 들어 그리스, 로마 문헌들이 재발견될 때까지 약 1천 년간, 르네상스(14~16세기) 시기 이전까지로 정의한다. 그중에서도 1095년부터 200여 년간 지속했던 십자군전쟁(1095~1291)과 1337년에 시작되어 무려 100년 넘게 진행되었던 백년전쟁(1337~1453)은 유럽 사회를 근본적으로 흔들어놓았다.[3]

중세시대에는 모든 정치와 권력, 사회, 경제가 종교를 중심으로 움직였기 때문에 음악도 종교음악, 특히 성가와 미사음악 등이 대부분이었다. 밀라노의 주교 암브로시우스(Ambrosius, 339~397)는 초기 교회음악의 기초를 정립했고, 6세기에는 교황 그레고리우스 1세(Gregorius I, 540~640)가 로마가톨릭의 전통적인 성가를 집대성했다. 13세기에는 계음에 의한 악보가 만들어져 17세기까지 '정량음악'[4]이 쓰였다. 그레고리오 성가로 대표되는 로마네스크 음악[5]을 중세음악의 1단계라고 하면 복음악(複音樂),[6] 즉 폴리포니(polyphony)[7]로 대표되는 고딕 음악을 중세 음악의 2단계로, 대략 13세기에서 15세기 노트르담이나 랭스, 쾰른 대성당 등의 고딕 양식 같은 웅장함과 다성악, 대담하고 복잡한 복음악적 구성 등의 특징을 나타낸다. 14세기에는 이른바 '대위법'이라는 작곡기법이 확립되기 시작하여 둘 이상의 독

서로마제국은 476년에 멸망했지만, 동로마제국은 1453년 오스만튀르크족에게 멸망될 때까지 지속했다.

3 N. Jaspert, P. Jestice 역, *The crusades*, Routledge, 2006.

4 주로 중세와 르네상스 시대의 음악이론으로서, 리듬이 자유로운 단선가(單線歌)와 대립된 것으로 사용되었다. 정량음악이란 13~16세기에 음(音)의 장단(長短)이 엄격하게 규정된 음악을 뜻한다. 따라서 악센트의 주기적인 반복의 의미는 여기에 포함되지 않으므로 근대의 음악을 정량음악이라고 부를 수는 없다.

5 로마풍(風)의 음악이라는 뜻인데, 초기 기독교 시대의 음악으로 7~9세기 로마를 중심으로 하여 발달한 단성적(單聲的)인 교회음악 양식.

6 독립된 선율을 갖는 둘 이상의 성부로 이루어진 음악 또는 그런 형식.

7 르네상스 시대 종교 합창곡에서 사용되던 양식. 몇 개의 성부가 독립된 노래를 동시에 진행하는 것으로, '모노포니'와 대립적인 의미.

립된 성부(聲部)를 결합하는 작곡기법이 발전했다.

십자군[8] 전쟁은 동로마제국 황제의 지원 요청을 받은 교황이 이를 받아들임에 따라 시작되었다. 1071년 동로마제국은 그동안 팽창을 계속해 오던 셀주크제국(현재 튀르키예, 이라크, 이란을 관할하던 제국)에 크게 패한 뒤 현재의 튀르키예(아나톨리아) 지역을 상실했다. 전쟁으로 재정이 크게 약화되었고, 게다가 남이탈리아의 노르만족, 북방의 페체네그족, 그리고 셀주크제국 등이 계속해서 압박해오고 있었다. 동로마제국의 황제는 이러한 압박을 해소하고 잃어버린 아나톨리아(튀르키예) 지역을 회복하기 위해 지원을 요청한 것이었다.

1095년 3월 피아첸차(이탈리아 밀라노 남쪽)에서 열린 공의회에서 교황은 동로마제국의 지원 요청 — "성스러운 교회를 수호할 수 있도록 이교도들에게 맞설 원군을 보내달라"는 내용 — 을 듣고 본격적으로 십자군을 모집함으로써 시작되었다. 물론, 이러한 결정에는 단지 동로마제국을 지원하기 위한 목적 외에 다른 배경도 있었다. 즉, 이교도들이 7세기경부터 급격하게 팽창함으로써 그동안 가톨릭이 장악하고 있던 레반트 지역,[9] 특히 예루살렘 성지를 637년 이슬람이 점령했기 때문에 이 기회에 이교도들을 청산하고 성지를 회복한다는 명목이 있었다. 또한, 성지순례를 가는 기독교인들이 그동안 많은 약탈과 피해를 보아왔는데 이를 보호한다는 목적도 충분히 공감을 갖는 내용이었다. 특히, 이번 기회에 교황의 권위를 동로마제국에도 인식시킴으로써 권력을 강화할 목적도 있었다. 그리고 십자군에 참여하는 신자들은 자신들의 재산을 가톨릭에 위탁했는데, 이 과정에서 챙기게 되는 경제적 이익도 기대했기 때문이다.

---

8   전쟁에 참여한 군인들이 예수를 기리기 위해 십자가를 가지고, 십자 문양을 의복이나 방패에 그려 넣고 참전했다고 해서 '십자군'이라 불렸다.
9   지중해 동쪽 연안 지역으로 시리아, 레바논, 팔레스타인, 요르단 그리고 이집트 일부 포함.

이렇게 교황이 십자군 원정을 결정하자 각지에서 15만 명이 넘는 신자들이 몰려들었다. 그런데 프랑스의 은수자[10] 피에르(Pierre l'Ermite, 1050?~1115?)는 십자군 원정의 본대가 출발하기도 전에 약 10만 명의 원정대를 꾸려서 먼저 출정했다. 이를 통상 '민중 십자군'이라고 한다. 그러나 이들은 식량, 보급품 등의 준비도 없이 출발하여 오합지졸의 모습이었고, 경유지에 있는 헝가리에서 주민들에게 많은 약탈을 하면서 십자군 원정 본래의 목적을 달성하지도 못하고 해체되었다.

1차 십자군 원정은 1096년부터 1099년까지 약 3년간 진행되었다. 최소 3만에서 약 8만의 원정군이 동로마제국령 유럽을 지나 아나톨리아(튀르키예 지역)를 가로지르며 튀르크인들을 격파하고 레반트로 진군했으며, 분

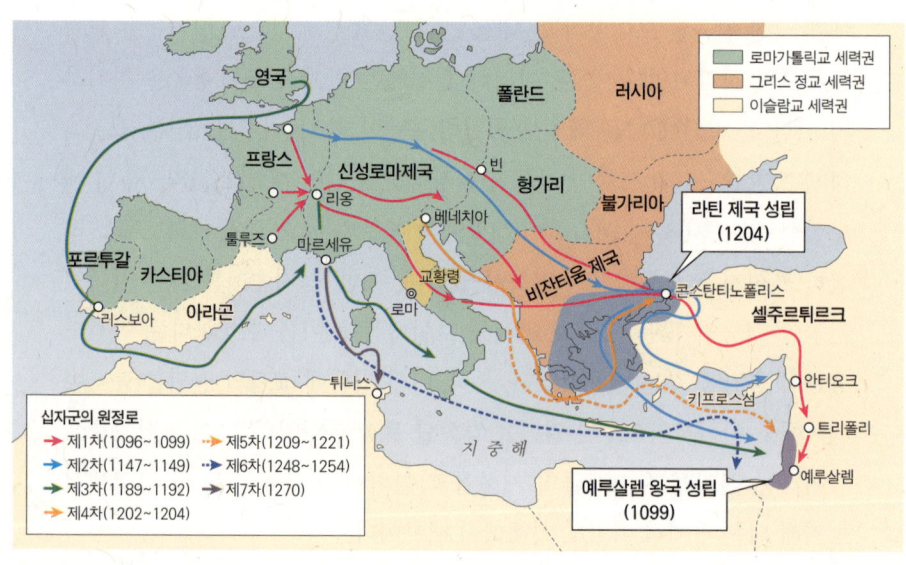

1~7차까지의 십자군 원정도

---

[10] 은수자(hermits)란 그리스도교에서 속세를 떠나 은둔하며 고행과 기도 등을 하며 살아가는 수도자를 뜻한다.

열 상태였던 레반트를 제압하고 예루살렘을 점령했다. 그 결과 레반트 지역에 예루살렘 왕국, 안티오키아 공국, 에데사 백국, 트리폴리 백국 등의 십자군 국가가 세워졌다. 1차 십자군 원정은 가장 성공적인 사례가 되었고, 유럽에서는 이를 찬양하는 목소리가 높아졌다. 왜냐하면 예루살렘을 정복한 경우는 6차 십자군 원정을 포함해 단 두 차례뿐이었기 때문이다. 1차 십자군 원정군이 성공적으로 예루살렘을 회복했다는 소식에 여기저기서 후속 원정군이 움직였다. 사정상 예루살렘 원정에 참여하지 못했던 자들과 1차 십자군 원정에 참여했다가 다시 원정한 자들로 구성된 십자군이 그들이다.

그중에서도 '롬바르디아 십자군'은 밀라노(이탈리아 북부) 대주교의 지휘 하에 1100년에 출발하여 니코메디아(튀르키예 앙카라 북서)에서 부르고뉴 십자군(프랑스 동부지역의 십자군) 및 잔여 1차 십자군과 합류했다. 동로마제국의

롬바르디아 십자군 원정도

PART 1 _ 중세시대 전쟁과 바로크 음악

알렉시오스 황제가 지원한 병력까지 가세한 롬바르디아 십자군은 레몽 백작(프랑스 남부와 이탈리아 북서부지역의 백작)을 총지휘관으로 하여 1101년 5월에 출발했다.[11]

1차 십자군의 이동로를 따라 도릴레온(튀르키예 중부)을 지나 앙카라에 이른 십자군은 안티오키아 공작 보에몽 1세(시칠리아 왕의 아들)가 튀르키예 동부지역을 다스리던 왕조에 잡혀갔다는 소식을 듣고 그를 구출하려 했다. 그러나 당시 여름이었고, 건조한 아나톨리아의 무더위에 노출된 십자군은 곧 지쳐버렸다. 강그라(튀르키예 북부)를 지나 카스타모누(Kastamonu, 튀르키예 북부)를 공격하던 십자군은 룸 술탄국의 클르츠 아르슬란(2대 술탄)의 공격을 받았다. 덥고 지친 차에 보급도 어렵고 끊임없이 공격을 받던 십자군은 1101년 8월 메르시반(Mersivan, 튀르키예 북부)에서 룸군, 다니슈멘드군(튀르

베르디의 오페라 《롬바르디아인》 표지와 악보 일부

---

11 Jonathan Phillips, *The crusades, 1095-1204*, Routledge, 2014.

키예 동부지역 왕조) 등 튀르크 연합군에게 공격당해 궤멸되었다.

1843년 이탈리아 왕국의 오페라 작곡가 베르디(Giuseppe Fortunino Francesco Verdi, 1813~1901)는 롬바르디아 십자군 원정을 주제로 오페라《롬바르디아인(I Lombardi alla prima crociata)》을 작곡했다.[12] 이 오페라는《나부코(Nabucco)》성공 직후 베르디가 작곡한 두 번째 성공작이다.

이 오페라는 이탈리아 롬바르디 출신의 시인 토마소 그로시(Tommaso Grossi, 1791~1853)의 대서사시를 테미스토클레 솔레라(Temistocle Solera, 1815~1876)가 오페라 대본을 만들었고 베르디가 그의 나이 30세 때 오페라로 작곡한 것이다. 4막 11장으로 구성되었는데 1막은 '복수', 2막은 '동굴 속의 은자', 3막은 '개종', 4막은 '성묘'라는 부제가 붙어있다.[13]

 베르디, 오페라《롬바르디아인》중 "La mia letizia infondere"

1막은 밀라노를 배경으로 시작된다. 파가노와 아르비노는 폴코 경의 두 아들인데, 비클린다라는 여인을 놓고 서로 차지하려고 한다. 동생인 파가노는 형을 죽이고 비클린다를 차지하려는 음모를 꾸미다가 발각되어 추방당한다. 파가노가 돌아왔을 때는 이미 형과 비클린다가 결혼해 지젤다라는 성숙한 딸도 있는 상황이었다. 아르비노는 파가노를 용서하고 화해한다. 아르비노는 롬바르디아 십자군의 지휘자로 임명되어 원정을 준비하고 있다. 하지만 파가노는 비클린다에 대한 사랑이 여전히 식지 않았고, 이를 친구이자 아르비노의 시종인 피로에게 털어놓는다. 이에 그들은 다시

---

[12] Jeremy Siepmann, *Life and Works; VERDI*, 낙소스(eBook), 2024.

[13] 박종호,『베르디 오페라: 26편의 오페라로 읽는 베르디의 일생』, 풍월당, 2021; https://m.blog.naver.com/opazizi/ 참조.

아르비노를 죽이려고 음모를 꾸민다. 어두운 밤에 무장한 무리가 아르비노의 집에 숨어들어 칼로 무자비하게 살해한다. 파가노가 피 묻은 칼을 들고 비클린다를 납치해 나오려는 순간 누군가와 마주치면서 소스라치게 놀라는데, 다름 아닌 아르비노였기 때문이다. 파가노가 아르비노로 알고 죽인 것은 바로 그의 아버지 폴코 경이었다. 사람들이 몰려나와 파가노를 비난했고, 그는 다시 추방당한다.

2막은 이슬람 안티오키아 왕국의 궁에 포로로 잡혀온 아르비노의 딸 지젤다, 파가노와 함께 추방당해 궁성의 성문 문지기를 하고 있는 피로, 그리고 왕궁 근처 동굴에서 수련하는 은자(파가노)가 등장한다. 안티오키아 왕국에서는 십자군의 공격을 걱정하며 논의하고 있다. 그런데 왕의 아들 오론테는 포로로 잡혀온 지젤다에게 반해 이슬람에서 기독교로 개종하겠다고 한다. 한편, 피로는 은자(파가노)를 찾아 과거 암살에 가담한 것을 속죄하려는데 어떻게 했으면 좋겠냐고 하자, 파가노는 밤에 십자군이 왔을 때 성문을 열어주면 모든 것을 용서받는다고 하고 십자군을 기다린다. 마침내 십자군이 안티오키아 왕국에 쳐들어왔고 왕궁은 소란스럽다. 이유는 아르비노가 지휘하는 십자군이 왕과 아들 오론테를 죽였기 때문이다. 지젤다는 놀라며 이건 하느님의 뜻이 아니라고 한다.

3막은 예루살렘 인근에서 시작된다. 죽었다던 오론테는 실은 상처만 입고 롬바르디아인 행렬 속에서 살아남았다. 지젤다는 아버지 아르비노 휘하에서 몰래 빠져나와 헤매던 중 오론테를 만나고, 둘은 도망을 가자고 약속한다. 한편, 아르비노는 십자군의 병사들이 진영 속에 파가노가 있다고 하면서 발견하면 그를 죽이겠다고 하자 그러라고 한다. 요르단의 어느 동굴에 지젤다가 전투 중 다친 오론테를 부축해 들어온다. 오론테는 죽음이 멀지 않은 상황이었다. 은자 파가노가 오론테에게 기독교로 개종하면 모든 것을 용서받는다고 하며 세례의식을 거행한다. 그리고 끝내 오론테는 죽어간다.

4막에서는 아르비노와 십자군이 마침내 예루살렘을 탈환하는 내용을 담고 있다. 지젤다는 꿈속에서 신의 계시를 받고, 사막 한가운데서 물을 발견해 지친 십자군을 안내한다. 십자군은 물을 마시고 승리를 확신하여 예루살렘으로 마지막 진격을 한다. 하지만 은자인 파가노는 마지막 전투 중 부상을 입고 아르비노의 막사로 들어온다. 파가노는 아르비노와 지젤다 앞에서 은자인 자신이 바로 동생임을 밝힌다. 아르비노는 마침내 그를 용서하고 부둥켜안는다. 그리고 파가노의 요청으로 자리를 옮겨 멀리 예루살렘의 십자군 깃발이 나부끼는 것을 보며 파가노는 숨을 거둔다. 그러면서 오페라의 막이 내린다.

베르디가 이 작품을 작곡할 당시 이탈리아는 오스트리아의 지배를 받고 있었다. 따라서 표면적으로는 십자군전쟁에서의 롬바르디아인을 노래하고 있지만, 그 이면에는 십자군처럼 이탈리아인이 하나로 뭉쳐 통일의 깃발을 꽂아야 한다는 애국심을 호소하는 내용이라고 할 수 있다.

베르디의 젊은 시절은 불행했다. 나폴레옹 전쟁으로 프랑스의 지배를 받았고, 이후엔 오스트리아의 지배를 받으며 애국심과 함께 저항, 독립에 대한 열망이 자연스럽게 배어있었다. 또 남의 경제적 도움으로 어렵게 음악을 공부해야 했다. 젊어 결혼했는데 딸과 아들이 연이어 죽었고, 결혼 4년 만에 아내도 병으로 죽었다. 거기에 오페라 공연도 실패하자 자살을 생각하기도 했다. 그러다가 1842년 오스트리아의 지배하에서 오페라 《나부코》를 공연했는데, 당시 이탈리아 사람들을 크게 자극하면서 대성공을 거두었다. 그 후 이탈리아 통일 운동에도 참여했고, 1860년에는 이탈리아 국회의원을 한 적도 있다. 오페라 《리골레토》, 《라 트라비아타》, 《돈 카를로》, 《오텔로》, 《팔스타프》 등이 우리에게 많이 알려진 곡들이다. 그는 1901년 88세의 나이로 숨졌다.[14] 살아생전 그는 같은 해에 태어나 활동했

---

14 전수연, 『베르디 오페라, 이탈리아를 노래하다』, 책세상, 2013.

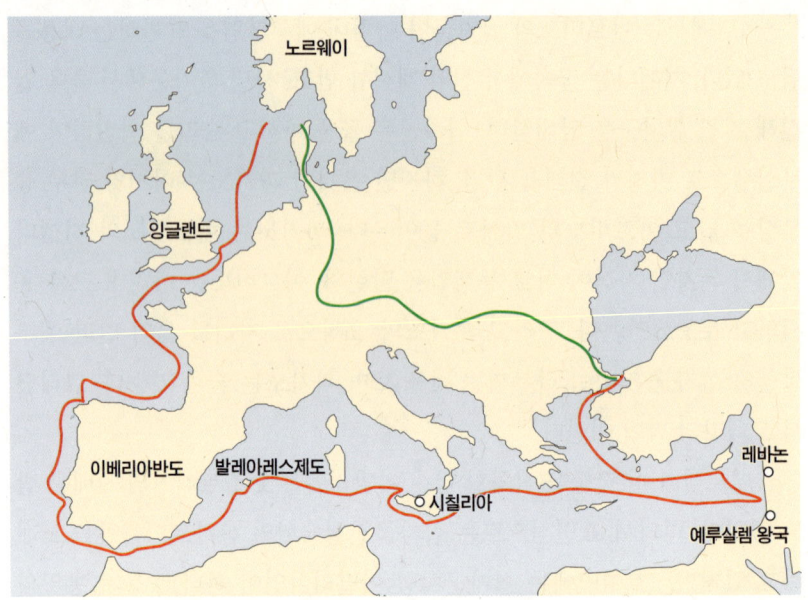

시구르 1세와 노르웨이 십자군 원정도

던 바그너를 가장 큰 라이벌로 생각했다고 한다. 바흐와 헨델이 같은 해에 태어난 것만큼 재밌는 얘기다.

한편, 노르웨이 십자군의 원정도 있었다.[15] 노르웨이 국왕 시구르 1세(Sigurd I, 1089~1130)는 국왕급으로는 처음으로 1차 십자군 원정 직후인 1107년부터 1110년까지 해상을 통해 십자군 원정을 했다. 시구르 1세는 1107년 약 5천 명의 병력과 60척의 갤리(Galley, 노 젓는 배)를 타고 노르웨이에서 출발하여 잉글랜드와 이베리아반도를 거쳐 시칠리아로 가게 된다. 중간에 해적의 습격도 받았으나 이를 격퇴했고, 이베리아반도에 있던 주변의 이슬람 소국들을 습격하기도 했다. 또한, 발레아레스제도에서는 개종하지 않은 이슬람을 학살하는 사례도 있었다.

---

15 Jonathan Phillips, 앞의 책.

노르웨이 십자군은 1109년 시칠리아에 도착한 후 키프로스를 거쳐 1110년 마침내 예루살렘 왕국에 도착했다. 그곳에서 예루살렘 국왕의 따뜻한 환대를 받은 뒤 예루살렘 왕국군과 연합하여 시돈(레바논)을 공격, 점령했다. 그에 대한 보답으로 성 십자가의 파편을 받는 등 많은 선물과 보물을 안고 육로로 귀환했다. 위의 요도(要圖)에서 적색 선은 예루살렘까지의 해상 이동로이고, 녹색 선은 육로로 귀환한 이동로다. 시구르 1세 국왕이 원정을 시작했을 때 그의 나이는 고작 18세였다.

노르웨이의 민족음악 발전을 대표하고 '노르웨이의 쇼팽'이라 불리는 그리그(Edvard Hagerup Grieg, 1843~1907)는 시구르 1세의 노르웨이 십자군 원정을 소재로 오케스트라를 위한 3개의 소품 〈십자군 시구르〉(3 Pieces for Ochestra, Op. 56, "Sigurd Jorsalfar")를 작곡했다. 3개의 소품 중 첫 번째 곡은 서곡으로 '왕궁에서(In the King's Hall)', 두 번째 곡은 간주곡으로 '보르길드의 꿈(Borghild's Dream)', 세 번째 곡은 '오마주 행진곡(Homage March)'으로 구성되었다.[16]

 그리그, 오케스트라를 위한 3개의 소품
〈십자군 시구르〉 중 세 번째 곡 '오마주 행진곡'

그리그는 1872년 십자군 원정에서 용맹스럽고 영웅적인 모습을 보인 시구르 1세에 관한 희곡에 넣을 부수음악으로 8곡을 작곡해 Op. 22로 출판했다. 이후 3악장의 오케스트라 모음곡으로 개정해 Op. 56으로 다시 출판했다. 희곡은 시구르 1세의 삶을 바탕으로 했는데, 시구르의 형제이자 공동 통치자인 아이슈타인 사이의 긴장, 보르길드와 형제들의 삼각관계,

---

16 Sandra Jarrett, *Edvard Grieg and His Songs*, Routledge, 2003.

그리그의 〈십자군 시구르〉 악보 일부

그리고 형제들의 화해에 초점을 맞추고 있다.

서곡은 우아한 행진곡으로 처음에는 바순과 클라리넷 테마로 시작한 후 오케스트라 전체가 참여하며 목관악기의 서정적인 섹션이 반복적으로 이루어진다. 두 번째 곡은 어둡고 신비로우며 현악기가 주로 연주되고, 마지막 곡에서는 형제간의 화해를 의미하듯 네 명의 솔로 '첼로'가 연주한 다음 현악기, 솔로 관악기, 금관악기로 확장된다. 이어서 타악기와 하프로 구성된 대조적인 중간 섹션이 도입되는 특징을 나타낸다.

그리그는 실제로 쇼팽을 매우 존경했다. 그의 음악은 서정성이 뛰어나고 노르웨이의 정서가 잘 반영되어 나타나는데, 그 이유는 노르웨이 민요를 많이 수집해 그 리듬을 곡조에 반영했고 민족음악에 많은 관심을 가진 결과로 보인다. 입센의 희곡 『페르귄트』의 부수음악을 의뢰받아 만든 〈페르귄트〉 모음곡에도 이런 정서가 잘 묻어나온다. 노르웨이 정부는 그가 죽었을 때 '국장'으로 그의 음악에 대한 예우를 다했다고 한다.

1차 원정과 2차 원정 사이의
레반트 지역

  십자군 원정은 크게 아홉 차례로 구분한다.[17] 좀 더 살펴보면, 2차 십자군 원정은 1차 원정이 끝난 지 약 45년 후인 1145년부터 1149년까지 있었다. 1차 원정의 성공으로 십자군은 예루살렘 왕국과 몇 개의 공국, 백국(백작이 통치)을 세웠는데, 그들 내에서 왕권 계승 문제로 갈등이 생겨 크게 약화되었고 주변 이슬람 세력이 다시 확장되는 상황이었다. 그러던 중 1144년 가장 약화된 에데사 백국이 결국 이슬람의 침략을 받고 무너지는 일이 발생했다.

  이에 교황은 "1차 십자군 원정의 영광을 재현하고 에데사를 되찾자"라는 명목으로 십자군을 조직했다. 프랑스의 루이 7세(Louis le Jeune, 1120~1180)와 독일의 콘라트 3세(Konrad III, 1093~1152)가 주축이 된 십자군 원정이

---

17 N. Jaspert, P. Jestice 역, 앞의 책.

이루어졌다. 그러나 이들은 이동 중에 튀르키예 군대에 자주 공격을 받아 큰 피해를 입었다. 간신히 예루살렘에 도착하여 다마스쿠스 왕국(지금의 시리아)을 공격했다. 우방이라고는 하지만 이슬람 세력의 딸이 다마스쿠스 왕국의 아타베그[18]와 결혼했다는 이유였다. 하지만 전투 결과는 참담했다. 약 4일간의 전투였으나 이동하면서 크게 약화된 탓에 제대로 싸워보지도 못하고 궤멸되어 회군할 수밖에 없었다. 2차 원정은 왕들이 직접 출정했음에도 성과 없이 끝났다.

3차 십자군 원정은 1189년부터 1192년까지 있었는데, 1187년에 이슬람의 살라흐 앗딘(Salah ad-Din Yusuf ibn Ayyub, 1137~1193) 군주에게 빼앗긴 예루살렘을 되찾기 위해 이루어졌다. 흔히 이를 '왕들의 십자군'이라고 부른

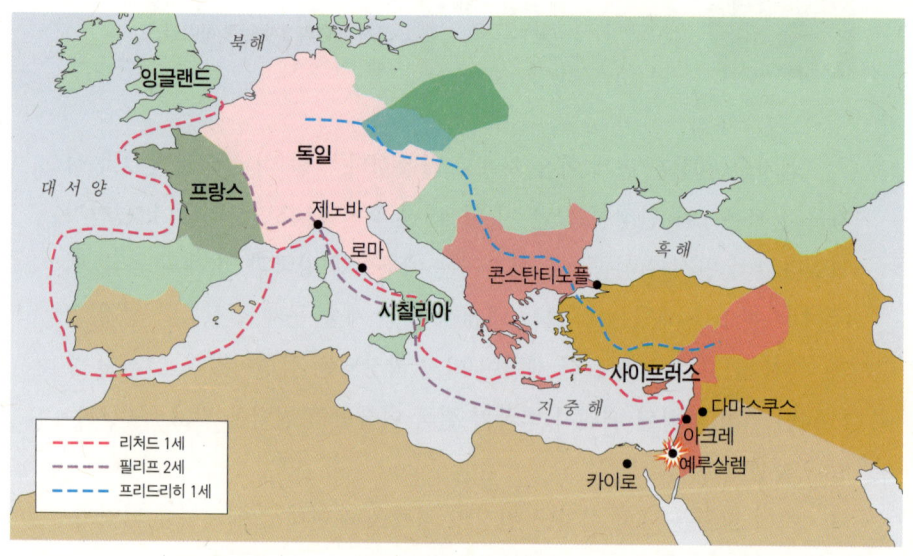

3차 십자군 원정 이동로

---

18 아타베그는 지배자의 어린 아들 중 한 명을 가르치는 스승을 의미하기도 하고, 총사령관 또는 영주를 의미하기도 한다.

다. 유럽을 좌우하던 신성로마제국의 프리드리히 1세(Friedrich I, 1122~1190), 잉글랜드의 리처드 1세(Richard I, 1157~1199), 프랑스의 필리프 2세(Philippe II, 1165~1223) 등이 모두 참여했고, 최대 규모의 군대가 투입되었기 때문이다. 그러나 실속은 없었다. 십자군 각각은 규모가 컸음에도 협조된 작전을 수행하지 못했는데, 이슬람은 살라흐 앗딘을 중심으로 하나로 뭉쳐 있었다. 특히, 프리드리히 1세가 튀르키예를 지나 작전을 수행하던 중 강에 빠져 익사함으로써 독일 십자군은 대부분 그냥 돌아갔다.

결국, 잉글랜드의 리처드 1세가 중심이 되어 작전이 수행되었으나 예루살렘은 되찾지 못했고, 일부 레반트 지역의 도시들을 회복하는 데 그쳤다. 그 대신 예루살렘 성지를 순례하는 신도들을 상호 보호한다는 합의를 하고 원정을 마쳤다. 3차 원정의 영웅은 이슬람의 군주 살라흐 앗딘으로 후세에도 많이 거론되는 인물이다. 아울러 잉글랜드 리처드 1세의 지략과 용맹성도 그에 못지않게 회자하고 있다.

4차 원정은 1202년부터 1204년까지 있었는데, 마찬가지로 예루살렘 성지를 회복하려는 목적으로 이루어졌지만, 결과는 완전히 다르게 나타났다. 교황의 십자군 원정 요구에도 불구하고 잉글랜드, 프랑스, 신성로마제국 등은 모두 상황이 여의치 않았고, 별로 득이 되지 않는다고 판단해 미온적이었다. 결국, 교황의 설득으로 프랑스계의 기사와 영주들이 나섰는데 샹파뉴, 블루아, 아미앵, 플랑드르, 부르고뉴 등 프랑스 동북부계가 주축이 되었다. 그들의 목표는 이슬람 세력의 주축인 이집트의 아이유브 왕조였다. 이를 위해서는 육로보다 해상으로 이동하는 것이 효과적인데 배가 없었다. 그래서 결국, 이탈리아 북부 베네치아 왕국과 협상을 통해 자금을 지급하고 배를 지원받기로 계약했다. 하지만 약속한 일자에 항구에는 십자군 병력의 집결도 절반을 넘지 못했고, 이로 인해 베네치아와 계약했던 자금 지급도 어렵게 되었다. 그러면서 날짜만 가고 계속 지연되었다.

상황이 이렇게 되자 베네치아에서는 어떻게든 자금을 받아낼 방책을

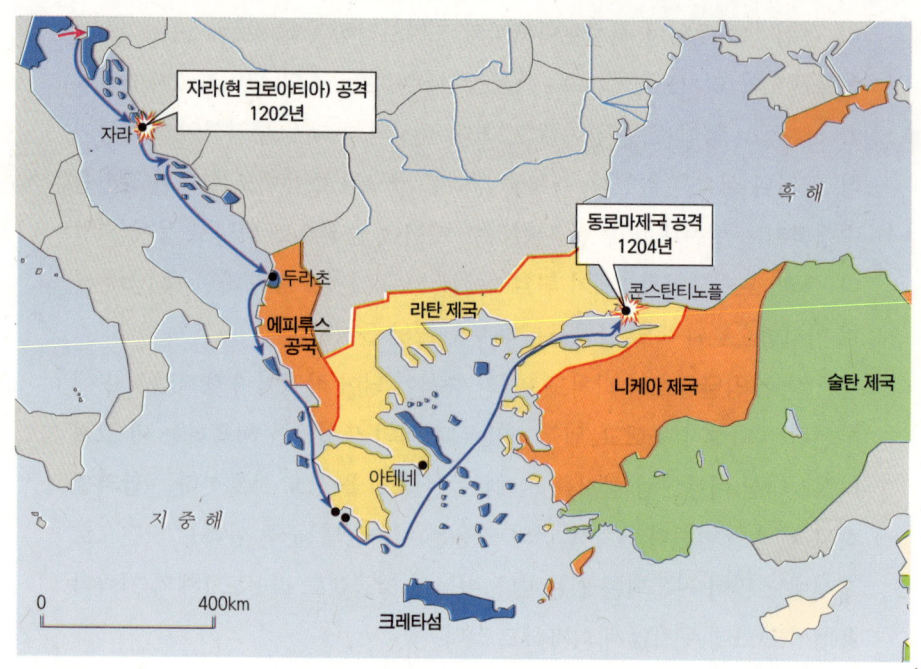

4차 십자군 원정군 이동로와 동로마제국 공격 상황

제안하는데, 병력을 기다리는 동안 주변에 있는 헝가리 보호령의 자라(현재의 크로아티아) 지역을 공격해 약탈함으로써 자금을 확보하자는 것이었다. 그런데 그곳은 기독교 국가였다. 따라서 자라를 공격하는 것은 교황청의 큰 반발을 살 것이 틀림없었다. 그러나 십자군 원정대는 자금난에 더 이상 버틸 수 없었고 이내 자라를 공격해 함락시키면서 많은 재화를 약탈했다. 물론, 대부분 재화는 베네치아 자금으로 지급되었다.

그런데 뜻밖의 제안이 왔다. 동로마제국에서 폐위된 황제의 아들(이사키오스 2세 황제의 아들 알렉시오스)이 찾아와 제위를 되찾게 도와달라면서 많은 대가를 지급하겠다는 것이었다. 십자군 원정대의 목표는 동로마제국의 콘스탄티노폴리스로 바뀌었다. 1203년 6월 24일, 십자군-베네치아 연합군의 대함대는 콘스탄티노폴리스 앞 마르마라해에 도달했다. 동로마제국은 결사적으로 항전했으나 버틸 수 없었다.

십자군 원정대는 결국 1204년 4월, 콘스탄티노폴리스를 정복하고 동로마제국을 무너뜨렸다. 이 과정에서 무자비한 학살과 약탈이 이루어졌다. 교황청에서 보면 참으로 난감한 일이었다. 4차 십자군 원정을 기점으로 가톨릭과 동로마제국의 정교회는 그야말로 완전히 갈라서게 되었다. 콘스탄티노폴리스의 함락으로 동로마제국의 잔여 세력은 니케아와 트라페준타, 이피로스 등으로 흩어졌는데 60여 년이 지난 1261년, 니케아제국이 주변 세력을 물리치고 콘스탄티노폴리스를 점령함으로써 동로마제국을 재건했다.

5차 십자군 원정은 이집트를 목표로 교황이 적극적으로 추진했다. 1217년 제네바 공국의 배를 지원받아 이집트의 북부 해안 도시 다미에타를 포위해 약 2년 만에 함락시켰다.

이집트 북부 다미에타 공방전

그러나 오랜 원정으로 많이 약화한 상태였으며, 이제 지원군 없이는 카이로를 향한 공세가 제한되었다. 신성로마제국 프리드리히 2세의 지원이 절실했으나 황제는 직접 참여하지 않고 일부 군대만 보냈다. 따라서 십자군은 제한된 전투력으로 카이로를 향해 공격할 수밖에 없었다. 설상가상으로 때는 우기인지라 나일강이 범람하는 최악의 조건을 만나 카이로까지는 접근하지도 못하고 중간에 결국 자멸하고 말았다.

6차 원정은 싸우지 않고 협상을 통해 예루살렘 일부를 기독교 영향권 아래 둘 수 있었는데, 1227년부터 1229년까지 진행되었다. 교황의 지원으로 신성로마제국의 황제가 된 프리드리히 2세(Friedrich II, 1194~1250)는 교황으로부터 몇 차례 십자군 원정을 요청받았으나 이를 거부하다가 어쩔 수 없이 십자군을 구성해 배를 타고 항해를 통해 원정길에 나섰다. 그런데 이슬람 세력도 오랜 전쟁으로 다소 소극적이고 싸울 의지가 없어 보였다. 이슬람권에 도착한 프리드리히 2세는 당시 아이유브 왕조 술탄의 조카와 협상을 벌였다. 결과는 십자군이 예루살렘의 일부 통치권을 갖고, 예루살렘 내의 이슬람 사원은 그대로 두며, 상호 성지순례 신자들을 보호한다는 내용으로 합의했다. 그러나 협상 결과에 대해 교황 측과 이슬람 왕조 측은 모두 심한 비난을 했다. 어쨌든 이런 결과로 다시 몇 년간 예루살렘의 일부를 기독교가 통제했고 평화의 시기를 가졌다.

7차 십자군 원정은 5차 원정에 이은 두 번째 이집트 원정이었다. 프랑스의 루이 9세(Louis IX, 1226~1270)가 1248년부터 1254년까지 자신의 백작 동생들과 함께 친히 원정길에 나섰으나 백작 동생은 죽고 루이 9세도 포로로 잡혀 대가로 상당히 많은 자금을 지급한 후에 풀려난 원정이었다. 예루살렘이 이집트 아이유브 왕조에 의해 점령되었다고 하자 루이 9세는 이집트를 직접 공격하기로 했다. 1248년 가을, 키프로스섬에 도착해 겨울을 보낸 후 1249년 6월 이집트 북부 다미에타를 점령했다. 여기까지는 순조로웠다. 이어 십자군은 카이로로 진군하기 위해 우기를 피해 11월 이동을 시

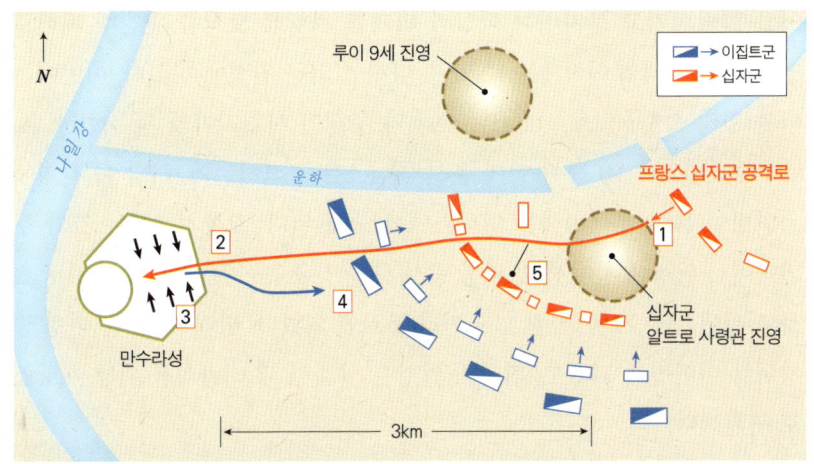

7차 십자군 원정 중 '만수라 전투' 요도

작했다.[19]

　중간에 있는 만수라는 중요한 길목이었는데, 기습을 통해 아이유브군을 공격해 큰 성과를 거두었다. 이에 루이 9세는 기습을 감행한 사령관에게 우선 철수 후 다시 공격을 명령했는데, 루이 9세의 동생인 사령관은 무시하고 만수라의 성문 안으로 진격했다. 그런데 성문 안에는 최고 정예 술탄친위대가 기다리고 있었다. 결국, 사방에서 공격을 받아 퇴각도 못 하고 손으로 셀 수 있을 정도만 살아남고 몰살되었다. 그리고 술탄친위대를 포함한 아이유브군은 루이 9세의 십자군을 향해 돌진했고, 북쪽에서 진격해 오는 군대와 함께 협공했다. 루이 9세는 포로로 잡혀 쇠사슬에 묶여 석방될 때까지 4년을 넘게 잡혀 있었다. 결국, 7차 원정도 실패로 돌아갔다.

　8차 원정도 루이 9세가 주도했다. 7차 원정이 끝난 후 아이유브 왕조는 술탄 바이바르스가 지배하고 있었다. 그는 1268년 안티오키아 공국(현재의 시리아)이 몽골군과 연합해 자신에게 반기를 들었다는 이유로 안티오키

19　Peter Jackson, *The Seventh Crusade, 1244-1254*, Routledge, 2007.

아를 함락시키고 무자비한 학살과 파괴를 자행해 도시를 완전히 폐허로 만들었다. 이에 루이 9세는 1270년, 다시 십자군 원정에 나섰다. 이번에는 아들 필리프 3세(Philippe III, 1245~1285)와 동생인 시칠리아의 왕 샤를(Charles Ier d'Anjou, 1226~1285) 등이 함께 우선 튀니스를 공격하는데, 하필 이 시기에 전염병이 돌아 루이 9세는 튀니스에서 죽게 된다. 교황청에서는 그가 두 번씩이나 원정에 참여했고, 원정 중 병사한 것을 높이 평가해 '성인(聖人)'으로 시성했으며, 그를 '성왕(聖王)'이라 부르게 되었다. 필리프 3세는 파병 중 왕위를 이어받게 되었고, 튀니스 원정은 실패한 채 대관식을 위해 프랑스로 귀환했다.

9차 원정은 8차 원정에 참여했던 시칠리아의 샤를과 이를 지원하기 위해 뒤늦게 도착한 잉글랜드의 에드워드 왕자가 합류해 십자군의 마지막 거점인 아크레로 향한다. 키프로스에서 함대를 지원받아 아크레로 향하면서 몇몇 전투에서 이기긴 했으나 결정적으로 술탄 바이바르스(Al-Malik al-Zahir Rukn al-Din Baibars al-Bunduqdari, 1223~1277)가 키프로스 본토를 공격하자 키프로스 함대는 철수하고, 에드워드 왕자 일행은 아크레에 고립되었다. 악전고투를 펼쳤으나 결국 에드워드와 샤를은 바이바르스와 10년간의 휴전협정을 맺고 1272년 철수하면서 십자군전쟁은 최종 종결되었다.

1291년 십자군 국가였던 예루살렘 왕국은 이슬람 제국에 의해 멸망하고 만다. 그러나 이후에도 십자군 국가를 되찾거나 성지를 회복하기 위한 십자군 원정은 17세기까지 지속했으며, 이슬람 왕국들과 크고 작은 싸움이 계속되었다.

십자군 원정은 유럽 사회에 많은 영향을 끼쳤다. 교황의 권위가 신장한 측면도 있으나 한계도 드러났다. 교황청의 요청에도 원정을 꺼리는 사례가 속출했고, 승인도 없이 동로마제국을 침략하기도 했다. 또한, 원정을 통해 유럽과 페르시아 문물이 교류되어 새로운 문화를 접하는 계기가 되었다. 특히, 십자군 원정은 많은 예술적 소재가 되었다.

수자의 〈십자군 행진곡〉 표지와 악보 일부

    음악에서도 예외는 아니었다. 미국의 작곡가 수자(J. P. Sousa, 1854~1932)는 1888년 〈십자군 행진곡(The Crusader)〉을 작곡했다.[20] 군악대풍의 이 곡은 연주시간이 약 4분이 채 안 되며, 경쾌하면서도 진중한 느낌을 준다. 편곡되어 각종 의식이나 행사에서 많이 사용되었는데, 누구나 들으면 "아! 이 곡~"하고 쉽게 이해할 수 있는 곡이다.

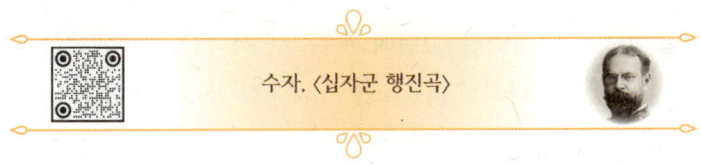

수자, 〈십자군 행진곡〉

---

[20] https://www.marineband.marines.mil/ 참조.

르네상스에서 바로크 초기의 이탈리아 음악가 몬테베르디(Claudio Monteverdi, 1567~1643)는 1638년 십자군 원정을 배경으로 마드리갈[21] 작품을 만들었다. 그의 〈마드리갈〉 8집(1638)에는 '전쟁과 사랑의 마드리갈(Madrigali guerrieri, et amorosi)'이라는 부제가 붙어있고, 2부로 나누어 1부는 전쟁, 2부는 사랑을 주제로 한 작품이 수록되어 있다. 여기서 전쟁은 바로 십자군전쟁을 말한다.[22]

십자군전쟁 중 이탈리아 십자군 탄크레디와 이슬람의 아름다운 여인 클로린다의 싸움(Combattimento di Tancredi e Clorinda)을 소재로 하고 있다. 두 사람 사이엔 사랑이 싹텄는데, 십자군전쟁으로 전투가 계속되면서 갑옷과 투구를 쓰고 싸우다 보니 탄크레디는 무장한 클로린다를 알아보지 못했다. 죽기 전 세례를 받겠다고 해서 투구를 벗기고서야 그녀임을 알게 되었다는 슬프고도 안타까운 사랑 이야기를 다루고 있다.

오페라 분야에서는 특히 많은 작품이 만들어졌다. 헨델(George Frideric Handel, 1685~1759)은 1711년 초연된 3막의 오페라 《리날도(Rinaldo, HWV 7a)》를 작곡했다. 이 작품은 1차 십자군 원정 중인 1099년을 배경으로 한 작품이다. 우리에게 잘 알려진 아리아 "나를 울게 하소서(Lascia ch'io pianga)"가 바로 이 오페라에 나오는 음악이다.[23]

십자군 원정대의 사령관 고프레도는 예루살렘을 포위한 채 수하 장군 리날도를 격려하는데, 전투에서 이기면 자신의 딸 알미레나와의 사랑을 허락한다는 내용이었다. 그런데 예루살렘 사라센 왕의 연인이자 마법을 가진 아르미다가 나타나 리날도를 패배하게 할 궁리를 하는데, 마법을 가

---

[21] 마드리갈(madrigal)은 14세기 및 16세기에 성행했던 이탈리아의 성악이며, 시에 음악을 붙인 형태로 세속적인 성악곡의 한 종류.

[22] https://it.wikipedia.org/wiki/클라우디오 몬테베르디 참조.

[23] 이혜진, 「헨델의 오페라 〈리날도〉를 바라보는 18세기 영국의 두 가지 시선」, 『예술문화연구』 26, 2019.

《리날도》 표지와 아리아 "나를 울게 하소서" 자필 악보 일부

진 그녀는 알미레나를 납치해 마법의 성으로 데려감으로써 리날도를 유인하려 한다. 리날도와 고프레도, 그리고 기독교의 마법사 등이 그녀를 구하러 가는데 아르미다의 성에서 사라센 왕은 납치된 알미레나에게 반해 사랑을 고백하지만, 거부당한다. 또한, 아르미다도 리날도에게 반해 유혹하지만 끝내 넘어가지 않는다. 마침내 기독교의 마법사와 고프레도가 도착해 알미레나를 구출하고 전쟁을 벌여 예루살렘을 점령한다는 내용이다.

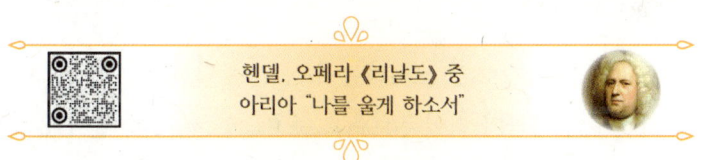

헨델, 오페라 《리날도》 중
아리아 "나를 울게 하소서"

헨델은 독일 할레에서 태어났다. 하지만 그의 대부분 음악 활동은 잉글랜드에서 이뤄졌다. 바흐와 같은 해인 1685년에 태어났고, 바흐와 함께

바로크 음악을 대표하는 상징적인 작곡가로 회자한다. 헨델은 아버지의 나이 63세에 늦둥이로 태어났다. 20대 초반에는 오페라 공부를 위해 이탈리아에 머무르기도 했고, 1711년 그의 나이 26세 때 잉글랜드에 휴가차 갔다가 오페라《리날도》가 대성공을 거두며 그곳에서 생활하기 시작했다. 당시 잉글랜드 궁정에서는 '왕립 음악 아카데미'를 설립했는데 내로라하는 유럽의 음악가들을 다 모았고, 그도 그곳에서 오페라 작곡가로 많은 오페라를 만들었다.

《파르페노페》,《올란도》,《소사르메》등 많은 오페라 작품이 있고, 오페라가 시들해지자 오라토리오에 관심을 두면서 1742년 우리에게 잘 알려진〈메시아〉를 작곡하여 큰 성공을 거뒀다. 하지만 헨델은 말년에 실명했다. 그의 나이 66세 때 한쪽 눈이 백내장으로 잘 안 보여 치료를 받았는데, 의사가 얼마나 엉터리였는지 반대편 눈마저 실명되었다고 한다. 그는 죽을 때까지 결혼하지 않아 사생활에 대해 알려진 것은 많지 않다. 1759년 74세의 나이로 숨을 거뒀는데, 비문에 이렇게 쓰여 있다.[24]

> 시대를 막론하고 / 가장 뛰어났던 음악가,
> 그의 음악은 단순한 소리를 뛰어넘은 / 감성의 언어였고,
> 인간의 수많은 열정을 표현하는 / 언어의 힘마저도
> 모두 초월한 것이었다.

'아르미다'를 소재로 한 오페라는 수십 편에 달한다. 오스트리아의 대표적인 고전주의 작곡가 하이든(Franz Joseph Haydn, 1732~1809)은 1784년 3막의 오페라《아르미다(Armida)》를 작곡했고, 바로크 음악을 대표하는 이탈리

---

24 https://namu.wiki/w/헨델 참조.

아의 작곡가 비발디(Antonio Lucio Vivaldi, 1678~1741)도 1718년 초연된 3막의 오페라 《이집트 전장의 아르미다(Armida al campo d'Egitto)》를 작곡한 바 있다. 또한, 이탈리아의 오페라 작곡가 롯시니(Gioacchino Antonio Rossini, 1792~1868)도 1817년 초연된 3막의 오페라 《아르미다(Armida)》를 작곡하는 등 많은 음악가가 오페라의 주요 소재로 활용했다.[25]

그런데 이들 오페라 작품은 대부분 1581년 출판된 이탈리아의 시인 토르콰토 타소(Torquato Tasso, 1544~1595)의 대서사시 『해방된 예루살렘(Gerusalemme liberata)』을 바탕으로 대본을 각색한 작품들이다. 타소는 1차 십자군전쟁을 배경으로 이 대서사시를 썼는데,[26] 줄거리를 간략히 정리하면 이렇다.

토르콰토 타소의 대서사시 『해방된 예루살렘』 표지와 서문

---

25 https://auditorium.kr/아르미다 참조.
26 주효숙, 「토르콰토 타소의 『해방된 예루살렘』 읽기」, 『이탈리아어문학』 42(0), 2014.

아르미다는 이슬람 왕국 왕의 연인이다. 전쟁 중 십자군의 군사 리날도를 죽이려 했지만, 그에게 반해 그를 마법의 성으로 데려간다. 리날도는 그녀의 마법으로 향락에서 헤어나지 못하고 있었는데, 동료 십자군 기사가 와서 결국 그를 구출하여 탈출시킨다. 아르미다는 복수를 위해 십자군과 전투를 하지만, 결국 패한다. 좌절한 아르미다가 스스로 목숨을 끊으려는 순간 리날도가 나타나 그녀를 제지한다. 그리고 그녀에게 기독교로 개종을 제안하는데, 마침내 그녀가 이를 허락하면서 해피엔딩으로 끝난다는 내용이다.

어쨌든 십자군 원정과 전쟁을 배경으로 한 오페라는 수십 편에 이른다. 단순히 전쟁을 소재로 한 것이 아니라 그 속에서 싹튼 사랑과 종교적 갈등, 그리고 인류를 구원하기 위한 메시지 등이 잘 나타나 있다. 대작이라고 하는 오페라 대부분이 이 시기를 배경으로 하는 작품이 많다.

백년전쟁이 만들어낸
《오를레앙의 처녀》

　십자군전쟁의 소용돌이가 채 가라앉기도 전에 이번에는 잉글랜드 왕국과 프랑스 왕국 사이에 백년전쟁이 발생해 무려 116년 넘게 지속했다. 1337년부터 1453년까지 지속한 전쟁은 단순히 두 왕국 간에만 국한된 게 아니라 동맹국들을 끌어들임으로써 유럽 사회에 적지 않은 변화를 가져왔다. 특히, 그동안 군인은 일종의 특권을 가진 귀족 자제나 기사계급이 중심이었는데, 백년전쟁을 거치면서 많은 변화가 생겼다. 즉, 평민도 군대의 일원이 되었고, 쌍무적 계약관계로 맺어진 봉건제에서의 군신관계와 달리 평민 출신들은 비로소 국가에 대한 의식과 함께 국민으로서의 정체성을 갖기 시작했다. 반면 중세 봉건제에서 대표적인 용병 그룹이었던 기사계급은 급격히 쇠퇴기를 맞게 되었다.

　백년전쟁을 흔히 프랑스 왕위 계승 문제를 놓고 벌인 전쟁이라고 하지만 그것은 명목이었고, 실제로는 영토 문제와 패권을 다투는 전쟁이었다. 당시 프랑스에는 잉글랜드 왕조 소유의 영토가 많았고, 잉글랜드에서 백작이나 공작이 임명되어 영주로 다스리고 있었다. 물론, 이들 영주는 기본적으로는 프랑스 왕의 지배를 받는 이중 구조를 갖는 셈이었다. 특히, 프랑스 북서부의 노르망디 지역은 노르만족이 점령했는데, 1066년 잉글랜드를 침략해 앵글로색슨 왕조를 무너뜨리고 노르만 왕조를 세웠기 때문에 잉글랜드로서는 반드시 지켜야 할 곳이었다.

1328년 프랑스 국왕 샤를 4세(Charles IV, 1294~1328)는 왕위를 계승할 아들 없이 죽음을 앞두게 되자 부왕 필리프 4세의 형제인 샤를(샤를 드 발루아) 백작의 아들 필리프 6세(Philippe VI, 1293~1350)를 후계자로 지명하고 숨을 거둔다. 그런데 잉글랜드의 왕 에드워드 3세(Edward III, 1312~1377)와 어머니 이사벨라(Isabella, 1295~1358)가 반대하면서 에드워드 3세가 프랑스 왕위를 계승해야 한다고 주장한다.

그 이유는 이사벨라가 죽은 샤를 4세의 여동생으로 당시 에드워드 3세의 부왕인 에드워드 2세(Edward II, 1284~1327)와 결혼했기 때문이다. 그런데 에드워드 2세가 양성애자인데다 정치적으로 무능하여 국정이 파탄에 이르자 이사벨라는 반기를 들고 쿠데타에 성공하면서 에드워드 2세를 폐위시킨다. 그리고 아들인 에드워드 3세를 왕위에 앉혔다. 이런 이유에서 이사벨라는 자신이 샤를 4세의 누이동생이므로 왕녀로서 자신의 아들 에드워드 3세가 샤를 4세의 왕위를 계승할 자격이 있다고 주장한 것이다.

흔히 백년전쟁을 잉글랜드의 플랜태저넷(Plantagenet) 왕가와 프랑스의 발루아(Valois) 왕가가 왕위 계승을 놓고 벌인 전쟁이라고도 한다.[27] 잉글랜드의 플랜태저넷 왕조는 노르만 왕조의 혈통을 이어받았다고 할 수 있는데, 그 이유는 노르만 왕조 말미의 왕 헨리 1세(Henry I, 1068~1135)가 아들이 없자 딸 마틸다(Matilda, 1102~1167)를 여왕으로 옹립하고자 했다. 그런데 헨리 1세는 딸이 남편 없이는 여왕으로 왕위를 지탱하기가 어렵다고 판단해

---

[27] C. J. Rogers, Encyclopedia of the Hundred Years War by John A. Wagner, *The Journal of Military History*, 71(3), 2007.

당시 노르망디의 공작으로 11세 연하인 조프루아 5세(Geoffrey V, 1113~1151)와 결혼을 시켰다. 이들의 아들이 플랜태저넷 왕조의 첫 번째 왕인 헨리 2세(Henry II, 1133~1189)다. 조프루아 5세는 아버지를 따라 전장에 나설 때마다 투구에 금작화 가지(노란색의 꽃나무)를 꽂고 나갔다고 하여 '플랜태저넷'(라틴어 Planta Genista)이라는 별칭이 붙었다고 한다. 프랑스의 발루아가는 필리프 6세 왕의 아버지가 발루아 영지의 백작인 데서 비롯되었다.

잉글랜드의 에드워드 3세는 프랑스가 필리프 6세를 왕으로 옹립하자 이를 묵시적으로 용인해 몇 년간 조용히 지냈다. 그런데 필리프 6세가 프랑스 내 잉글랜드 영지인 아키텐을 무단으로 점유하는 상황이 발생했고, 노르망디 해안에도 함대를 보내 위협을 가했다. 또한, 당시 잉글랜드는 스코틀랜드 정복을 위한 전쟁을 수행하고 있었는데 프랑스가 은밀히 스코틀랜드를 지원하면서 잉글랜드를 견제하도록 했다. 상황이 이렇게 되자 에드워드 3세는 프랑스의 왕위 계승 문제를 다시 꺼내들었다.

백년전쟁에 등장하는 주요 지명

에드워드는 프랑스를 향해 "발루아 가문의 필리프, 자칭 프랑스 왕"이라는 도발적인 도전장을 던지고 전쟁 준비에 들어갔다. 특히, 북쪽의 모직공업 도시로 잉글랜드와 경제적 관계가 깊은 플랑드르 지방을 외교적 노력으로 자신들 편에 서게 하여 동맹을 맺고 종주권을 주장했다. 아울러 유럽 최대의 포도주 생산지로 프랑스 남쪽의 아키텐령에 속해 있는 가스코뉴를 잉글랜드는 지키고자 했고, 프랑스는 탈환하고자 했다.[28]

백년전쟁에서 수많은 전투가 벌어졌지만 중요한 의미가 있는 전투는 프랑스 북부 칼레 남쪽의 크레시 전투와 중서부에서의 푸아티에 전투, 그리고 북부에서의 아쟁쿠르 전투다. 1337년 전쟁을 개시한 이래 1340년 에드워드 3세는 북부 브뤼허에 있는 슬뢰이스항의 프랑스 함대를 공격해 대승을 거둠으로써 제해권을 갖게 되었다. 제해권의 상실은 프랑스로서는 잉글랜드 본토에 대한 공격이 제한되는 결과를 가져왔다. 따라서 백년전쟁 대부분이 프랑스 영토에서 이루어질 수밖에 없었다. 하지만 지상에서는 이렇다 할 전과를 올리지 못했다.[29]

크레시 전투는 전쟁 초기인 1346년 8월 26일에 일어났는데, 잉글랜드군이 절반밖에 안 되는 군대로 프랑스군을 무찌른 전투다.[30] 1346년 에드워드 3세는 노르망디에 상륙하여 7월과 8월에 카엔 전투와 블랑셰타크 전투에서 승리한 후 파리까지 침공을 기도했다. 이에 프랑스의 필리프 6세가 병력을 집결시켜 대응하자 에드워드 3세는 일단 플랑드르로 철수를 단행했다. 프랑스군이 추격하자 잉글랜드군은 방어하기 유리한 크레시 지역에 진용을 갖추고 전투에 대비한다.

에드워드 3세는 프랑스군이 석궁(활)과 중기병(중무장의 말을 탄 기사)을

---

[28] 홍용진, 「백년전쟁 초기 프랑스 시가에 나타난 정치적 감정들」, 『서양중세사 연구』 40, 2017.

[29] C. T. Allmand, *The Hundred Years War: England and France at War c. 1300-c. 1450*, Cambridge University Press, 1988.

[30] A. Ayton & S. P. Preston, *The battle of Crécy, 1346*, CrossRef, 2002.

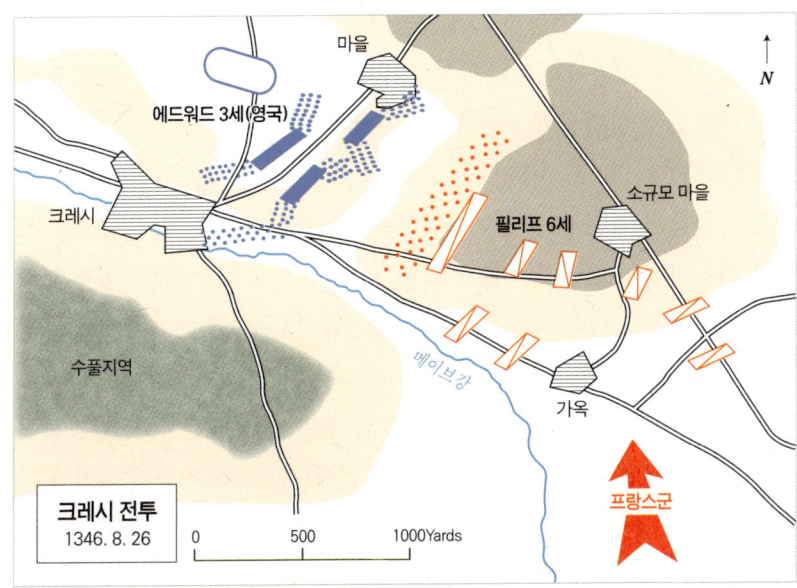

크레시 전투 개시 전 양측 배치도(적색이 프랑스군)

주력으로 하는 것을 알고 이를 극복하기 위해 장궁(長弓)을 단련시켰다. 석궁이 분당 3~5발을 쏜다면 장궁은 10~20발을 쏘고, 더 멀리 쏘도록 했다. 또한, 중기병이 말을 타고 돌진하는 것에 대비해 이동로에 장애물을 설치하고 이동이 지연되면 장궁을 쏴서 격퇴하도록 했다. 기사의 갑옷이 두꺼워 화살이 뚫지 못할 때는 말을 쏴서 움직이지 못하도록 했다. 아무리 강한 중기병의 기사라도 말이 없으면 무거운 갑옷을 입고 기동이 거의 불가능했는데, 이런 약점을 이용한 것이다.

그의 판단은 적중했다. 크레시 전투에서 잉글랜드군은 적은 병력에도 대승을 거두었다. 여세를 몰아 북부의 해안 도시 칼레를 점령하기 위해 11개월가량 포위해 교두보를 확보할 수 있었다.[31] 그러나 당시 흑사병이

---

[31] 로댕의 1884년 작품 「칼레의 시민」의 배경이 된 내용이다.

돌아 더는 전투가 불가능했다. 잉글랜드의 승리는 농민이나 평민으로 구성된 장궁병의 활약이 돋보인 결과였다. 특히, 중무장을 한 기사의 경우 제대로 싸움도 못 하면서 무용론이 대두되기 시작했다.[32]

1355년 에드워드 3세의 아들 흑태자(Edward the Black Prince, 1330~1376)가 이끄는 군대가 이번에는 프랑스 남부를 공격했다. 아키텐을 중심으로 북으로 이동하며 프랑스 군대를 격파했다. 당시 프랑스는 필리프 6세가 죽고 장 2세(Jean II, 1319~1364)가 왕위에 올랐는데, 1356년 흑태자의 군대는 장 2세가 이끄는 군대를 푸아티에 전투에서 똑같은 장궁병을 활용한 전술로 대파하고 장 2세를 포로로 잡았다. 이처럼 초기 전쟁에서는 잉글랜드군이 일방적으로 전투를 이끌었다. 그 결과 잉글랜드는 칼레 지역과 아키텐 지역, 노르망디 등 프랑스 서부의 중요지역을 확보했다. 그리고 포로로 잡혔던 장 2세는 끝까지 포로 석방보상금을 지불하지 않고 런던에서 죽었다.

1364년에는 샤를 5세가 즉위했는데, 그는 아키텐 지역의 귀족들을 선동해 잉글랜드에 반기를 들도록 했다. 그로써 양국의 관계는 다시 악화했고, 1369년 흑태자의 동생이 군대를 이끌고 프랑스 남부를 침공했다. 그런데 이번에는 프랑스가 분전했고, 해전에서도 동맹군을 동원해 이김으로써 초기에 잉글랜드에 빼앗겼던 대부분 영토를 다시 탈환했다.

1377년 잉글랜드에서는 에드워드 3세가 죽고 리처드 2세가 왕위에 올랐으며, 1380년에는 프랑스에서도 샤를 5세가 죽고 샤를 6세가 왕위에 올랐다. 하지만 두 왕이 모두 아직 젊은 데다가 내부에서 반란이 발생해 한동안 전쟁은 중단되었다. 1399년에는 잉글랜드의 리처드 2세가 폐위되고 헨리 4세가 즉위했고, 프랑스에서는 샤를 6세가 가끔 정신착란 증세를 보이면서 내부 파벌 간 갈등이 표면화되었다.[33]

---

32 Clifford Rogers, *The Military Revolutions of the Hundred Years War I*, Routledge, 1995.
33 John A. Wagner, *Encylopedia of the Hundred Years War*, Bloomsbury, 2006.

1413년 헨리 4세의 뒤를 이어 즉위한 헨리 5세는 프랑스가 파벌 간 정쟁이 심화한 틈을 타 1415년 노르망디에 상륙한 후 아쟁쿠르 전투에서 승리했고, 여세를 몰아 프랑스 북부의 여러 도시를 점령했다. 그 결과 1420년 헨리 5세는 프랑스의 왕위 계승권을 인정받고 샤를 6세의 딸 카트린과 결혼한다는 내용의 트루아 조약을 맺었다. 하지만 샤를 6세의 왕세자와 그의 추종 세력들은 여전히 헨리 5세의 왕위 계승을 인정하지 않고 프랑스 중남부에 거점을 확보하면서 항전을 계속했다.

　영국의 작곡가 존 던스터블(John Dunstable, 1385~1453)은 헨리 5세의 '아쟁쿠르 전투' 승리를 축하하는 의식의 음악을 작곡했다. 그는 당시 영국의 사령관 베드포드 공작 밑에서 일하면서 사령관이 프랑스에 갔을 때 프랑스로 건너가 산 적도 있었다. 1416년 캔터베리 대성당에서 열린 헨리 5세의 전투 승리 축하 행사를 위해 〈성령이여 오소서 / 창조주여 오소

존 던스터블과 〈성령이여 오소서 / 창조주여 오소서〉 악보 일부

서(Veni Sancte Spiritus / Veni Creator Spiritus)〉라는 곡을 만들었다.³⁴ 4성부의 곡으로 1416년 처음 연주되었는데, 4성부란 네 개의 성부가 각기 다른 박자로 노래하는 것이다.

존 던스터블,
〈성령이여 오소서 / 창조주여 오소서〉

장엄하고 신성한 행사를 감안하여 웅장한 분위기가 연출되도록 작곡함으로써 행사를 더욱 빛냈다. 배경 악기 소리가 없는 무반주곡이지만 악기의 빈자리가 전혀 느껴지지 않으며, 마치 고딕 건축물의 아치처럼 견고한 화성으로 이루어져 있다. 고요한 듯하면서도 맑게 퍼져나가는 화성은 마치 신의 목소리로 착각하게 만들며, 5분 40여 초 동안 쉼 없이 빠져들어 간다.

1422년에는 헨리 5세와 샤를 6세가 잇달아 죽자 나이 어린 헨리 6세가 잉글랜드와 프랑스 두 나라의 국왕임을 자칭했고, 샤를 6세의 왕세자 샤를 7세는 스스로 프랑스의 왕임을 선언했다. 이에 잉글랜드군은 1428년 샤를 7세의 거점인 오를레앙을 포위했다. 샤를 7세는 1년여를 버텼지만 아무런 희망이 없었다. 병력 동원도 어려웠고, 전쟁을 지속하기가 어려운 지경이었다.

그런데 이 시기에 마치 기적과도 같은 일이 일어났다. 바로 잔 다르크(Jeanne d'Arc, 1412~1431)가 나타났다. 그녀의 나이 17세 되던 1429년 잔 다르크는 프랑스를 구하라는 천사의 계시³⁵를 받았다며 샤를 7세를 찾아가

---

34 Emma Hornby & David Maw, *Essays on the History of English Music in Honour of John Caldwell*, Boydell & Brewer, 2010.

35 재판에서 잔 다르크가 진술한 천사의 계시는 "13세 때 동레미에 있는 아버지 집 정원에서

오를레앙 포위전에서 승리하여
개선하는 잔 다르크

승인을 받고 전쟁에 참전했다. 이후 오를레앙 포위전을 비롯한 여러 전투에서 프랑스 병사들의 사기를 북돋우며 승리를 이끌었다.[36]

잔 다르크가 1429년 4월 잉글랜드군의 포위를 받은 오를레앙 진영에 도착했지만, 그곳의 지휘관과 참모들은 그녀를 무시하여 배제했다. 그러나 그녀는 아랑곳하지 않고 설득했고, 의견을 냈다. 특히, 포위되어 있는 5개월 동안 단 한 번도 공격하지 않고 방어만 한 것에 반대 의견을 표시했다. 5월 4일 프랑스군은 생루 요새를 공격하여 탈환했고, 5월 5일에는 생

나는 어떤 목소리를 들었다. 그것은 성당이 있는 오른쪽에서 굉장한 광휘에 휩싸여 내 쪽으로 오고 있었다. 맨 처음에는 겁을 먹었으나, 나는 곧 그것이 여태껏 내 주위에서 나를 따라다니며 지시를 내려주던 천사의 목소리임을 깨달았다. 그는 성 미카엘이었다. 나는 성녀 카타리나와 성녀 마르가리타 역시 보았는데, 그들은 나에게 말을 걸고 훈계하며 내가 취할 행동을 알려주었다. 나는 어느 것이 어떤 성인의 말인지 쉽사리 분간해낼 수 있었다. 항상 그런 것은 아니었지만, 대개 그들은 광휘를 동반하고 있었다. 그들의 목소리는 친절하고 다정했다. 그들은 사람의 모습으로 내 눈앞에 나타났다. 나는 그들을 눈으로 똑똑히 보았고, 지금도 그들을 보고 있다"라는 내용이었다(위키백과 참조).

[36] 김세라 · 정석호, 『잔 다르크와 백년전쟁』, 주니어김영사, 2012.

장르블랑 요새로 진격했다. 그리고 또 다른 요새를 공격하자고 주장했으나 당시 지휘관은 이를 거절했다. 잔 다르크는 굴하지 않고 성곽 내 주민과 병사들을 이끌고 재차 공격을 감행해 요새를 탈환했다. 적군의 화살이 목을 스쳤지만 살아남았다. 그 결과 프랑스군은 잉글랜드군의 오를레앙 포위망을 뚫을 수 있었고, 그녀를 영웅처럼 생각하게 되었다.

잉글랜드군은 잔 다르크의 다음 공격을 파리로 예상했으나 그녀는 샤를 7세의 대관식을 위해 랭스로 진격을 감행했다. 샤를 7세도 잔 다르크에게 프랑스군의 지휘권을 주었다. 랭스까지 가는 동안 많은 전투를 성공적으로 수행했다. 어떤 때는 성을 공격하기 위해 사다리를 직접 타고 올라가 싸우다가 적의 돌멩이를 맞기도 했으나 굴하지 않고 전투를 승리로 이끌었다. 특히 파테 전투에서는 잉글랜드군이 이전의 아쟁쿠르 전투처럼 전투를 수행하려 했으나 잔 다르크는 채 준비도 하기 전에 급습함으로써 잉글랜드군을 격멸했다.

1429년 7월 16일 잔 다르크는 드디어 랭스에 도착했고, 그녀에게 성문을 열어주어 7월 17일 샤를 7세의 대관식을 거행했다. 이후 잔 다르크는 9월 파리를 공격했고, 10월에는 생피에르르무치를 탈환하고 귀족 작위를 받았다. 이듬해 4월에는 콩비에뉴가 잉글랜드군과 부르고뉴(샤를 7세의 반대파)군에게 포위당했다고 하자 군대를 이끌고 구원하러 달려갔다. 그러나 1430년 5월 23일 잔 다르크는 그곳에서 부르고뉴군과 격전을 벌이다가 포로로 잡혔다.

잉글랜드는 비싼 몸값을 지불하고 부르고뉴군으로부터 잔 다르크를 넘겨받아 종교재판을 함으로써 그녀를 이단의 마녀로 몰아가려 했다. 그래야 프랑스의 승리도 부정하고, 샤를 7세의 왕위 계승도 부정할 수 있기 때문이었다. 수차례의 재판이 있었으나 결국 잔 다르크는 1431년 5월 30일 루앙의 비외 마르셰 광장에서 군중이 보는 앞에서 장대에 밧줄로 묶여 화형에 처해졌다. 그리고 그녀의 유해는 센강에 뿌려졌다.

샤를 7세의 대관식에 참석한 잔 다르크(왼쪽)와 그녀가 화형에 처해지는 모습(오른쪽)

　헨리 6세는 그해 12월 파리의 노트르담 성당에서 프랑스 국왕으로서 대관식을 치렀지만, 샤를 7세는 끝까지 자신의 정통성을 유지했다. 잔 다르크가 죽은 이후에도 22년이나 더 지속한 전쟁은 프랑스군이 1437년 파리를, 1449년에는 루앙을 회복했고, 1453년 사실상 종료되었다. 결국, 잉글랜드는 칼레를 제외하고 모든 영지를 빼앗겼다.
　이탈리아의 작곡가 베르디(1813~1901)는 백년전쟁의 잔 다르크와 관련한 3막의 오페라《조반나 다르크(Giovanna d'Arco)》를 작곡했다. 1844년 가을에 시작해 1845년 초에 완성했으며, 1845년 2월에 초연을 가졌다.[37] 서막과 1막에서는 조반나(잔 다르크 역)가 신의 계시를 받고 프랑스군을 승리로 이끌 것이라는 내용이 묘사되었고, 2막에서는 조반나가 전투에서 승리하는 내용과 랭스 대성당에서 샤를 7세의 대관식이 진행된다.

---

[37] https://en.wikipedia.org/wiki/Giovanna Arco 조반나 다르크 참조.

베르디의 오페라《조반나 다르크》표지와 악보 일부

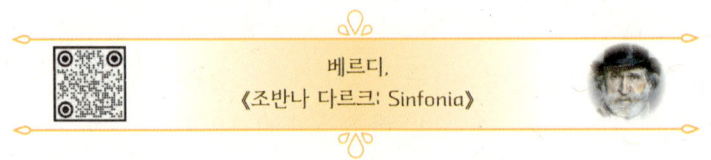

베르디,
《조반나 다르크: Sinfonia》

 마지막 3막에서는 조반나가 영국군의 포로로 잡혀 화형에 처해질 위기인데, 이때 그의 아버지가 풀어주어 조반나는 다시 전장으로 향해 전투를 지휘한다. 이어 샤를 7세는 프랑스가 전투에서 승리했으나 조반나가 전사했다는 소식을 접한다. 그런데 조반나의 시신을 옮겨와 샤를 7세가 바라보는 순간 조반나가 다시 살아난다. 왕은 그녀에게 사랑을 고백하면서 막을 내린다.
 한편, 러시아의 작곡가 차이콥스키도 1878년부터 1879년에 백년전쟁의 잔 다르크를 소재로 4막 6장의 오페라《오를레앙의 처녀[The Maid of Orleans(Russian: Орлеанская дева)]》를 작곡했다. 이 작품은 독일의 극작가 프리

실러의 시 『오를레앙의 처녀』와 차이콥스키의 오페라 표지

드리히 실러(Johann Christoph Friedrich von Schiller, 1759~1805)가 1801년에 쓴 비극 작품 『오를레앙의 처녀(Die Jungfrau von Orleans)』를 각본으로 하고 있다. 물론, 베르디의 오페라도 그 뿌리는 실러의 극본이다.[38]

실러는 괴테와 함께 독일 고전주의 시대 2대 문호 중 한 사람으로 우리에게 잘 알려진 베토벤 합창 교향곡 4악장의 '환희의 송가', 브람스의 합창곡 'Nänie', 슈베르트의 많은 가곡에 그의 시가 쓰였다.

차이콥스키의 오페라 《오를레앙의 처녀》에서 1막은 한 마을에서 조안(잔 다르크 역)이 파리의 침략과 오를레앙이 포위되는 상황을 접하고 영감을 받은 가운데 승리를 예감하면서 전쟁터로 향하는 내용을 담고 있다. 2막에서는 샤를 7세가 그 무엇도 할 수 없는 상황에서 왕으로서 시종들과 도망을 궁리하는 가운데 궁정의 신하가 "영국의 패배, 프랑스의 승리"라고

---

38 L. Kearney, *Tchaikovsky and His World*, Princeton University Press, 1998.

군인들에게 영감을 주는 '영광스러운 처녀'를 소개한다. 이에 왕은 조안에게 군대의 지휘를 맡긴다.

3막은 전투 장면에서 조안이 부르고뉴(샤를 7세의 반대파)의 기사 라이오넬과 전투 중 그를 죽이려는 순간 자비를 베푸는데, 이에 라이오넬도 그녀를 보고 사랑의 감정을 느껴 프랑스를 돕기로 한다. 이후 전투에 승리한 조안이 돌아와 왕의 축하를 받는데, 그녀의 아버지는 딸의 행동이 악마가 씌어서 그런 것이라며 그녀의 목숨을 바쳐 영혼을 구하겠다고 한다. 마지막 4막에서는 숲속에 버려진 그녀를 잉글랜드군이 발견해 루앙 광장 화장터에 세운다. 그녀는 불이 붙여지자 십자가를 움켜쥐고 죽을 준비를 한다. 그녀가 용서를 전하는 천사들의 목소리를 들으면서 막이 내린다.

차이콥스키, 오페라 《오를레앙의 처녀》 1막
"Farewell You Native Hills and Fields"

잔 다르크는 사후 프랑스 왕국의 구국 영웅이 되었다. 그리고 교황청에서도 그녀를 성녀로 추서했다. 그녀는 분명히 존재했으므로 신화 속의 인물로 치부할 수는 없다. 패망 직전의 프랑스를 구했으며, 군사적으로 볼 때 무형전투력의 힘이라 할 수 있다. 프랑스의 오를레앙에는 그녀의 동상이 세워져 있고, 기념관도 있으며, 매년 축제를 벌이고 있다.

종교개혁과 30년 전쟁 그리고 스메타나

백년전쟁이 끝난 후 유럽에서는 또 한 차례의 폭풍우가 지나갔다. 종교개혁 운동이 유럽을 휩쓸었다. 중세 유럽의 중심은 종교였다. 로마가톨릭 중심의 교회 권력과 패권은 대적할 수 없는 절대적 기준이었다. 그 속에서 영주와 제후, 귀족과 성직자 등만이 누릴 수 있는 세상이었다. 그런데 이러한 중세 사회에서 초대형 사건이라고 할 수 있는 마르틴 루터(Martin Luther, 1483~1546)의 종교개혁 운동이 일어났다. 그는 1517년 95개 조의 반박문[39]을 발표하며 기독교 내부의 대규모 개혁을 요구했다.[40]

교황청은 권력을 유지하고 때론 회복하기 위해 전쟁을 일으킴으로써 많은 사람의 희생을 강요했다. 또한, 지나치게 중앙집권적인 통치 시스템은 점점 상업화되고 발전해가는 도시체제를 통제하기에는 적절하지 못했

---

[39] 1517년 독일의 신학자 마르틴 루터가 작성한 문서. 로마가톨릭교회의 면죄부 판매를 강하게 비판한 내용으로, 신앙과 회개에 대한 올바른 이해를 촉구하며, 교회의 부패를 지적했다.
[40] William R. Estep, 라은성 역, 『르네상스와 종교개혁』, 그리심, 2001.

면죄부를 파는 장면(1521)과 마르틴 루터의 95개 조 반박문

다. 아울러 면죄부와 성유물[41]을 판매하는 등 신앙이 갖는 본질적 가치를 거스르는 부패가 점점 확대됨으로써 여기저기서 개혁의 목소리가 터져 나오기 시작했다. 그리고 이러한 개혁의 움직임은 결국 개신교가 분리되는 결과로 나타났다.

종교개혁을 주장하는 개신교 세력은 급속히 확산했고, 격심한 갈등과 충돌이 이어졌다. 로마가톨릭교회는 여기저기서 개신교인들을 이단으로 지목하여 고문하고 화형에 처했다. 종교개혁은 독일은 물론 영국, 프랑스, 스위스, 네덜란드 등 전 유럽으로 확산해갔다. 1555년에는 이러한 갈등을 논의하기 위해 독일의 아우크스부르크(뮌헨 서쪽)에서 회의가 열렸는데, '아우크스부르크 화의'가 합의됨으로써 제한적이나마 처음으로 종교의 자유를 인정했다. 즉, 한 나라의 종교는 황제가 아니라 각지의 제후가 결정한다는 화의가 성립되어 개신교가 정식으로 신앙의 대상으로 인정받게 되

---

41 가톨릭과 정교회에서 예수그리스도나 사도들 혹은 여러 성인과 관련이 있는 물품.

었다.[42]

    30년 전쟁은 이러한 배경에서 시작되었다.[43] 당시 유럽은 합스부르크 왕가와 신성로마제국이 좌지우지하고 있었다. 물론, 프랑스와 잉글랜드, 스페인 등은 신성로마제국의 제후국은 아니었다. 그러다가 신성로마제국의 프리드리히 2세(Friedrich II, 1194~1250) 황제의 죽음으로 구심점이 사라지자 독자적으로 행보하려는 국가들이 늘어났다. 대부분 개신교를 받아들인 나라들이었다. 물론 이들 개신교는 아우크스부르크 화의에서 인정받은 루터파[44]가 중심이었으나 화의에서 인정받지 못한 칼뱅파[45]의 확장도 새로운 논란거리로 등장했다.

    1606년 4월, 개신교 신자가 대부분인 도나우뵈르트(뮌헨 북쪽)시에서 소수의 가톨릭 신자들이 시(市) 정부에 예배행렬을 요청했는데, 이를 혐오하며 거절하는 사건이 발생했다. 이에 가톨릭 신자들은 신성로마제국의 황제에게 중재를 요청했고, 황제는 도나우뵈르트에 제국추방령을 선고했다. 또한, 가톨릭 제후국인 바이에른의 공작 막시밀리언 1세(Maximilian I, Kurfürst von Bayern, 1573~1651)는 아예 시를 장악하여 종속시켰다. 이는 곧 개신교 국가들을 크게 자극함으로써 네덜란드, 잉글랜드, 남프랑스 등이 1608년 신교도 동맹을 결성했고, 이에 대응해 막시밀리언 1세는 1610년 스페인과 신성로마제국 내 가톨릭 제후국들과 가톨릭 연맹을 결성함으로

---

[42] 김익원, 『思想 속의 思想: 십자군전쟁-루터의 개혁까지의 연쇄원인』, 성광문화사, 1987.
[43] Geoffrey Parker, *The Thirty Years' War*, Routledge, 1997.
[44] 루터파는 가톨릭교회의 교리만 거부하고 종교에 따라오는 정치, 사회적 조직과 구조는 기존의 중앙집권적 절대주의적 체제를 지향했는데, 작센 선제후국, 브란덴부르크 선제후국, 덴마크 왕국, 스웨덴 왕국 등이 이에 해당한다.
[45] 칼뱅파는 장 칼뱅이 주창한 기독교의 사상 및 성경 해석에 관한 신학 사상으로, 철저한 금욕을 바탕으로 하여 믿음으로 구원을 얻고 진리의 근원을 성경에서 찾는다는 기독교 근본주의 복음 교리로 돌아가 대중의 종교적 갈망을 성취하는 것을 목표로 했다. 팔츠 선제후국, 네덜란드 공화국, 프랑스 왕국 남부, 스코틀랜드 왕국, 라인강 변의 자유도시 등이 이에 해당한다.

써 점점 갈등이 고조되어갔다.

    결정적인 방아쇠는 보헤미아에서 당겨졌다. 보헤미아(체코지역)는 개신교와 가톨릭이 공존하며 비교적 중립적인 입장이었다. 그런데 페르디난트 2세(Ferdinand II, 1578~1637)가 보헤미아의 왕위에 오르면서 가톨릭만을 강요하며 개신교에 강경책을 썼다. 1618년 5월 23일, 뿔이 난 보헤미아의 귀족들이 프라하성에서 황제의 대리인들을 창밖으로 투척하는 상황이 발생했다. 가톨릭계는 크게 당황했고, 그들에 대한 조치가 임박한 상황이었다. 그런데 보헤미아 의회는 새로운 왕을 찾아 나섰고, 그러던 중 팔츠(독일 프랑크푸르트 남서쪽) 선제후 프리드리히 5세(Friedrich V von der Pfalz, 1596~1632)를 왕으로 옹립했다. 한편, 페르디난트 2세는 신성로마제국 황제로 선출되었다. 프리드리히 5세는 보헤미아에 주둔하면서 신성로마제국 및 합스부르크 왕가와의 일전에 대비했다. 하지만 주변 개신교 제후국들의 지원은 소극

백산 전투

적이었다. 그러는 사이 신성로마제국의 제후국인 스페인이 팔츠를 점령해 버렸다.[46]

그리고 1620년 11월 8일, 보헤미아 수도 프라하의 서쪽 빌라호라(Bílá hora) 전투[47]에서 약 3만 명의 제국군과 2만여 명의 보헤미아, 독일 내 개신교 제후국이 격돌했는데 제국군에 참패를 당했다. 프리드리히 5세는 네덜란드로 망명할 수밖에 없었다.

1623년에는 망명한 프리드리히 5세가 팔츠를 다시 탈환하기 위해 군사를 보냈는데, 슈타트론(Stadtlohn) 전투에서 궤멸당하면서 실패로 돌아갔다. 이 무렵 프랑스는 가톨릭 국가였지만 신성로마제국이 확장되고 합스부르크 왕가의 영향력이 프랑스까지 접근하는 것을 경계했다. 프랑스는 스웨덴과 덴마크 등을 부추겨 독일 북부지역을 공격하도록 했다. 1625년 덴마크는 제국의 북부지역에 대한 침략을 개시했다. 페르디난트 2세는 황제군의 수장으로 알브레히트 폰 발렌슈타인(Albrecht von Wallenstein, 1583~1634)[48]을 임명해 맞섰다. 하지만 덴마크는 적수가 되지 못했다. 특히, 1626년 4월 데사우 다리(Schlacht bei Dessau) 전투에서 크게 패하면서 완전히 재기 불가능한 상태가 되었다.

1630년대에 들어와 페르디난트 2세는 전쟁을 어느 정도 정리하면서 '복권 칙령(Restitutionsedikt)'을 선포했는데, 이는 1555년 아우크스부르크 화의 이전 상태로 교회 재산을 돌려놓으라는 내용이었다. 개신교가 주요 표적이었으며, 일부 제후국들도 포함되었다. 하지만 이들은 크게 반발했다. 게다가 덴마크와의 전쟁에서 큰 공을 세운 발렌슈타인에게 독일 북동부 발트해 연안에 있는 메클렌부르크(Mekclenburg) 공국의 공작 작위를 수여했

---

46 C. V. 웨지우드, 남경태 역, 『30년 전쟁: 1618~1648』, 휴머니스트, 2011.
47 일명 '백산 전투(Battle of White Mountain)'라고도 하며, 빌라호라는 이 산의 이름이다.
48 발렌슈타인은 보헤미아에서 태어났으며, 군인이자 정치가로 30년 전쟁이 시작되면서 황제파로 분류되어 재산을 뺏겼고, 빈으로 탈출했다가 페르디난트에게 발탁되었다.

는데, 이는 소지주 출신이 일약 금수저가 되는 것으로 황제의 말 한마디에 이렇게 바뀌는 데 대한 불만이 커져갔다.

1630년 레겐스부르크(Regensburg, 독일 남부 바이에른주)에서 소집된 제국의회에서 제후국들은 발렌슈타인의 해임과 '토지 반환령' 철회를 요구했다. 페르디난트 2세는 발렌슈타인을 해임했지만, 토지 반환령 철회는 거부했다. 결국, 1631년 9월 17일 스웨덴의 구스타프 2세(Gustav II Adolf, 1594~1632)는 작센, 브란덴부르크 등 제후국들의 지원을 받아 브라이텐펠트(Breitenfeld) 전투에서 황제군을 박살 냈다. 또한, 황제군은 레흐(Lech)강 전투에서도 패하면서 사령관 틸리(Johann t'Serclaes Graf von Tilly, 1559~1632)마저 전사하여 수세에 몰리게 되었다. 페르디난트 2세는 제후들의 요구로 해임되었던 발렌슈타인을 다시 기용할 수밖에 없었다.

발렌슈타인은 전세가 불리함을 알고 시간을 끌면서 기회를 엿봤다. 그러다가 1632년 11월 16일, 뤼첸(Lützen, 독일 라이프치히 남서쪽) 전투에서 드디어 결전을 치렀는데, 전투에서는 밀렸지만 구스타프 2세 아돌프가 전사하면서 전세를 회복할 수 있었다. 이런 상황에서 발렌슈타인도 스웨덴과 화평을 논의하기 위해 준비하던 와중에 부하들로부터 암살을 당했다.

구스타프 2세 아돌프와 발렌슈타인

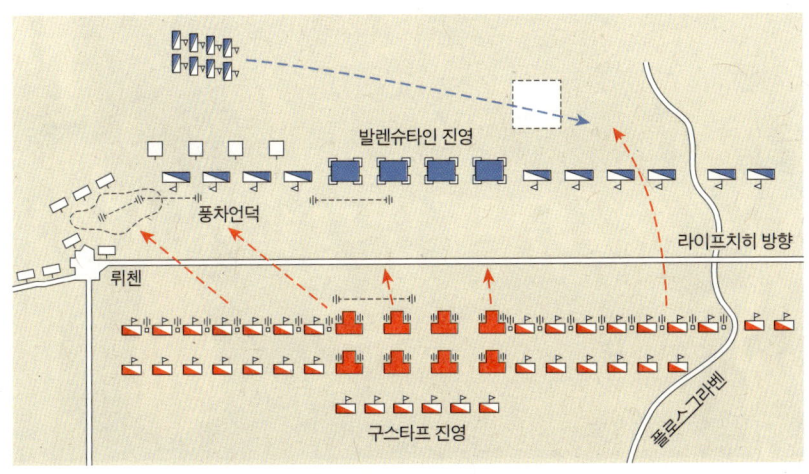

뤼첸 전투 작전상황도(북쪽이 황제군, 남쪽이 스웨덴군)

스웨덴군은 구스타프 2세 아돌프가 전사하자 기세가 크게 둔화했다. 반면, 황제군에는 페르디난트 2세의 아들 페르디난트 3세가 군 통수권을 행사하면서 등장했다. 그는 여러 전투에 가담하면서 경험이 많았다. 황제군은 1635년 9월, 뇌르틀링겐(Nördlingen) 전투에서 개신교군을 완전히 제압하고 프라하 조약을 체결함으로써 북독일에서의 전쟁을 어느 정도 정리할 수 있었다. 스웨덴군은 이제 포메른(Vorpommern, 발트해 남부 해안지대) 지역으로 후퇴해 상황을 엿볼 수밖에 없었다.

한편, 가톨릭의 대표적인 세력이면서 합스부르크 가문을 늘 경계하고 있던 프랑스는 황제군이 우세를 보이자 독일 남부에 대한 침공을 개시했고, 스웨덴과도 동맹을 맺어 스웨덴이 북쪽에서 다시 공격을 감행하도록 했다. 그러자 황제군은 연전연패했다. 오랜 전쟁으로 지쳐 있었고, 전쟁 자금도 바닥이 나 있는 상태였으며, 병력 동원도 쉽지 않았다. 특히, 전쟁을 이끌 인재가 부족한 것이 큰 문제였다.

스웨덴은 북독일과 보헤미아 지역을 공략했고, 프랑스군은 라인란트

1648년 5월과 10월에 체결된 베스트팔렌 조약

지역과 독일 남부를 휩쓸었다. 스페인이 황제군을 지원하기 위해 움직였으나 해상에서 네덜란드 함대에 패하고, 육지에서는 1643년 5월 로크루아(Rocroi) 전투에서 패하면서 좌절되었다. 황제군은 1645년 얀카우(Jankau) 전투와 2차 뇌르틀링겐 전투 그리고 1648년 6월 베벨링호벤(Wevelinghoven) 전투에서도 크게 패하면서 페르디난트 2세는 도피해야 하는 신세로 바뀌었다. 그리고 1648년 마침내 '베스트팔렌 조약'을 체결함으로써 30년 전쟁은 끝이 났다.[49]

베스트팔렌 조약으로 네덜란드는 스페인으로부터 독립했고, 스위스도 독립 국가 지위를 인정받았다. 그리고 무엇보다 신성로마제국의 제후국들이 외국과의 동맹을 비롯한 완전한 통치권을 갖게 되었다. 이 개념은 각 국가가 주권을 갖는 국민국가, 즉 근대국가로 가는 첫 출발이 되었다. 신성로마제국은 이제 그 권위를 잃게 되었고, 프랑스와 스웨덴이 패권국으로 부상했다.

---

49 김재홍, 『30년 전쟁: 유럽 최후의 종교전쟁』, 21세기북스, 2013.

그리고 비로소 개인의 종교의 자유가 인정되는 시발점이 되었다. 또한, 군사적으로도 총포류가 급격히 발달하여 전투에서 중요한 역할을 하게 되었고, 전장에서의 보급지원을 위한 병참 개념이 생겨나기 시작했다. 하지만 약 800만 명의 사상자가 발생했고, 전쟁터가 대부분 독일 지역인 관계로 전쟁 기간 중 독일은 거의 폐허가 되었으며, 전염병이 돌아 모든 경제활동이 마비되는 등 그 피해는 헤아릴 수 없을 정도였다.

보헤미아(현 체코) 왕국의 작곡가로 애국적이고 민족주의 색채의 곡을 많이 쓴 스메타나(Bedřich Smetana, 1824~1884)는 30년 전쟁에 등장하는 발렌슈타인을 소재로 교향시 〈발렌슈타인의 진영(Wallenstein's Camp), Op. 14〉을 작곡했다. 발렌슈타인은 30년 전쟁 중 신성로마제국의 황제 페르디난트 2세에게 발탁된 인물이다. 그는 황제군의 사령관으로서 1626년 덴마크가 침략했을 때 이를 격퇴했고, 이후 1632년 스웨덴의 구스타프 2세 아돌프가 침략하자 뤼첸 전투에서 치열하게 싸웠으나 끝내 암살당했다.[50]

독일의 시인이자 극작가인 프리드리히 실러(1759~1805)는 발렌슈타인의 전성기부터 몰락과 죽음까지 다룬 희곡 『발렌슈타인(Wallenstein)』을 3부 11막으로 완성했다. 1부는 '발렌슈타인의 진영(Wallenstein's Camp)', 2부는 '피콜로미니 부자(The Piccolomini)', 3부는 '발렌슈타인의 죽음(Wallenstein's Death)' 이다. 스메타나는 그중에서 1부 내용을 바탕으로 교향시 〈발렌슈타인의 진영〉을 1859년에 완성했다.

 스메타나, 〈발렌슈타인의 진영, Op. 14〉

---

50 https://interlude.hk/the-noise of war smetanas wallensteins-camp op141/ 참조.

당시 보헤미아는 오스트리아 합스부르크 왕가의 지배를 받는 상황이었다. 따라서 스메타나는 이러한 전쟁을 소재로 무엇인가 독립에 대한 강한 의지를 간접적으로 표현하려 했다. 실제로 스메타나는 1848년 유럽에서 나폴레옹 전쟁 후 빈체제에 반대하며 독립의 의지를 불태우는 혁명의 열풍이 일고 있을 때 그 대열에 참여했다. 그는 시민방위군에 가담해 오스트리아군이 진압을 위해 투입됐을 때 이에 맞서 카를교에 바리케이드를 치고 대항하는 데 함께했다. 또한, 시민방위군과 프라하 대학교 학생 부대에 행진곡을 작곡해주었고, 〈자유의 노래〉 같은 애국적 음악도 작곡했다.[51]

특히, 〈발렌슈타인의 진영〉을 작곡할 당시 그는 네 명의 딸 중 세 명을 잃는 허망한 아픔을 겪었고, 얼마 지난 후 아버지와 아내도 죽는 등 불행을 겪었다. 더욱이 1874년 그의 나이 50세가 되었을 때 청력이 완전히 상실되었다. 그 상황에서 그는 6악장의 교향시 〈나의 조국〉을 작곡했다. 우리에게 너무나 잘 알려진 곡이 두 번째 곡인 '블타바(Vltava, 몰다우강)'이다.

실러의 희곡 내용[52]을 보면, 1부 '발렌슈타인의 진영'에서는 주로 병영 내에서 병사들의 이런저런 말들이 던져진다. 발렌슈타인 사령관을 칭찬하는 내용, 신성로마제국 황제를 비판하는 말들, 전쟁 중 약탈을 통해 자기 삶은 더 좋아졌다는 얘기, 그리고 농부가 군대의 약탈을 비판하거나 수도사가 그들의 사악한 삶을 비판하는 등의 내용이 제시된다. 그리고 말미에는 병사들이 신성로마제국의 황제가 군대를 스페인의 지휘를 받게 하려고 한다는 내용을 듣고 발렌슈타인 사령관에게 황제의 뜻을 따르지 말라고 요청한다는 내용으로 구성되었다.

2부 '피콜로미니'에서는 진영 내 지휘관들이 중심이 되어 상황이 진행된다. 지휘관 대부분이 황제보다 발렌슈타인을 더 좋아하고, 그러다 보니

---

51 https://ko.wikipedia.org/wiki/스메타나 참조.
52 프리드리히 폰 실러, 이원양 역, 『발렌슈타인』, 지만지드라마, 2019.

황제의 명령을 무시하는 듯한 내용이 전달되어 사임을 고려하게 되고, 비밀리에 스웨덴과 평화협상을 추진한다. 그런데 그의 부하 중 한 명인 옥타비오 피콜로미니는 황제에게 더 충성함으로써 황제의 신임을 얻는다. 한편, 황제국의 정보원들이 스웨덴으로 가는 도중 발렌슈타인의 협상자 한 명을 붙잡음으로써 비밀 평화협상이 밝혀져 발렌슈타인은 제거될 상황에 직면한다. 하지만 여기에 사랑이 가미된다. 옥타비오 피콜로미니의 아들 막스 피콜로미니와 발렌슈타인의 딸 테클라가 사랑에 빠지면서 절정에 달한다. 막스는 발렌슈타인에게 충성을 다하는데 아버지는 발렌슈타인이 황제를 배신할 것이라고 주장한다. 막스는 이러지도 저러지도 못하는 상황에 놓인다.

3부 '발렌슈타인의 죽음'에서는 비극적인 결말의 연속이다. 결국, 발렌슈타인은 암살을 당하고, 황제와 발렌슈타인 그리고 테클라와의 사랑 사이에서 갈등하던 막스는 모든 것을 포기하고 전쟁터로 나갔으나 불행히

〈발렌슈타인의 진영〉 악보 표지와 악보 일부

도 전사한다. 이 소식을 들은 테클라도 그의 무덤으로 가 죽음을 맞이하면서 극이 끝난다.

스메타나의 교향시는 실러의 희곡 중 1부만을 다뤘다. 그의 교향시 〈발렌슈타인의 진영〉은 15분가량 연주된다. 처음 시작은 병영의 분주함과 소란스러움이 묘사되는데, 마치 여기저기서 수군수군하는 느낌을 준다. 이어 그동안 전쟁에서 있었던 여러 활동을 묘사하듯 관현악이 때로는 격정적으로, 때로는 낮은 모드로 연주된다. 중간에는 무엇인가 생각을 위한 시간을 갖기라도 하듯 낮으면서 고요한 연주가 이어진다. 그리고 트럼본과 튜바가 연주되는데, 트럼본은 군대의 상징이라는 점에서 '발렌슈타인 군대가 누구를 위해 충성하는지?', 실러의 희곡에서 표현되었듯이 '왜 스페인의 지휘를 받아야 하는지?' 등 마치 논쟁하는 듯한 분위기가 느껴진다. 이내 병영은 조용해지고 밤을 맞은 듯하다가 마지막 부분에서 관현악 연주가 빨라지면서 다시 일상적인 아침을 맞아 발렌슈타인 진영의 군대가 바삐 움직이는 분위기를 만들어낸다.

 스메타나, 교향시 〈나의 조국〉 중 2번 '블타바'

PART 2

1700년대 전쟁과 클래식 음악

〈왕궁의 불꽃놀이〉와 오스트리아 왕위 계승 전쟁
모차르트 그리고 오스트리아-오스만 전쟁
미국 독립전쟁 시기의 색다른 음악
미국의 남북전쟁과 오페라

〈왕궁의 불꽃놀이〉와 오스트리아 왕위 계승 전쟁

　음악사조를 구분할 때 1600년대부터 1750년대까지를 '바로크 시기'라 부른다. 이 시기는 르네상스[1] 이후 17세기와 18세기 유럽 음악의 사조로 미술, 문학, 건축 등 예술 전반의 특징적 형태를 말한다. 바로크란 포르투갈어로 '찌그러진 진주'를 뜻하는 'pérola barroca'에서 유래된 것으로 보는데, 18세기 후반에 이전의 예술 양식을 특정한 표현이다.

　프랑스의 철학자 장자크 루소(Jean-Jacques Rousseau, 1712~1778)는 1768년에 쓴 그의 저서 『음악사전(Dictionnaire de musique)』에서 바로크 음악에 대해 "화성적으로 혼란스럽고, 전조와 불협화음이 가득하고, 노래는 굳어 있고 자연스럽지 못하며, 음정도 잡기 어렵고 움직임은 억지스러운 것"이라고 평했다.[2] 즉, 바로크 음악을 기존과 달리 '괴이하고, 지나치고, 부자연스러운' 음악으로 평가했다. 이 바로크 시기에 우리가 흔히 말하는 클래식 음악

---

[1]　르네상스는 '재생, 부활'의 의미로 중세의 봉건적 군주 체제하 암흑의 시대에서 벗어나 인간성 해방을 중시하는 시대로의 전환을 의미한다. 문명사적으로는 14세기부터 16세기 사이에 일어난 문예부흥 또는 문화 혁신 운동으로 고대 그리스-로마 시절로 회귀하려 한 운동이다.

[2]　Mary Cyr, *Performing Baroque Music*, Routledge, 2011.

의 기초가 정립되었다고 할 수 있다.

바로크 시기는 바흐(Johann Sebastian Bach, 1685~1750), 헨델(George Frideric Handel, 1685~1759), 비발디(Antonio Vivaldi, 1678~1741), 텔레만(Georg Philipp Telemann, 1681~1767) 등이 대표적인 작가들이다. 그중에서 바흐와 헨델은 같은 해에 독일에서 태어났으나 한 번도 대면한 적이 없었다고 한다. 하지만 이들의 음악사적 업적은 그 누구도 부정할 수 없을 것이다. 하이든이나 모차르트, 베토벤도 바흐와 헨델의 음악을 통해 학습하고 성장할 수 있었다.

헨델은 20대 후반에 잉글랜드로 건너가 죽을 때까지 그곳에서 활동했다. 특히, 1723년부터는 잉글랜드의 궁정에서 활동했는데, 왕실의 행사나 왕족을 위한 작곡이 많은 비중을 차지했다. 잘 알려진 〈수상음악〉, 〈왕궁의 불꽃놀이〉 등이 그 예다. 1740년에는 유럽의 많은 국가가 참전한 오스트리아 왕위 계승 전쟁이 발생했는데, 잉글랜드도 오스트리아와 연합군을 형성했다. 1743년에는 잉글랜드의 왕 조지 2세(George II, 1683~1760)가

〈데팅겐 테 데움〉 악보 일부와 헨델

이 전쟁에 참전하여 데팅겐에서 프랑스를 격파하자 헨델은 승리를 축하하는 〈데팅겐 테 데움(Dettingen Te Deum)〉, 〈데팅겐 찬가(Dettingen Anthem)〉를 작곡했다.[3]

데팅겐 전투는 지금의 독일 뮌헨지역(당시 바바리아)의 데팅겐 마을에서 벌어졌다. 당시 전투에는 조지 2세의 잉글랜드군을 중심으로 오스트리아군, 네덜란드군, 하노버군 등이 동맹하여 약 3만 7천 명이 참전했다. 이들은 모두 오스트리아 왕위 계승 전쟁의 발단이 된 오스트리아의 마리아 테레지아가 공주이지만 왕위를 계승하는 것에 찬성하는 왕국들이었다. 반면에 프랑스군은 약 4만 5천 명이 참전했는데, 프랑스와 프로이센 등은 '살리카법'[4]을 내세워 왕위 계승에 반대하는 입장이었다.

1743년 7월 27일, 프랑스군은 데팅겐 지역으로 영국 연합군을 유인했고, 포위한 다음 포병으로 집중 사격하여 격멸한다는 계획을 세웠다. 특히, 데팅겐 지역은 다음의 당시 작전상황도에서 보듯 한쪽은 마인강이 흐르고, 반대편은 수풀이 우거진 언덕으로 앞과 뒤만 막으면 꼼짝할 수 없는 지형이었다. 다음 요도에서 보라색의 프랑스군은 앞과 뒤를 다 포위한 상태였다.

초반에는 프랑스군의 계획대로 영국 연합군이 큰 피해를 입고 포위망을 돌파하기 위해 몇 차례 시도했으나 실패했다. 그런데 갑자기 프랑스군 중에서 몇몇 기병대대가 연합군 진영으로 돌진하며 공격을 가해왔고, 이어 보병부대도 뒤를 따랐다. 연합군은 갑작스러운 공격으로 영국군의 선봉대가 붕괴되면서 큰 피해를 입었다. 그러나 한편으로는 이러한 프랑스

---

3   https://www.britannica.com/topic/Dettingen-Te-Deum; https://en.wikipedia.org/wiki/Dettingen_Te_Deum; https://amp.cdandlp.com/en/handel-georg-friedrich/dettingen-te-deum-dettingen-anthem-preston/cd/r116450456/ 참조.

4   살리카법(Lex Salica, Salic Law)은 메로베우스 왕조시대 프랑크 왕국의 법전이다. '살리(Salic)'라는 표현은 당시 프랑크족 중에서 주도적 부족이었던 '살리족'에서 나온 것이다. 일반적으로 여성의 왕위 계승이나 여계 왕손을 인정하지 않는 제도를 담고 있다.

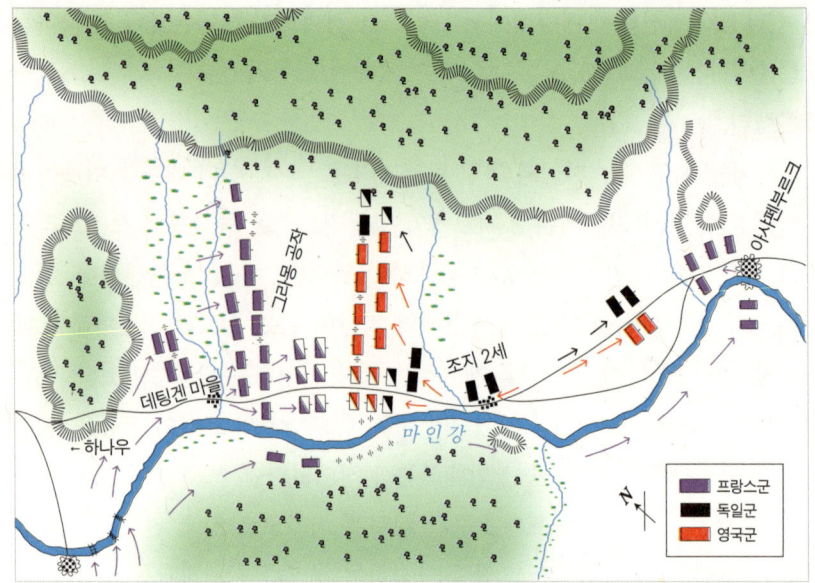

데팅겐 전투 작전상황도

군의 돌진이 계획에 없었던 것이고, 이로 인해 프랑스군의 포병 사격을 제한했다. 왜냐하면, 사격을 가할 경우 결국 프랑스군도 큰 피해를 입을 수 있었기 때문이다.

영국 연합군은 이 기회를 놓치지 않았다. 돌진한 부대의 측방을 공격하면서 전방의 프랑스군 보병부대가 돌진하며 생긴 빈 곳을 점령함으로써 퇴로를 확보할 수 있었다.

결국, 프랑스군은 계획에 없던 돌진을 하면서 포위작전 계획이 전부 흐트러졌고, 붕괴하기 시작했다. 다시 전열을 가다듬은 영국 연합군은 프랑스군을 향해 일제 공격을 감행해 큰 피해를 입히며 프랑스군을 격퇴했다. 이 전투에서 연합군은 2천여 명의 사상자가 발생했지만, 프랑스군은 5천여 명의 사상자가 발생했다. 프랑스군이 인내심을 갖고 포위망 내에서 화력으로 영국 연합군을 최대한 약화시킨 뒤 결정적인 시점에 공격을 가

데팅겐 전투 당시 모습

했다면 충분히 이길 기회를 놓친 셈이다.[5]

헨델,
〈데팅겐 테 데움, HWV 283〉

　　헨델이 조지 2세의 승리를 축하하기 위해 작곡한 〈데팅겐 테 데움〉은 국왕이 돌아온 후 축하 행사를 위해 만들어졌다. 당시 헨델은 테 데움(찬송가)과 찬가(왕을 찬양하는 노래)를 의뢰받았는데, 테 데움은 18곡의 짧은 합창 또는 솔로 노래로 구성되었으며 연주 시간은 35분 내외다. 대부분 군가적인 성격을 띠고 있으며, 시작은 트럼펫과 드럼의 짧은 전주곡이 나온 뒤 승리에 환호하는 합창이 시작된다. 이후 솔로곡과 합창곡이 이어지는데, 노

5　윤덕희, 「18세기 중반 영국 육군의 전투력 분석: 데팅겐전투(1743)를 중심으로」, 『서양사론』 157, 2023.

래 제목을 보면 테 데움이 어떤 성격을 가졌는지 쉽게 알 수 있다.

> 테 데움 1곡: 우리는 당신을 찬양합니다. 오 하나님!
> 테 데움 2곡: 온 땅이 당신을 경배합니다.
> 테 데움 3곡: 모든 천사가 큰 소리로 부르짖나이다.
> 테 데움 4곡: 케루빈과 세라핌께
> 테 데움 5곡: 사도들의 영광스러운 동행
> 테 데움 6곡: 당신의 존귀하고 참되고 유일한 아들
> 테 데움 7곡: 당신은 영광의 왕이십니다.
> 테 데움 8곡: 네가 네게로 취했을 때
> 테 데움 9곡: 죽음의 날카로움을 극복했을 때
> 테 데움 10곡: 하늘나라를 열어주셨네
> 테 데움 11곡: 당신은 하나님의 오른편에 앉아계십니다.
> 테 데움 12곡: (아다지오)
> 테 데움 13곡: 그러므로 우리는 당신께 기도합니다.
> 테 데움 14곡: 그들을 세어보세요.
> 테 데움 15곡: 날마다 우리는 당신을 찬양합니다.
> 테 데움 16곡: 그리고 우리는 당신의 이름을 경배합니다.
> 테 데움 17곡: 주님, 허락하소서.
> 테 데움 18곡: 주님, 나는 당신을 신뢰합니다.

그리고 헨델의 〈데팅겐 찬가〉는 조지 2세 국왕을 찬양하는 송가다. 전체 5곡으로 솔로와 합창곡으로 구성되었으며, 연주 시간은 15분 정도다. 앞의 테 데움과 달리 왕을 찬양하는 주제로 구성되었다. 이는 곡의 제목에 잘

나타나 있다.[6]

 헨델, 〈데팅겐 찬가〉 V.
"우리는 당신의 구원을 기뻐하리라"

찬가 1곡: 왕은 기뻐하리라.
찬가 2곡: 그의 명예는 위대하다.
찬가 3곡: 비록 그에게 영원한 행복을 주리라.
찬가 4곡: 그리고 왜? 왕이 주님을 신뢰하기 때문이다.
찬가 5곡: 우리는 당신의 구원을 기뻐하리라.

또한, 헨델은 1749년에 우리에게 너무나 잘 알려진 〈왕궁의 불꽃놀이(Music for the Royal Fireworks, HWV 351)〉를 작곡했다. 1748년 약 8년간 계속되었던 오스트리아 왕위 계승 전쟁이 끝나자 조약이 체결되었음을 알리고 축하하기 위해 불꽃놀이 행사를 계획하면서 행사의 배경음악으로 조지 2세 국왕이 요청하여 작곡했다.

불꽃놀이 행사는 4월 27일에 있었는데, 행사 중 폭죽이 목조건물에 옮겨붙어 불이 나는 바람에 불꽃놀이는 크게 성공하지 못했다고 한다. 다만 헨델의 곡은 당시 사전 리허설을 통해 알려지면서 많은 사람의 호평을 받았다고 한다. 전체 5곡으로 '서곡', '부레', '평화', '환희', '미뉴에트'로 구성되며 연주 시간은 21분 정도다. 〈왕궁의 불꽃놀이〉는 바로크 음악을 대표하는 곡으로 지금도 자주 연주되고 있다.

---

6 Paul Henry Lang, *George Frideric Handel*, Courier Corporation, 1996.

왕궁의 불꽃놀이

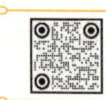 헨델, 〈왕궁의 불꽃놀이, HWV 351〉

    1740년에 발생한 오스트리아 왕위 계승 전쟁은 1748년까지 유럽 전역의 대부분 왕국이 참전한 전쟁이다.[7] 당시 오스트리아 왕위를 갖고 신성로마제국의 황제였던 카를 6세(Karl Ⅵ, 1685~1740)가 죽자 장녀 마리아 테레지아(Maria Theresia, 1717~1780)는 왕위를 계승 받고, 남편인 로트링겐 프란츠 1세(Franz Ⅰ, 1708~1765)가 제국의 황제가 되기를 바랐다. 그런데 당시 제국 내에서는 일부 왕국이 '살리카법'을 내세워 마리아 테레지아의 왕위 계승을 반대했다. 하지만 이러한 상황은 이미 예견된 것으로 카를 6세가 죽기 전인 1713년 국사조칙[8]을 맺음으로써 여성의 왕위 계승을 사전 양해해놓은

---

[7] M. S. Anderson, *The War of Austrian Succession 1740-1748*, Routledge, 1995.
[8] 오스트리아 대공국 그리고 그와 동군연합을 이루고 있는 영토들을 상속받을 남자 상속인이 없으면 통치자의 딸이 상속하며, 딸도 없을 때는 누이가, 누이도 없을 땐 고모가 상속하도록

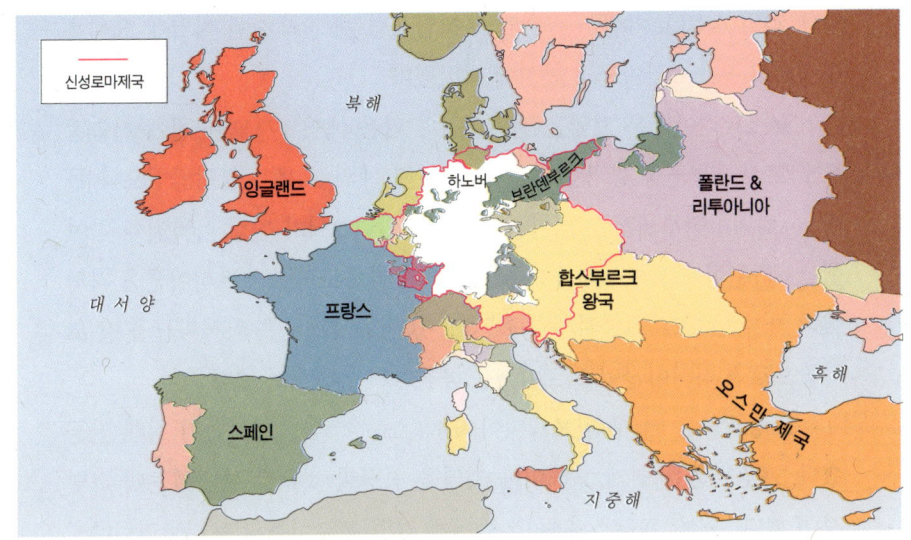

18세기 초 신성로마제국과 유럽

상태였다.

　따라서 신성로마제국 황제의 즉위는 잠시 미루어놓고, 마리아 테레지아와 이를 찬성하는 왕국들은 그녀의 오스트리아 여대공, 헝가리와 크로아티아의 여왕 및 보헤미아의 여왕 즉위를 강행함으로써 이를 반대하는 왕국들이 두 그룹으로 나누어져 전쟁이 발생했다. 찬성하는 나라는 오스트리아를 중심으로 한 헝가리, 영국, 스페인, 바이에른, 러시아 등이었고, 반대국으로는 프로이센과 프랑스를 중심으로 한 스웨덴 등이었다.

　전쟁은 마리아 테레지아의 왕위 계승을 반대하는 프로이센의 프리드리히 2세가 슐레지엔(현재의 폴란드 지역)의 영토 점유권 주장과 함께 1740년 11월 16일 슐레지엔을 공격함으로써 시작되었다. 선전포고도 없이 이루어진 프로이센의 공격에 오스트리아군은 지금의 체코지역으로 후퇴할 수

하는 등의 살리카법을 폐지하고, 준살리카법으로 전환하도록 규정한 법령이다.

밖에 없었고, 프로이센군은 거의 무혈입성한 채 슐레지엔 지역에 요새를 구축하고 오스트리아군의 공격에 대비했다.

오스트리아군은 전열을 정비하여 그다음 해인 1741년 3월에 기습적으로 프로이센군을 공격했다. 처음에는 몇 개의 요새가 함락당했으나 몰비츠(Molwitz) 전투에서 프로이센의 프리드리히 2세가 직접 육박전에 참여했고, 잘 훈련된 보병부대들이 끝까지 저항함으로써 오스트리아군을 격퇴했다. 이 시기 프로이센과 동맹을 맺고 있던 스웨덴군은 러시아군을 잘 고착함으로써 러시아군이 프로이센을 공격하지 못하도록 했다.

프랑스군은 이 무렵 보헤미아(지금의 체코) 지역을 공격하기 위해 진군했다. 프랑스군은 쉽게 보헤미아 지역을 점령할 것으로 판단했는데 그렇지 못했다. 우선, 프랑스와 동맹 관계에 있던 프로이센의 프리드리히 2세가 비밀리에 오스트리아군과 밀약하여 오스트리아군에 크게 방해를 가하지 않았다. 또 하나는 헝가리 지역에서 마리아 테레지아의 왕위 계승을 찬성하는 봉기가 일어나 무장하고 오스트리아 지원군으로 많이 참여했다. 그 결과 11월 말에는 대부분 지역에서 지금의 독일 지역으로 후퇴할 수밖에 없었다.

마리아 테레지아와 프리드리히 2세

한편, 보헤미아 전쟁에는 마리아 테레지아의 남편 프란츠 1세 대공도 참전했는데 큰 전과를 내지 못했다. 오히려 바이에른의 선제후가 큰 역할을 하면서 1741년 11월 보헤미아의 왕으로 즉위했고, 1742년 1월 24일 카를 7세로서 신성로마제국의 황제로 선출되었다. 1742년 초부터 5월까지 보헤미아 남부지역에서는 다시 프로이센-프랑스 연합군과 오스트리아군의 충돌이 있었다. 원인은 양측이 슐레지엔의 영유권을 놓고 협상을 진행했는데, 마리아 테레지아 측에서 유리한 협상 여건을 마련하기 위해 협상 내용을 흘리면서 불만을 품은 프리드리히가 지금의 체코 브루노 지역을 공격하면서 전개되었다. 양측은 교전에 교전을 거듭했고, 결국 프로이센-프랑스 연합군이 코투지츠(Chotusitz, 프라하 동쪽)에서 기병의 활약에 힘입어 결정적으로 오스트리아군을 격퇴함으로써 연합군의 승리로 끝이 났다.

1742년 말에는 파사우(지금의 독일과 오스트리아 국경지역)의 도나우강 일대에서 프랑스군과 오스트리아군 사이에 또 다른 전투가 있었는데, 프랑스군이 겨울철 작전에 따른 식량을 포함한 보급물자의 어려움으로 큰 피해를 입으며 퇴각하게 되었다. 1743년의 전투는 앞서 영국 연합군이 데팅겐 전투에서 승리한 내용과 같다. 1743년에는 오스트리아, 영국, 네덜란드, 사르데냐가 동맹국 관계였고, 러시아와 스웨덴은 중립을 유지했으며, 프로이센과 프랑스, 스페인, 바이에른은 여전히 왕위 계승을 반대하는 진영에서 프로이센 지역과 보헤미아, 슐레지엔 지역에서 각 왕국의 패권을 확대하기 위한 전투를 지속하는 상황이었다.

1744년에는 반대국들이 일제히 공세를 펼쳤는데, 프로이센의 예하 부대들은 각각 작센(현재의 라이프치히)과 슐레지엔(폴란드 남부), 루사티아(체코 북부)에서 프라하를 경유하여 오스트리아 방향으로 진격했다. 프랑스는 알자스-로렌 지역으로 진격했다. 그런데 프로이센군은 프라하에 집결했을 때 오스트리아군과 작센군이 자신들을 포위한 상황이라는 것을 뒤늦게 알아차렸고, 게다가 당시 헝가리 출신의 비정규군들이 계속해서 프로이센군에 소규모 공격을 가해 많은 사상자가 발생했다. 결국, 이 지역에서 프로이센군은 엄청난 피해를 입고 슐레지엔으로 퇴각할 수밖에 없었다. 프랑스군은 루이 15세가 직접 군대를 이끌고 알자스-로렌 동쪽의 프라이부르크를 함락시키는 전과를 올렸으나 네덜란드 지역으로 다시 이동했다.

1745년에는 오스트리아 왕위 계승 전쟁이 종국으로 가는 중요 전투들이 있었다. 퐁트누아(벨기에 서부와 프랑스 국경 사이) 전투와 호엔프리트베르크(지금의 폴란드 남서부와 체코 사이) 전투, 케셀스도르프(독일 남부 드레스덴 근처) 전투 등이다.

퐁트누아 전투에서는 프랑스군이 영국의 컴벌랜드가 이끄는 연합군을 맞아 벨기에 지역에서 전투를 벌였다. 영국군은 이 전투에서 패해 결국 본토로 철수할 수밖에 없었고, 프랑스군은 벨기에 전역에서 주도권을 갖게 되었다. 5월 프랑스군이 먼저 퐁트누아에 인접한 투르네 요새를 공략하

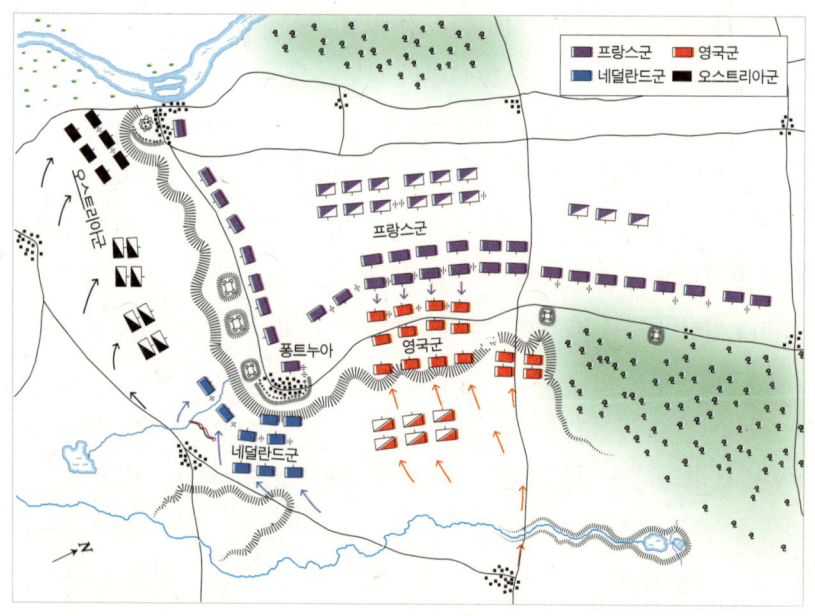

퐁트누아 전투 상황도

자 영국 연합군이 이를 지원하기 위해 프랑스군에 공격을 가했다. 그런데 프랑스군은 이미 퐁트누아 요새에 대한 충분한 준비와 지형을 이용하는 전술을 구사했다.

요도에서 보라색이 프랑스군이고, 적색과 청색, 검은색이 영국 연합군이다. 퐁트누아 요새는 가운데 있고, 베리 숲은 오른쪽에 있다. 프랑스군은 영국 연합군이 진출할 것으로 예상되는 중앙 통로를 기만 목적으로 열어놓았다.

프랑스군은 요새의 보루를 중심으로 좌·우익을 강하게 편성하되 중앙지역에 진출로를 기만 목적으로 열어놓은 후 영국 연합군이 진격해오면 이를 좌·우익이 합세해 격멸한다는 계획이었다. 영국군도 이런 계획을 어느 정도 알고 중앙지역 공격 전에 우선 좌·우익에 대한 공격을 감행했으나 큰 피해만 보고 진출이 어렵게 되었다. 어쩔 수 없이 영국 연합군은 그들이 파놓은 중앙지역의 함정으로 들어감으로써 막대한 손실을 입고 간신히 철수할 수밖에 없었다. 프랑스군의 완벽한 승리였다.

퐁트누아 전투

호엔프리트베르크 전투는 1745년 폴란드 남서쪽 체코와 인접한 지역에서 발생했는데, 오스트리아 왕위 계승 전쟁에서 가장 중요한 전투다. 당시 프로이센의 프리드리히 2세는 약 5만 9천 명을 동원했고, 오스트리아-작센 연합군은 6만 3천 명을 이끌고 호엔프리트베르크 언덕을 선점했다. 이 지역은 주변이 대부분 평지라 비교적 높지 않은 언덕이라도 전투 수행에 많은 이점을 주는 곳이었다.

　프리드리히 2세는 기만 목적으로 대치하고 있던 프로이센 군대가 강을 따라 후퇴하고 있다는 내용의 역정보를 흘린다. 그리고 실제로 유인하기 위해 일부 병력을 후퇴시킨다. 이를 목격한 오스트리아군은 즉각 프로이센군을 추격하기 위해 언덕에서 내려온다. 프로이센군이 원하는 대로 진영이 갖춰진 것이다.

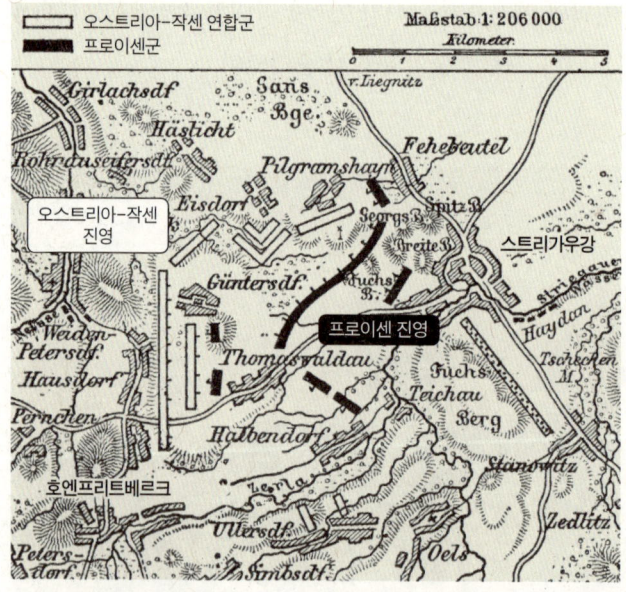

호엔프리트베르크 전투 상황도[9]

---

[9] M. S. Anderson, 앞의 책.

위의 요도에서 검은색으로 진용을 갖춘 부대가 프로이센군이고, 흰색 사각형으로 표시된 군대가 오스트리아-작센 연합군이다. 왼쪽에는 호엔프리트베르크 언덕이 있고 중앙에는 스트리가우강이 흐르는 지역이다. 프로이센군은 먼저 6월 3일 야간을 틈타 왼쪽의 작센 진영을 급습했다. 예상치 못한 기습으로 작센군도 어느 정도 저항했지만, 프로이센군의 강력한 공격에 더 이상 대항할 수 없었다. 이어 프로이센군은 중앙지역으로 보병부대와 기병대를 집중시켰는데, 이때 어려움이 강을 건너는 것이었다. 도중에 다리가 끊겨 프로이센군은 오스트리아군으로부터 큰 피해를 입었다. 그러나 이윽고 얕은 여울을 통과해 강을 건너 지원함으로써 다시 공격을 지속할 수 있었다. 상대적으로 오스트리아군은 후퇴한다고 들었던 프로이센군이 급습해와 전열을 정비할 틈이 없었다.

특히, 프리드리히 2세는 전쟁을 준비하면서 기병에 대해 아주 강한 훈련을 시켜왔는데 전투에서 이러한 결과가 여실히 나타났다. 보병부대가 맞붙어 교전을 벌이면서 혼란해진 가운데 다시 프로이센의 최정예 용기병 부대가 새롭게 투입되었다. 오스트리아군 진영은 일순간에 흩어졌다. 흩어진 오스트리아군은 수습이 불가능했다. 그리고 작센군을 물리친 왼쪽의 부대가 다시 오스트리아군의 배후에서 공격해옴으로써 오스트리아군은 결국 대패했다.

프리드리히 2세는 이러한 승리를 기념하기 위해 〈호엔프리트베르크 행진곡(Hohenfriedberger March)〉을 작곡했다. 이 전투로 유럽에서는 프리드리히 2세를 '대왕'이라고 표현하기를 주저하지 않았다. 실제로 군사적 측면에서 그의 전략과 전술, 포병과 기병에 대한 훈련 등은 큰 의미가 있다. 연주는 경쾌하고 빠른 행진곡풍으로 벅찬 감동과 기쁨의 분위기가 잘 반영되어 있으며, 중간에 트럼펫 단독 연주는 승리의 나팔을 부는 듯한 느낌을 준다. 연주는 전체 4분가량이며, 처음에는 가사 없이 연주되었고, 가사는 약

100년 후 호엔프리트베르크 전투 100주년 기념행사를 기해 붙여졌다.[10]

한편, 1866년에는 프로이센과 오스트리아 사이에 보오전쟁이 발발했고, 호엔프리트베르크와 멀지 않은 체코의 흐라데츠크랄로베에서 쾨니히그레츠 전투[11]가 있었다. 이 전투에서 결정적으로 프로이센이 승리함으로써 독일연방이 독일제국으로 통일하는 발판을 마련했다. 1866년 피프케(J. G. Piefke)는 이를 기념하기 위해 〈쾨니히그레츠 행진곡(Königgrätzer Marsch)〉을 작곡했는데, 그 선율은 프리드리히 2세가 작곡한 〈호엔프리트베르크 행진곡〉에서 가져왔다고 한다. 실제로 들으면 비슷한 선율을 느낄 수 있으나

〈호엔프리트베르크 행진곡〉과 〈쾨니히그레츠 행진곡〉 악보

---

[10] https://namu.wiki/w/호엔프리트베르크 행진곡 참조.

[11] 당시 오스트리아군은 구형 총검술과 총구에 장전하는 전장식 소총을 사용했지만, 프로이센군은 후장식 소총을 사용함으로써 사격속도가 훨씬 빨라 전투 수행에서 우위를 점할 수 있었다.

곡의 길이는 짧아졌고, 중간에 트럼펫 연주 부분이 없으며, 2분 30초가량 연주된다.[12]

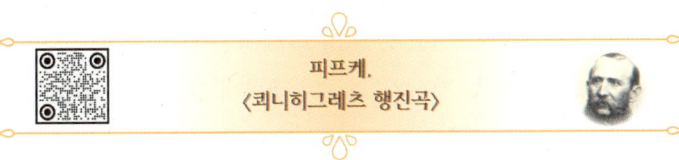

피프케,
〈쾨니히그레츠 행진곡〉

　　오스트리아 왕위 계승 전쟁 시기에 헨델 외에도 빼놓을 수 없는 음악가가 있는데, 바로 비발디다. 비발디는 헨델, 바흐와 함께 바로크 음악을 대표하는 바이올리니스트이자 협주곡, 오페라, 관현악의 대가다. 특히, '협주곡'이라는 장르에서 많은 곡을 만들면서 독특한 형식을 정립한 점은 음악사에 길이 남아있다. 잘 알려진 〈사계〉도 바이올린협주곡이다. 그는 대부분 이탈리아 베네치아에 있는 '피에타(Pieta)' 고아원, 수녀원 겸 학교에서 음악 교사를 겸한 사제로 일했는데, 여기서 학생들에게 음악을 가르치고, 합창단을 운영했으며, 학생들을 위해 작곡하면서 많은 곡을 만들 수 있었다. 또한, 그가 가르친 피에타 학생들의 연주와 합창 실력은 당대에 높이 평가되어 전국 공연은 물론, 왕실에서도 초청해 연주했다고 한다.[13]

　　그러던 비발디가 말년에는 경제적으로 어려움을 겪기도 했는데, 당시 신성로마제국 황제인 카를 6세도 그의 음악을 좋아해 기악곡집을 헌정하기도 했다. 1740년 비발디는 경제적 곤란을 해결하기 위해 황제가 있는 빈으로 갔다. 물론, 황제를 위한 음악도 준비를 했을 것으로 생각된다. 그런데 비발디가 도착하여 황제도 만나고 도움을 받을 내용도 해결될 기미가 보이려는 시점에 그만 카를 6세가 죽고 만다. 그리고 왕위 계승 문제

12　https://en.wikipedia.org/wiki/Kniggr%C3%A4tzer_Marsch 참조.
13　http://daeguoperahouse.org/ko_finder/userfiles/files/Orlando 참조.

로 1740년 말부터 왕위 계승 전쟁의 소용돌이에 휘말리자, 비발디가 추진하려고 했던 일들은 모두 수포로 돌아갔다. 불행한 일이 아닐 수 없었다. 결국 비발디는 그다음 해인 1741년 빈에서 천식이 악화하여 숨을 거두었다.[14] 그야말로 객사한 것이다. 당시 성 슈테판 성당에서 장례식이 있었는데, 나중에 묘를 옮기는 과정에서 시신의 행방이 묘연해져 아직도 찾지 못하고 있다.

오스트리아 왕위 계승 전쟁은 신성로마제국 내의 여러 왕국이 마리아 테레지아의 왕위 계승에 대해 찬반 양측으로 나누어져 벌인 전쟁이었다. 그리고 마침내 1748년 엑스라샤펠(Aix-la-Chapelle)[15] 평화조약이 체결되면서 종료되었다. 전쟁 결과, 오스트리아는 마리아 테레지아의 왕위 계승을 인정받기는 했으나 많은 것을 잃었다.

반면에 가장 큰 수혜자이면서 승리한 나라는 바로 프로이센이었다. 그동안 힘없는 군대에서 프리드리히 2세를 거치면서 강하고 싸움 잘하는 군대로 거듭났으며, 두려운 존재가 되었다. 또한, 오스트리아와 이제 대등한 입장에서 상대하게 됨으로써 주도권을 쥐게 되었고, 슐레지엔 지역에 대한 영유권도 보장받게 되었다. 하지만 슐레지엔에 대한 프로이센의 점유는 1756년부터 시작된 '7년 전쟁'의 불씨가 되었다. 왜냐하면, 비옥한 지역이었던 슐레지엔을 프로이센에 양도한 오스트리아가 이를 다시 찾기 위한 모험을 시도했기 때문이다.

---

14 Michael Talbot, *Vivaldi*, Routledge, 2016.
15 '아헨(Aachen, 지금의 독일 북서부 국경도시) 조약'이라고도 하는데, '엑스라샤펠'은 아헨의 프랑스식 표기다.

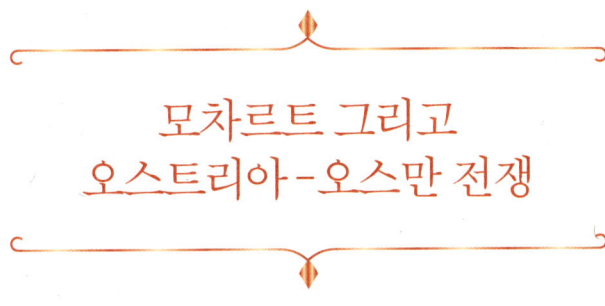

모차르트 그리고
오스트리아-오스만 전쟁

1800년대의 유럽은 격정의 시기였다. 프랑스혁명과 나폴레옹 전쟁으로 시작하여 절대왕정이 약화하고 민족주의와 자유주의가 싹트기 시작했다. 저항과 독립을 위한 활동이 활발했고, 제국주의가 기승을 부리면서 식민지 개척을 위한 강대국의 횡포가 심해졌으며, 여기에 프로이센이나 러시아 같은 신흥 제국들이 급부상함으로써 강대국 간 경쟁이 치열해진 시기다.

반면에 1700년대는 절대왕정이 극에 달하고, 귀족과 교회가 권력과 부를 독점하던 시대였다. 또한, 왕위도 오스트리아 합스부르크 왕가나 프랑스의 부르봉 왕가 등 몇몇 가문이 친인척으로 얽혀 지내던 시기였다. 따라서 스페인 왕위 계승 전쟁(1701)이나 폴란드 왕위 계승 전쟁(1737), 오스트리아 왕위 계승 전쟁(1740) 등이 발생했는데, 신성로마제국 내의 각 왕국이 입장을 달리하면서 대규모 전쟁으로 확장되었다.

또한, 1700년대 중반부터는 영국을 중심으로 산업혁명이 발생하여 과학기술이 급속도로 발전하면서 증기기관, 철도, 전기, 방직기 등 산업 전반에 걸쳐 일대 혁명이 일어났고, 대량생산 체제로 전환되면서 교역과 원자재 수급 등 경제활동이 활발해졌다. 아울러 이로 인한 시장 개척과 무역활동 보호를 위해 해군력 양성이 주요 과제로 부상했다.

1775년에는 미국이 영국을 상대로 독립전쟁을 벌여 마침내 독립을 쟁취했으며, 1789년엔 프랑스혁명이 발생했다. 또한, 16세기 최고의 전성기를 누렸던 오스만제국은 점차 세력이 약화하기는 했으나 과거의 점령지를 둘러싼 충돌이 지속했다. 특히, 크림 칸국이나 캅카스 등 흑해 연안의 영토를 두고 러시아와 오스만 사이의 전쟁은 18세기에만 네 차례가 있었고, 1877년의 전쟁까지 모두 12차례의 전쟁이 일어났다. 오스트리아와도 18세기에만 세 차례의 전쟁이 있었으며, 두 나라는 16세기부터 오스만제국의 확장에 대응하여 여덟 차례 이상의 전쟁이 발발했다.

1787년에는 러시아와 오스만 사이에 여덟 번째 전쟁이 발생했다. 당시 러시아와 오스트리아는 동맹 관계를 맺고 있었기 때문에 오스트리아의

오스트리아-오스만 전쟁(1788)

요제프 2세(Joseph II, 1741~1790)는 이 전쟁에 참여하기로 결정했다. 오스트리아와 오스만 사이에는 주로 지금의 루마니아와 세르비아, 헝가리 등에서 전투가 있었다.[16] 처음에 루마니아지역에서의 전투에서는 오스트리아가 패했다. 그러나 이후 사령관을 교체하면서 재정비하여 세르비아지역에서는 오스만을 격파하고 주도권을 갖게 되었다. 그리고 오스트리아가 헝가리를 점령하면서 오스만은 더는 전투하기 어려웠고, 결국 강화조약을 맺었다. 또한, 러시아와 오스만은 흑해 연안에서 전쟁을 벌였는데 오스만이 여기에서도 크게 패하면서 후퇴할 수밖에 없었다.

이 시기에 볼프강 아마데우스 모차르트(Wolfgang Amadeus Mozart, 1756~1791)는 빈에 있었다. 빈의 분위기는 매우 불안했다. 과거 오스만 군대가 빈을 포위했던 것처럼, 이번에도 오스만이 빈을 공격해올지도 모른다는 말들이 번졌다. 연주회나 공연 등이 취소되거나 간략하게 진행되었고, 일부 귀족은 해외로 도피하는 등 전쟁을 앞둔 빈의 모습은 긴장감과 함께 걱정이 많았던 시기였다.

모차르트에 대한 우리의 기억은 아마도 매우 비슷할 수 있다. '클래식의 대명사', '음악의 천재' 등 모차르트에 대한 수식어는 다르지 않을 것이다. 모차르트는 35세라는 짧은 인생을 살고 갔음에도 무려 800여 곡의 명곡을 남겼다. 그가 주로 활동했던 시기는 1770~1780년대다. 오스만과의 8차 전쟁이 시작된 시기에도 그는 빈에서 작곡과 연주를 하고 있었다.[17]

오스만을 상대로 전쟁을 선포한 상황에서 전쟁에 나가는 황제를 위해 모차르트는 〈독일 전쟁곡: 내가 황제라면(Ein Deutsches Kriegslied-Ich möchte wohl Kaiser sein!, A Major, K. 539)〉을 작곡했다. 2분 45초 정도의 짧은 곡이지만, 행진

---

[16] Paul P. Bernard, Austria's Last Turkish War: Some Further Thoughts, *Austrian History Yearbook* 19(1), Cambridge University Press, 2009.

[17] 제러미 시프먼, 임선근 역, 『모차르트, 그 삶과 음악』, 포노(PHONO), 2010.

곡풍으로 힘차고 우렁찬 기상을 느끼게 한다. 가사에는 그런 의미가 여실히 담겨 있다.[18]

> 내가 황제라면 동방의 나라는 두려움에 떨게 되리라
> 콘스탄티노플은 우리 것, 대지의 여신이 로마를 세웠듯
> 옛 도시 아테네와 스파르타를 새로 세워야 하네
> 시민들이여, 우리의 영웅적 행위를 찬양하라!
> 황제의 뜻이 실현되고 황금의 시대가 열리기를!
> 지혜로운 자들이 모두 함께 기뻐하기를!

〈독일 전쟁곡〉 악보 일부와 모차르트

---

18 http://christermalmberg.se/documents/musik/klassiskt/mozart/the_compleat_mozart/mozart_verk_the_compleat_mozart_(zaslaw)_concert_arias_duets_trios_and_quartets.php 참조.

그 외에도 모차르트는 1788년 오스만튀르크와의 전쟁을 배경으로 애국적 음악인 〈전장으로 나아가면서(Beim Auszug in das Feld), K. 552〉를 작곡했고, 1788년부터 1789년까지 있었던 '베오그라드 포위전'[19]과 관련하여 〈컨트리댄스(Country Dance In C Major), K. 535〉, 일명 '전투(La Bataille)'를 작곡한 바 있다.

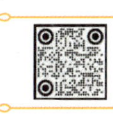
모차르트,
〈독일 전쟁곡: 내가 황제라면, K. 539〉

모차르트의 음악 중에는 오스만과의 전쟁에 관련된 곡이 또 있다. 바로 '터키행진곡'으로 불리는 모차르트의 〈피아노 소나타 11번(Piano Sonata No. 11 in A major), K. 331〉이다. 3악장에 모차르트가 '터키풍(Rondo alla turca)'이라고 표시했고, 전체적으로 행진곡처럼 밝고 경쾌한 리듬을 보이기 때문에 '터키행진곡'이라고 불린다. 16세기부터 유럽과 중앙아시아, 발칸, 북아프리카 등 제국적 야심을 확장하고 있던 오스만튀르크에 대한 관심과 분위기가 반영된 작품이라고 볼 수 있다.[20]

당시 오스트리아는 합스부르크 가문을 중심으로 13세기부터 중부유럽을 지배한 제국이었다. 이런 상황에서 오스만제국의 등장과 확장은 신선한 충격이면서도 관심의 대상이 될 수밖에 없었다. 더욱이 1529년에는 오스만제국이 빈을 포위하여 1차 빈 포위전을 치렀고, 1683년 7월에도 약 60일간 빈이 포위당해 항복 직전까지 간 상황에서 신성로마제국의 군대와 폴란드-리투아니아 군대가 파병을 와서 간신히 격퇴할 수 있었다. 이런 이

---

19 https://en.wikipedia.org/wiki/Siege_of_Belgrade_(1789) 참조.
20 https://blog.naver.com/opazizi/222070493683 참조.

유로 몇 차례 전쟁이 계속되면서 오스트리아 사람들 사이에서는 오스만튀르크군에 대한 관심이 높아졌다. 엄밀히 말하면 오스트리아 외에도 많은 나라에서 이러한 움직임이 있었는데, '터키풍'이라는 말이 공공연히 사용될 정도였다.

18세기에 들어와서는 오스만제국의 전통적 리듬을 연주하는 '메헤테르 군악대'[21]가 유럽 각지에 등장했는데, 특별한 리듬을 갖고 있어 '터키풍'이라는 말과 함께 문화적 측면에서 많은 영향을 끼쳤다. 또한, 오스만제국의 최정예부대 겸 술탄의 근위대인 '예니체리(Janissaries)'[22]는 특별한 복장과 강인한 군대의 모습으로 많은 시선을 끌었다.

이러한 이유로 터키풍의 리듬은 당시 음악에도 많은 영향을 미쳐 베

오스만제국의 근위대
'예니체리'

---

21 메헤테르 군악대는 제국에서 비투르크 지역의 소년을 선발해 조직한 오스만의 친위보병대 예니체리의 사기를 북돋기 위해 최전선에서 연주하는 것으로 유명했다.

22 14세기부터 생겼으며 예니체리란 '새로운 군대'를 뜻하는 말로, 오스만 전성기에는 황제의 직속부대 겸 치안을 유지하는 부대로 명성이 높았다.

토벤도 〈터키행진곡(Turkish March), Op. 113〉(1811)과 〈피아노를 위한 6개의 변주곡, Op. 76〉(1809)에 도입했고, 하이든의 부수음악 〈피에타스〉(1767), 〈자일〉(1777)에도 쓰였다.

모차르트의 '터키행진곡'은 정확하지는 않으나 1783년 잘츠부르크에서 작곡된 것으로 알려져 있다. 1783년은 오스트리아 빈이 오스만제국에 두 번째 포위를 당했던 1683년으로부터 100년이 되는 해다. 3악장의 소나타 형식[23]으로 1악장은 테마가 제시된 뒤 6회 변주되며, 기쁨을 띤 주제와 로코코풍[24]의 변주곡이다. 2악장은 미뉴에트[25]와 트리오로 되어 있고, 3악장은 당시 유행하던 터키 군악대의 리듬이 반영되었다. 3악장을 들으면 "아, 이 음악~" 하고 말할 정도로 익숙한 음악이다.

모차르트 〈피아노 소나타 11번, K. 331〉
3악장 '터키행진곡'

---

[23] 클래식 음악에서 기본적이고 광범위하게 사용되는 악곡 형식으로, 문학작품의 기, 승, 전, 결처럼 가사가 없는 기악음악이 가지는 일정한 구조이며 주제 제시부, 전개부(주제의 변화, 발전 등), 재현부(주제 다시 제시, 반복)로 구성된다.

[24] 18세기 초·중반에 걸친 서양음악 양식상의 경향으로, 바로크의 웅대하고 호화로움에 비해 섬세하고 경쾌함을 특색으로 한다.

[25] 춤곡의 하나로 18세기 프랑스에서 시작된 4분의 3박자 또는 8분의 3박자의 곡으로, 2박자에서 강한 음이 나며 거기에 장식음(裝飾音)이 붙는 것이 보통이다. 후에 기악 형식으로 소나타·현악곡·교향곡의 악장에도 쓰였다.

미국 독립전쟁 시기의 색다른 음악

　18세기의 획을 그은 전쟁 중 하나가 미국의 독립전쟁이다. 미국의 독립전쟁은 식민지하에 있던 13개 주와 영국이 1775년부터 1783년까지 약 8년간 지속한 전쟁이다. 물론 우리가 알고 있는 미국의 독립기념일은 1776년 7월 4일 독립선언이 있었던 날이다. 하지만 독립선언 이후에도 전쟁은 계속되었다. 아메리카 대륙에 대한 영국의 식민지 개척은 1607년 버지니아주 제임스타운의 식민지화를 시작으로 본격적으로 추진되었다. 이후 프랑스와 네덜란드가 식민지 개척에 합세함으로써 특히 프랑스와 영국이 각축을 벌이는 양상이 되었다.

　미국의 독립전쟁은 결정적으로 영국의 무리한 과세 정책이 주요 원인이 되었다. 영국은 1740년부터 오스트리아 왕위 계승 전쟁, 그리고 1756년에는 7년 전쟁[26]을 거치면서 재정이 많이 약화한 상태였고, 여기에 아메리

---

[26] 7년 전쟁은 1756년부터 1763년까지 오스트리아 왕위 계승 전쟁에서 프로이센에 패배해 독일 동부의 비옥한 슐레지엔을 빼앗긴 오스트리아 합스부르크가 이를 되찾기 위해 프로이센과 벌인 전쟁을 말한다.

카 대륙에서 식민지를 유지하는 데 재정적 부담이 커지는 상황이었다. 이에 영국은 당밀, 설탕, 철, 소금 등의 수입품에 대해 관세를 부과하는 한편, '인지세법'이라 하여 식민지에서 발간하는 신문, 일간지 등 출판물에 대해서도 간접세를 부과했다. 관세 부담이 커진 것에 대한 불만도 컸지만, 문제는 바로 인지세에 대한 것이었다. 즉, 출판물 등은 미국 내부세에 해당하는데 관세를 책정하는 것에 강하게 반발했고, 결국 철폐할 수밖에 없었다.

또한, 당시 영국은 인디언과 연합한 프랑스와 세력 다툼을 벌이고 있었는데, 미국 식민지 각 주에서는 영국을 지원하고 있었다. 영국과 프랑스 간의 경쟁에서 영국이 승리하자 미국 식민지 사람들은 비옥한 중서부로 개척을 시도했다. 그러나 영국은 '인디언 보호구역'을 설정해 이를 차단했다. 이로 인해 반발이 심해졌고, 인디언과 미국 식민지 사람들 간에 자주 갈등이 빚어지자 영국은 군대를 파견해 관리할 수밖에 없었다. 그리고 이런 조치를 취함에 따라 비용이 많이 필요했다. 그래서 이를 만회하기 위해 '병영법'을 만들어 영국 파견 군대의 비용을 미국 식민지 주민이 부담하게 했는데, 이로 인한 반발도 증폭되었다.[27]

여기에 결정적으로 당시에 미국 식민지도 많은 홍차를 수입하고 있었는데, 이를 대부분 네덜란드로부터 밀무역을 통해 거래하고 있었다. 그런데 영국이 이를 자국의 '동인도회사'를 통해 무역하게 함으로써 그동안 밀무역을 하던 사람들은 날벼락을 맞게 된 것이다. 그러던 중 1773년 매사추세츠만에 정박해 있는 영국 국적의 동인도회사 상선을 100여 명의 무리가 덮쳐 안에 있던 많은 양의 홍차를 바다에 던진 사건, 즉 '보스턴 차 사건'이 발생했다.[28] 이를 계기로 여기저기서 홍차를 불에 태우거나 배를 습격하는

---

27 Richard Middleton, *The War of American Independence*, CrossRef, 2012.
28 James M. Volo, The Boston Tea Party: The Foundations of Revolution, *Choice Reviews Online* 50(6), 2013.

보스턴 차 사건(1773)

일이 발생했다. 본격적으로 미국 전역에서 그동안 억눌렸던 억압과 부당한 관세 정책 등에 대한 불만에 불이 붙었다. 또한, 이런 행동들은 잠재되어 있던 미국의 독립 의지를 자극하는 도화선이 되었다. 여담으로 미국 사람들은 보스턴 차 사건 이후부터 홍차를 배척하고 그 대신에 커피를 선호하게 되었다고 한다.

 이에 영국은 크게 당황했다. 결국, 1774년 함대를 보내 보스턴항을 폐쇄했고 매사추세츠 자치정부를 강제로 해산시켰다. 또한, 각 주의 자치권을 인정하는 방식에서 영국 정부가 직접 통제하는 방식으로 바꾸려고 하자 거센 반발이 터져 나왔다. 결국, 1775년 4월 매사추세츠만 근교 렉싱턴과 콩코드에서 영국군대와 미국 식민지 민병대가 충돌하는 상황이 발생했다. 이 교전에서 영국군은 100여 명 이상의 사상자가 발생했다.[29]

 이를 계기로 1775년 5월에는 13개 주 대표들이 모여 대륙회의(Con-

---

[29] 이주천, 『미국의 독립전쟁』, 주니어김영사, 2011.

독립선언서를 논의하는 모습(1775)과 독립선언서[30]

tinental Congress)를 개최했고, 각 지역의 민병대를 규합하여 '대륙군'이라 칭하고 총사령관으로 조지 워싱턴 장군을 임명했다. 또한, 벤저민 프랭클린, 존 애덤스, 로저 셔먼, 로버트 리빙스, 토머스 제퍼슨 등 다섯 사람이 「미국 독립선언서」 작성을 수행했다.[31] 이로써 본격적인 독립을 위한 활동과 전쟁이 개시되었다.

1776년 영국군은 보스턴에서 철수할 수밖에 없었고, 캐나다 지역의 퀘벡 전투에서는 대륙군이 패하기도 했으나 트렌턴(Trenton)과 프린스턴(Princeton) 전투에서 이기면서 주도권을 잡기 시작했다. 1777년 10월에는 영국군이 뉴잉글랜드 지역을 고립시키기 위해 대규모 작전을 감행했으나 1778년 새러토가(Saratoga) 전투에서 패하면서 무위로 돌아갔다. 더욱이 이 전투의 결과로 영국을 견제하던 프랑스가 대륙군과 동맹을 맺었고, 프랑스와 우호조약을 맺은 스페인도 동맹국으로 참전하면서 영국은 완전히 수

---

30 David Armitage, *The Declaration of Independence: A Global History*, Harvard University Press, 2007.

31 https://ko.wikipedia.org/wiki/미국 독립선언 참조.

세에 몰리게 되었다.

    1780년에는 킹스 마운틴(Kings Mountain) 전투와 카우펜스(Cowpens) 전투에서 패배했고, 1781년 요크타운으로 철수해 탈출을 시도하는 상황까지 몰리면서 프랑스와 대륙군이 연합으로 결정적 공격을 감행하여 영국은 패했다. 결국, 요크타운 전투를 끝으로 미국의 독립전쟁은 끝이 났고, 1783년 9월 3일 파리 조약에서 미국의 독립을 공식적으로 인정했다.[32]

    음악사적으로 보면 유럽에서는 바로크 음악에서 고전주의 음악으로 넘어가는 시기였다. 하지만 미국에서의 음악은 그 시기에 제대로 학습된 음악가도 없었고, 정형화된 형식을 갖고 작곡하거나 쓰임이 있는 상황이 아니었다. 즉, 유럽처럼 궁정이나 교회, 귀족이 중심이 된 클래식 문화가 발달하지 않은 상황이었다. 따라서 독립전쟁 시기 음악은 주로 토착 종교음악을 중심으로 찬송가가 연주되었다. 특히, 흑인 노예가 유입됨으로써 그들의 실로폰이나 드럼 등이 자연스럽게 섞였고, 세속적인 음악도 활발하게 작곡되었으며, 오르간이 연주되기 시작하고 교회밴드 같은 것이 생겨나기 시작한 시기였다.

    미국의 윌리엄 빌링스(William Billings, 1746~1800)와 프랜시스 홉킨슨(Francis Hopkinson, 1737~1791)은 이 시기 미국 최초의 작곡가들이다. 이들은 유럽 같은 전통적 클래식 음악은 아니나 찬송가나 애국가 등 종교음악 전통과 민요풍의 노래를 통해 독립을 위한 시민의 참여를 유도하고 승리를 축하하는 등 혁명에 관해 표현했다. 윌리엄 빌링스의 노래에는 〈The Rose of Sharon〉과 〈Anthem for Easter〉 등이 있고, 홉킨슨의 곡 중에는 〈The Treaty〉, 〈The Battle of the Kegs〉, 〈The New Roof, a song for Federal Mechanics〉 등이 유명하다.[33]

---

32   Richard Middleton, 앞의 책.
33   https://www.amaranthpublishing.com/billings.htm; https://en.wikipedia.org/wiki/Francis_

윌리엄 빌링스와
프랜시스 홉킨슨

　미국에서 클래식 음악의 한 획을 그은 작곡가는 바로 찰스 아이브스(Charles Ives, 1874~1954)다. 그는 다소 괴팍한 면도 있는데 젊은 시절에는 보험업을 하기도 했고, 그 와중에 작곡도 하는 등 활력이 넘치는 인물이었다. 특히, 어떤 형식에 갇혀 있기보다 자율성을 강조하는 측면이 강했다. 그의 작품 중 〈아메리카 변주곡(Variations on America)〉은 1892년 미국 독립기념일에 연주하기 위해 작곡한 곡이고, 교향곡 〈뉴잉글랜드의 휴일(New England Holiday, 일명 할리데이 교향곡)〉의 3악장 '7월 4일(Fourth of July)'은 1913년 독립기념 주일을 기념해 작곡한 곡이다.[34]

　아이브스의 〈할리데이 교향곡〉은 소년 같은 개구쟁이의 순수함이 짙게 묻어난다. 4개의 악장은 각각 다른 주제와 형식을 갖고 있다. 그래서 그를 불협화음의 특징을 살린 작곡을 한다고도 평가한다. 1악장은 '워싱턴의 생일', 2악장은 '장식의 날', 3악장은 '7월 4일', 그리고 4악장은 '추수감사절과 조상의 날'로 구성되었다. 전체 연주 시간은 30분 정도다.

　　Hopkinson 참조.
34　https://en.wikipedia.org/wiki/Charles_Ives 참조.

찰스 아이브스와 〈Fourth of July〉 악보 일부

특히, 독립기념일을 기념하는 3악장은 연주 소리가 들릴까 말까 할 정도로 시작되다가 점차 사람들이 모여 독립을 기념하고 축하하는 듯 떠들고, 찬송가 소리도 들리는 듯하다. 그리고 마치 기념하는 축하 행렬이 있는 듯 고적대, 팡파르가 신나게 요동치고 마침내는 불꽃놀이를 하는 듯한 분위기를 연출한다. 3악장은 6~7분 정도 연주되는데, 처음 듣는 사람은 놀랄 수도 있다. 유럽의 정형화되고 정제된 연주에 익숙하다면 불협화음이 빚어낸 조화를 이해하기까지는 제법 시간이 걸릴 것이다.

   찰스 아이브스,
교향곡 〈뉴잉글랜드의 휴일〉 중 'Fourth of July'

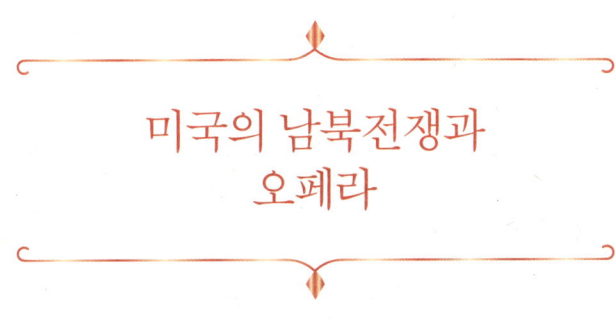

미국의 남북전쟁과 오페라

아메리카 대륙에서는 독립전쟁이 있은 지 약 80년 만에 남북전쟁이 발발했다. 남북전쟁은 노예제도를 폐기하자는 미합중국(북부연방)과 유지해야 한다는 미연합국(남부연맹) 간의 내전이었다. 특히, 1860년 노예제 폐지를 주장하는 링컨(Abraham Lincoln, 1809~1965)이 대통령으로 선출되자 남부에서 노예제를 운용하는 7개 주[35]가 미합중국에서 탈퇴하여 미연합국(남부연맹)을 구성하고 그들만의 새로운 대통령 제퍼슨 데이비스(Jefferson Finis Davis, 1808~1889)를 선출함으로써 촉발되었다. 미국 내에서는 'American Civil War(미국 내전)' 또는 'Civil War(내전)'라고 한다.[36]

미국의 북부와 중서부는 농업은 물론, 상업과 공업 등이 고루 발달하면서 출산율과 해외로부터의 인구 유입이 증가하고 산업혁명에 따른 양산 체제가 점차 도입됨에 따라 노예제 운용에 대한 필요성이 높지 않았다. 또

---

[35] 사우스캐롤라이나, 미시시피, 플로리다, 앨라배마, 조지아, 루이지애나, 텍사스 등 남부의 7개 주다.

[36] Peter J. Parish, *The American Civil War*, Routledge, 1974.

남북전쟁 시기의 노예제도

한, 프랑스대혁명과 미국의 독립선언 영향으로 인간의 자유와 생명, 행복의 추구 등 계몽주의 사상이 전해지면서 노예제도의 부적절성이 부각되기 시작하여 1780년대부터 일부 노예제를 폐지하기 시작했고, 1850년에는 북부 대부분 주에서 폐지했다.

반면에 남부의 상황은 달랐다. 남부는 기본적으로 농업 위주의 사회이고 목화 재배 같은 플랜트 농장 경영이 주를 이루어 많은 노동력이 필요했다. 따라서 노예제를 반드시 운용해야만 농장 운영이 가능하다는 입장이었다.

남북의 이같이 첨예한 대립과 갈등은 노예제도 외적으로도 확장되어 갔다.[37] 즉, 남부에서는 정치적으로 노예제를 반대하는 세력에 연방정부의 통제권이 넘어가면 자신들에게 불리할 것이라고 생각했고, 링컨 대통령의 당선은 이러한 우려를 현실화했다. 북부나 연방정부 입장에서는 남부의

---

[37] 김강녕, 「미국 남북전쟁의 전개와 의의 및 교훈」, 『한국과 세계』 5(4), 2023.

노예제가 새롭게 생성되는 주나 기존 폐지에 유보적 입장을 표명한 주로 확산하는 데 대해 우려하고 있었다. 또한, 노예가 노예제를 유지하는 주에서 다른 주로 이동하는 것에 대한 찬반 문제, 노예제를 폐기한 주로 노예가 이동할 경우 소유권 유지에 관한 문제 등 남부와 북부의 대립과 갈등은 커졌다.

이러한 상황에서 남부의 사우스캐롤라이나주가 1860년 12월 가장 먼저 연방 탈퇴를 선언했다. 뒤를 이어 나머지 6개 주도 링컨이 대통령으로 선출된 후 취임 전까지 탈퇴하여 '아메리카연합국(Confederate States of America)'을 설립했다. 이러한 움직임은 분리독립과 같은 의미로 재산권의 통제와 지역 내 연방정부의 요새 등을 확보하고 7개 주만의 새로운 정부를 구성하는 개념이었다. 그리고 새로운 대통령도 선출했다.

이제 북부연방과 남부연맹의 충돌은 불가피했다. 당시 객관적 전력 면에서 남부연합이 열세였다. 왜냐하면, 북부에는 약 34개 주가 있고 인구도 많았다. 반면, 남부연합에는 앞서 설명한 7개 주 외에 일부 노예제를 운용하는 주들이 가세했을 뿐이다. 아울러 농업 위주의 남부보다는 공장을 포함하여 산업이 발달한 북부가 각종 무기 조달 등에도 유리했다.

1861년 3월 4일 링컨 대통령은 취임하면서 "남부를 공격할 의도도 없고 노예제도를 당장 끝낼 의도도 없지만, 연방정부 재산을 지키기 위해 힘쓰겠다"고 밝혔다.[38] 남부연합에서는 연방정부와의 협상을 통해 연방정부 재산에 대해 보상해주려고 몇 차례 시도했으나 연방정부에서는 대응하지 않았다. 왜냐하면, 협상에 참여하는 것 자체가 분리독립을 인정하는 것으로 보일 수 있기 때문이었다. 탈퇴한 사우스캐롤라이나주에는 연방정부에 속한 섬터 요새(Fort Sumter),[39] 피켄스 요새(Fort Pickens), 테일러 요새(Fort Taylor)

---

[38] https://ko.wikipedia.org/wiki/남북전쟁 참조.

[39] 섬터 요새(Fort Sumter)는 미국 사우스캐롤라이나주 중부의 찰스턴에 있는 요새다. '섬터'

섬터 요새의 현재 모습

가 있었는데, 링컨은 특히 섬터 요새를 사수하기로 결정했다.

첫 포격은 1861년 4월 12일 남부연맹군이 섬터 요새를 포위하고 공격하면서 이뤄졌다. 남부연맹군이 섬터 요새에서 북부연방군의 철수를 요구했지만 거부하자 포격이 이루어진 것이다. 당시 섬터 요새는 소령의 지휘 아래 해안을 향한 60여 문의 대포 외에 이렇다 할 방어 준비가 없어 하루 만에 함락되었다. 링컨은 병력 소집을 요청했고, 이전부터 준비되었던 상비군들이 중부와 남부로 이동하기 시작했다. 아울러 5월에 링컨은 남부의 모든 항구를 봉쇄하는 작전을 단행했다. 항구 봉쇄는 해상보급을 차단하려는 조치였는데, 아주 유효한 조치였다.

전쟁 초기에는 남부연맹군의 총사령관 로버트 리(Robert Edward Lee, 1807~1870) 장군의 승전이 계속되었지만, 해상보급이 차단당하고 전쟁이 길어지면서 병력과 물자 부족 등이 발목을 잡기 시작했다. 북부연방군은 후

라는 명칭은 미국 독립전쟁 당시 장교로 복무하며 사우스캐롤라이나주에서 영국군에 맞서 군대를 이끌었던 토머스 섬터 장군의 이름에서 따왔다. 요새는 찰스턴 항구와 해안을 방호하기 위한 목적으로 1829년부터 건설되었다. 이러한 요새들은 1812년 영국과의 전쟁에서 얻은 교훈에 따라 건설이 시작되었다.

왼쪽부터 그랜트 장군, 링컨 대통령, 리 장군

남북전쟁 당시 양측의 기동 상황도

에 총사령관이 된 그랜트(Ulysses Simpson Grant, 1822~1885) 장군을 중심으로 전쟁을 수행했다.

초기 전투인 1861년 불런(Bull Run) 전투에서 북부연방군이 패하면서 워싱턴 D. C.까지 후퇴해야 했다. 반면 남부연맹군의 리 장군은 불런 지역의 두 번째 전투에서도 승리하면서 자신감을 얻게 되었고, 메릴랜드주로 진격했다. 하지만 1862년 9월 앤티텀(Antietam) 전투에서 저지당했으며, 결국 버지니아로 후퇴하고 만다.[40]

1862년 12월 프레더릭스버그(Fredericksburg) 전투와 1863년 5월 챈슬러스빌(Chancellorsville) 전투에서도 남부연합군의 승리는 계속되었다. 그러나 7월 게티스버그(Gettysburg) 전투에서 크게 패하면서 많은 사상자가 발생하는 피해를 입었다. 한편 서부전선, 즉 미시시피강 유역에서의 전투는 남부연합군이 패배를 계속하면서 강 전체의 통제권을 상실했다. 하지만 이 지역에서는 게릴라전이 활발했고, 이로 인해 양측 모두 많은 사상자가 발생했다.[41]

게티스버그 전투에서 전쟁의 승리를 확신한 링컨은 1863년 1월 1일 '노예해방선언'을 발표한다.[42] 공식 명칭은 '포고문 95호(Proclamation 95)'다.

> … 나는 해당 지정된 주 및 주 일부 내에서 노예로 억류된 모든 사람은 자유로우며, 따라서 앞으로도 자유로울 것이라고 명령하고 선언한다. 그리고 그들의 육군과 해군 당국을 포함한 미국 행정부는 해당 사람들의 자유를 인정하고 유지할 것이다. …

---

40 https://ko.wikipedia.org/wiki/제1차, 제2차 불런 전투 참조.
41 Peter J. Parish, 앞의 책.
42 김종선, 『링컨과 남북전쟁 그리고 노예해방선언』, 좋은책만들기, 2017.

1864년 링컨은 그랜트 장군을 북부연방군 총사령관으로 임명하여 동부지역을 담당하게 한다. 이에 그랜트 장군은 자신의 심복 셔먼(William Tecumseh Sherman, 1820~1891) 장군을 서부지역 사령관으로 임무를 수행하게 했다. 그랜트와 셔먼은 한마디로 죽이 잘 맞았다. 그랜트가 리의 발목을 잡고 있는 동안 셔먼이 남부를 휩쓰는 전략을 펼치며 남은 작전을 구상했다. 그리고 총공세를 통해 남부군의 보급선을 파괴하고 군대를 소모시키는 것만이 전쟁을 끝낼 수 있으리라 판단했다. 이 모든 판단과 작전 구상은 아주 유용했고 성공적이었다.

북군의 총공세가 시작되면서 남군은 후퇴를 거듭하면서 전방위적인 압박을 받았다. 특히, 남군은 피터스버그(Petersburg) 전투에서 참호전까지 수행하며 약 9개월간 발이 묶인 가운데 큰 손실을 입었다. 1864년 동부에서 그랜트 장군의 지휘 아래 시더크릭(Cedar Creek) 전투에서 결정적 승리를 거두었고, 서부에서는 셔먼이 애틀랜타를 확보하고 '바다로의 행군(March to the Sea)'를 강행하면서 그해 12월 대서양과 인접한 사바나에 도착했다. 그

남북전쟁 중 게티스버그 전투 장면

과정에서 수많은 농장을 초토화했으며 노예를 해방했다. 그리고 다시 사우스캐롤라이나주와 노스캐롤라이나주를 거쳐 북으로 진군하며 버지니아의 리 장군과 남부연합군에 압박을 가했다.

4월 1일 파이브 포크스(Five Forks) 전투에서 리의 군대는 돌이킬 수 없는 패배를 당했고, 1865년 4월 9일 마침내 리의 부대는 항복했다. 아울러 이 소식이 전해지자 남부지역의 다른 남부연합군도 항복하고 만다. 이로써 약 4년간 벌어진 남북전쟁은 많은 사상자를 내며 북군의 승리로 끝났다. 상처뿐인 승리였다. 전쟁 기간 중 북부연방군에서는 약 11만 명이 사망했고, 남부연맹군에서는 약 26만 명이 사망했다. 하지만 이런 와중에 4월 14일 링컨 대통령이 남부 동정론자에게 저격을 당해 사망하는 사건이 발생했다.[43]

남북전쟁의 결과, 남부의 여러 주는 다시 연방에 가입함으로써 이제 통일된 연방이 갖춰졌고, 노예제도는 폐지되었다. 이후 노예였던 흑인에게 참정권이 주어지는 등 많은 변화가 생겼다.

한편, 당시 군인들에게 사랑받는 노래들이 많이 만들어졌는데, 특히 루트(George Frederick Root, 1820~1895)는 전쟁 기간에 많은 곡을 작곡했다. 1850년부터 빈과 파리, 런던에 머무르면서 유럽의 음악을 접할 기회가 있었다. 미국에 돌아온 후로는 세속 칸타타와 교회음악, 대중가요 등에 관심을 가졌다. 그중에서도 남북전쟁 기간에 많은 곡을 만들었다. 섬터 전투가 발생한 후 바로 작곡한 곡이 〈The First Gun is Fired〉였고, 이어 30여 곡이 넘는 작품을 남겼다. 그중에서 〈Tramp! Tramp! Tramp!〉, 〈The Battle Cry of Freedom〉 같은 곡은 실제 전투 중에도 군인들이 즐겨 불렀으며 많은 사

---

[43] 마크 네스빗, 김봉기 역, 『(체임벌린의) 남북전쟁』, 한스하우스, 2011; https://ko.wikipedia.org/wiki/남북전쟁 참조.

애퍼매톡스에서 항복하는 리 장군

랑을 받았다.[44]

또한, 미국의 작곡가 필립 글래스(Philip Glass, 1937~)는 남북전쟁을 배경으로 오페라를 작곡했다. 2007년 초연된 《애퍼매톡스(Appomattox)》라는 곡은 2막으로 구성되었으며, 90분 정도 소요된다.[45] 애퍼매톡스는 남부연합군의 총사령관 로버트 리 장군이 북부연방군 그랜트 장군에게 항복한 버지니아주의 마을 이름이다. 정확한 이름은 버지니아주에 있는 '애퍼매톡스 코트 하우스(Appomattox Court House)' 마을이다. 이 마을의 윌리엄 맥린의 집에서 항복이 이루어졌다.

1막은 1865년 4월 9일 이전의 상황을 묘사하고 있는데, 5개의 장면이 연출된다. 처음에는 링컨과 그랜트 장군이 포토맥강에서 전쟁 후의 항복 조건에 관한 내용과 전쟁 계획을 논의하고 리치먼드에 대한 공격을 명하

---

44 https://en.wikipedia.org/wiki/George_Frederick_Root 참조.
45 https://ko.wikipedia.org/wiki/필립 글래스 참조.

애퍼매톡스 코트 하우스에 있는 맥린의 집

는 장면이 나온다. 이어 리 장군의 지휘소에서 다가올 리치먼드 전투에 대한 생각으로 아내에게 떠나라는 권유를 하고 참모와 노예제도에 대해 논의하면서 노예를 군인으로 활용하는 문제를 놓고 논쟁을 벌인다.

세 번째 장면은 그랜트 장군이 전쟁이 벌어지기 전 자신의 과거 삶에 대한 회상과 그의 아내가 다가올 전투에 대해 걱정한다. 네 번째 장면은 리치먼드가 파괴되어 난민이 합창을 부르며 도망을 치고 불을 질러 북부연방군이 사용하지 못하게 하는 장면이 연출된다. 이어 흑인 연대가 등장하고 링컨이 나타나자 해방된 노예들이 링컨에 대한 찬양가를 부른다. 다섯 번째 장면에서는 리 장군이 그랜트 장군에게 항복 의사를 표현하는 편지를 보내면서 사령관으로서의 심리적 갈등이 표현된다.

2막은 항복 문서에 서명을 앞둔 리 장군과 그랜트 장군 사이의 대화와 항복조건에 대한 설명이 오가는 내용이며, 그 와중에 장면이 바뀌어 꿈에 링컨 대통령이 암살당해 장례식을 치르고 부인도 그 행렬에 있었다는 내용을 전한다. 그리고 다시 장면이 전환되어 항복 문서에 서명하는 내용

필립 글래스의 오페라 《애퍼매톡스》 악보 일부

으로 이어진다. 장면이 전환되어 1873년 콜팩스 흑인 학살사건[46]을 설명하고, 이어 1965년 지미 리 잭슨의 살인사건[47]을 다룬 민요가 합창된다. 말미에는 서명이 끝난 후 장군들이 돌아가자 서명했던 집의 기념품을 약탈하는 장면이 나오고 이어 1964년 채니, 굿맨, 슈워너의 살인사건[48]을 떠올린다.

마무리는 그랜트 사령관의 부인이 전쟁은 결코 끝이 아니라는 것을 슬퍼하고, 인류는 영원히 싸우고 죽일 거라는 것을 깨달으며, 전쟁의 슬픔

---

46 노예제를 여전히 옹호하는 남부에서 발생한 사건으로, 1873년 4월 부활절 일요일에 남부의 루이지애나주 콜팩스에서 일어난 흑인 학살사건. 장총과 소형 대포로 무장한 백인 민주당원들이 노예제 폐지를 주장하는 공화당원들을 습격했는데, 공화당원 중 백인 외에 흑인만 골라서 100여 명 이상 살해했다.

47 1965년 미국 앨라배마에서 동등한 투표권 보장을 요구하는 흑인을 백인 경찰들이 폭력적으로 진압한 '피의 일요일' 행진 사건.

48 미시시피주 필라델피아시에서 민권운동 활동가 3명이 납치되어 살해된 사건.

을 노래하는 합창으로 막을 내린다. 남북전쟁 중 일어났던 여러 상황을 함축적으로 잘 표현한 작품이라는 평이 있고, 심리적 갈등 상황이 잘 나타나 있는 것이 특징이다.

필립 글래스,
오페라 《애퍼매톡스》 공연 일부

PART 3

혁명과 나폴레옹, 그리고 클래식

프랑스 혁명전쟁과 베토벤, 하이든
나폴레옹 전쟁의 시작과 파가니니, 베토벤
러시아 원정과 청야전술, 그리고 차이콥스키
라데츠키 행진곡과 라이프치히 전투
나폴레옹의 100일 천하, 워털루 전투

프랑스 혁명전쟁과 베토벤, 하이든

나폴레옹(Napoléon Bonaparte, 1769~1821)은 프랑스혁명(1789~1799) 과정에서 혁명에 반대하는 왕당파[1]와 영국군이 연합한 툴롱 포위전(1793)에 참전해 전투를 승리로 이끈 주역이 되었다. 그 이후 1795년 파리에서의 반란세력 진압과 이탈리아 원정(1796)에서의 승리 등 혁명전쟁의 중요 인물로 부각되었다. 베토벤(Ludwig van Beethoven, 1770~1827)은 이때 오스트리아 빈에 있었다. 베토벤은 빈 주재 프랑스 공사로부터 혁명의 진행 상황과 나폴레옹에 대한 많은 이야기를 들을 수 있었다. 나폴레옹이 절대왕정과 귀족의 횡포를 타파하고 민중이 중심이 되는 자유와 평등의 가치를 구현할 영웅으로 생각했다.

베토벤은 주변의 권유와 나폴레옹에 대한 존경의 마음을 표현하고자 교향곡을 헌정하려 했다. 그래서 1803년 5월에 시작해 1804년 초에 완성한 곡이 〈교향곡 3번〉이다. 교향곡 표지에는 나폴레옹의 이름 'Bonaparte'

---

[1] 1789년 프랑스혁명과 나폴레옹 전쟁 당시 프랑스 왕국과 부르봉 왕가를 지지하는 세력들을 가리킨다.

베토벤과 나폴레옹

를 적어놓았다. 베토벤은 당시 유럽 사회에 대해 느꼈던 불평등을 타파할 수 있는 사람이 바로 나폴레옹이라고 생각한 것 같다. 특히, 프랑스 혁명군은 오스트리아와도 전투하는 상황이었기 때문에 적국의 장수에게 곡을 헌정한다는 것은 쉬운 결심이 아니었을 것으로 본다. 귀족이나 성직자가 권력의 핵심인 사회여서 당시 음악을 하는 사람들은 이런 귀족의 연회나 행사, 교회음악, 궁의 궁정악단 등에 소속되어 그들의 구미에 맞는 음악을 작곡하고 연주하는 역할을 할 뿐이었다. 베토벤은 이들에게 굽신거리지 않았고, 타협하지도 않았다. 그 때문에 이러한 사회가 바뀌어야 한다고 생각하고 있었다. 나폴레옹의 등장은 충분히 베토벤에게 희망의 씨앗이 되었고, 평등한 사회로 바뀔 기회라고 생각했다.

하지만 나폴레옹이 1799년 종신 통령이 되고, 이어 1804년 12월 2일 스스로 왕관을 쓰면서 황제에 즉위해 절대권력을 행사한다는 소식을 듣게 되자 크게 실망했다. 베토벤은 화를 많이 냈고 음악을 헌정하려던 계획을 취소했다. 그리고 표지에 썼던 'Bonaparte'를 지워버리고 'Eroica'로 바꿨다. 특정 개인이 아니라 세상을 구원하고 시대를 초월할만한 이상적인 존재에게 이 곡을 바치겠다는 의미를 담고자 '영웅(Eroica)'이라고 표기한 것

〈교향곡 3번〉 표지
(중앙 오른쪽에
'Bonaparte'를 지운 흔적)[2]

으로 보인다.[3]

 베토벤,
〈교향곡 3번, Op. 55〉 'Eroica' 4악장

    나폴레옹의 출현은 1789년 발생한 프랑스혁명을 통해 이루어졌다.[4] 베토벤이 처음에 나폴레옹을 존경하게 된 배경도 바로 이 프랑스혁명 정신에 대한 믿음 때문이었다. 즉, 나폴레옹이 절대왕정의 봉건제적 구체제를 타파하고 시민이 중심이 되는 평등의 시대를 이끌 것이라 믿었다. 그렇다면 프랑스혁명은 어떻게 촉발되었을까?

    프랑스혁명은 중세 이후 수백 년 동안 지속해온 봉건제적 절대왕정체제의 무능과 부패에 대해 노동자, 도시근로자, 시민 등이 저항한 민중혁명

---

2   https://www.newsverse.kr/news/articleView.html? 참조.
3   George Grove, *Beethoven and his Nine Symphonies*, CrossRef, 2014.
4   일반적으로 1789년 발생한 혁명을 '프랑스대혁명' 또는 '프랑스혁명'이라고 하는바, 여기서는 '프랑스혁명'으로 통칭한다.

이었다.⁵ 당시 프랑스의 왕권은 전제군주국의 절대권력을 가지고 있었는데, 군주는 헌법을 초월한 존재로 무제한적 권력을 자유롭게 행사할 수 있었고, 국체와 정체의 존립 근거가 군주의 절대적 권위에 기반을 두고 있었다. 그래서 '태양왕'이라 불리던 루이 14세(Louis XIV, 1638~1715)도 "짐이 곧 국가다"라고 했을 정도였다. 아울러 당시 군주의 권력을 뒷받침하고 있던 것은 성직자와 귀족이었다.

국가재정을 운영하려면 많은 세금이 필요한데, 이들 귀족과 성직자 등의 기득권 세력은 전 국토의 약 40%를 소유하면서 세금은 내지 않고 그야말로 특권만 누리고 있었다. 그 고통은 고스란히 평민, 산업혁명 후 급성장한 수공업자 같은 부르주아의 몫이었다. 게다가 세금 징수를 특정 계층이 대행하도록 함으로써 이들은 정해진 세금을 채우려 했고, 자신들의 몫을 챙기려 농민들을 심하게 압박했다. 평민계층의 불만은 커졌고, 곳곳에서 농민 봉기가 일어났다.

특히, 과거 루이 14세 때부터 국가재정이 부족하면 세수로 이를 해결하기보다 국채를 발행하거나 빌려와 충당하다 보니 채무는 눈덩이처럼 커졌고 대물림되어왔다. 루이 16세 때는 국가재정의 절반을 선대 왕들이 대물림한 채무를 상환하는 데 투입해야 할 지경이었다. 하지만 왕실은 여전히 사치와 과소비를 일삼았고, 귀족들은 아첨하며 이에 동참하고 있었다.

게다가 1778년에는 미국의 독립전쟁에도 참전했는데, 미국을 지원하는 과정에서 엄청난 재정적 부채가 생겼다. 프랑스의 참전은 영국에 대한 견제 목적도 있었다. 또한, 프랑스혁명이 발생하기 몇 해 전인 1785년부터는 극심한 가뭄으로 농작물 수확이 급격히 감소했고, 그다음 해에는 홍수로 큰 피해를 입었다. 또 그다음 겨울에는 기록적인 추위로 불황이 지속했다. 급기야 극심한 식량부족 현상이 이어졌고, 물가마저 폭등하며 민중의

---

5   Ian Davidson, *The French Revolution: From Enlightenment to Tyranny*, Pegasus Books, 2016.

삶은 궁핍해졌다.

루이 16세(Louis XVI, 1754~1793)는 재정문제와 과세 등을 논의하기 위해 1789년 5월 5일 베르사유 궁전에서 삼부회[6]를 소집했다. 그런데 삼부회의 성직자와 귀족은 기득권을 가진 계층으로 같은 입장이다 보니 표결하면 평민계층은 늘 들러리를 서는 입장이었다. 당시 평민대표는 자신들의 의원 수를 2배로 늘려달라고 요구했고, 어렵게 받아들여졌다. 하지만 과세, 재정문제만 논의했으면 하는 취지와 달리 평민은 사회 전반에 대한 구조적 문제를 성토했고, 불평등한 표결방식에 불만이 제기되었다. 귀족과 성직자 대표들은 자신들에게 유리하도록 과거와 같이 신분별 비례 투표를 주장했다. 따라서 삼부회는 논쟁만 하다가 결국 아무런 결론도 내지 못하고 끝났다. 평민대표들은 이번만큼은 물러설 수 없다고 생각했던지 결국 '국민의회'를 결성했다.

루이 16세는 크게 당황했고, 이를 불법 행동으로 규정해 군대를 동원해 삼부회 회의장을 폐쇄했다. 평민대표들은 테니스코트로 이동해 새로운 헌법 제정을 요구했다. 또한, 일부 성직자와 부르주아에서 신분 상승한 귀족들도 국민의회에 동조하게 되면서 사태는 걷잡을 수 없이 커졌다. 결국, 루이 16세는 국민의회를 인정할 수밖에 없었고 헌법 제정 작업에 들어가도록 했다.

그런 가운데 불안감이 커진 루이 16세는 국경 수비를 담당하던 군대를 베르사유와 파리로 이동시켰는데, 시민은 공포와 함께 분노를 드러냈다. 게다가 국왕이 당시 파리 시민의 지지를 받고 있던 재무총감 네케르(Jacques Necker, 1732~1804)를 파면하자 파리 시민은 크게 동요하기 시작했다.[7]

---

[6] 삼부회는 프랑스 왕국을 구성하는 세 신분(성직자, 귀족, 평민)의 투표로 선정된 대표자 모임이고, 왕명에 의해 소집되었다. 특별한 의결보다는 왕에게 자문하는 차원의 형식적 회의체였다.

[7] 김세라, 『프랑스 대혁명』, 주니어김영사, 2018.

바스티유 감옥 습격사건

　군대가 파리 근처까지 전개했고, 재무총감이 파면당하는 등 루이 16세가 무엇을 어떻게 할지 모른다는 불안과 공포가 몰려왔다. 따라서 파리 시민은 군대로부터 자신들을 지켜야 한다는 생각으로 무장하기 시작했고, 급기야 1789년 7월 14일 파리 동쪽에 있는 바스티유(Bastille) 감옥을 습격했다.[8] 그곳은 과거부터 전쟁에 대비해 만들어진 요새이기에 많은 양의 무기와 탄약이 있었다. 시민이 습격했을 때 감옥을 지키던 군대와 충돌하면서 시민의 희생이 많이 발생했다. 성난 시민은 감옥 수비대장과 파리 시장을 잔인하게 살육했고 그들의 목을 창끝에 걸어 매달았다. 이제 본격적으로 무장한 혁명세력의 활동이 시작되었다.[9] 프랑스혁명이 시작된 것

---

[8]　이른바 바스티유 감옥 습격사건(Storming of the Bastille)으로 1789년 7월 14일, 파리 시민이 바스티유 감옥을 탈취한 사건이다. 본격적인 프랑스혁명의 시작이라고도 볼 수 있다.

[9]　Peter McPhee, *The French Revolution, 1789-1799*, Oxford, 2002.

이다.

바스티유 감옥 습격사건이 알려지자 프랑스 전역에서 농민 봉기가 일어났고, 그들은 영주와 귀족들을 살해하고 토지대장을 불태웠다. 어느덧 프랑스의 권력은 루이 16세로부터 국민의회 쪽으로 넘어가고 있었다. 국민의회는 이어 '봉건제 폐지 선언'을 하는데, 특히 제11조에는 "모든 시민은 출생과 관계없이 성직, 사무직, 군사의 모든 직무와 위계에 오를 수 있다. …"라고 명시했다. 즉, 신분적 차별을 타파하는 내용이 강조되었다. 그리고 귀족들이 군대를 동원해 보복할 수 있다는 공포감과 함께 치안을 유지한다는 목적으로 파리뿐만 아니라 각 지방에 국민위병을 조직했다. 국민위병은 군대나 경찰보다는 일정 이상의 재산이 있는 부르주아 민병대에 가까운 성격이었다.

8월 26일에는 국민의회에 의해 그 유명한 「프랑스 인권선언」이 발표되었는데 천부인권, 인간의 자유와 평등, 주권재민, 사상과 표현의 자유, 사유재산의 자유 등을 골자로 하고 있었다. 그야말로 획기적인 발표였다. 이제 프랑스는 혁명의 소용돌이 속으로 점점 깊게 빠져들었다.

그 과정에서 반혁명세력도 등장했다. 혁명세력이 교회나 성직자의 재산을 몰수해 재정을 메우려는 정책을 추진했는데, 성직자와 신도들에게 로마 교황청이 아닌 정부에 충성할 것을 요구했다. 그리고 이를 거부하는 성직자와 신자들을 단두대에서 처형하는 일도 발생했다. 강압적이고 잔인한 조치에 많은 신자가 저항하기 시작했다. 특히, 일부 지역에서는 농민들도 반혁명세력이 되었다. 그러다 보니 프랑스 내부에서는 혁명군과 반혁명군의 갈등과 충돌이 곳곳에서 발생했고, 내전의 양상으로 확대되었다.[10]

한편, 당시 루이 16세와 왕비 마리 앙투아네트는 그때까지 베르사유 궁전에 머물렀는데 국민의회와 혁명세력은 그들의 거처를 파리로 옮

---

10 Linda S. Frey & Marsha L. Frey, *The French Revolution*, Bloomsbury, 2004.

기도록 강요했다. 옮긴 후에는 이들의 모든 활동을 감시함으로써 감금된 상태나 다름없었다. 루이 16세는 불안감과 위기감을 느낄 수밖에 없었다. 1791년 6월 루이 16세는 파리를 빠져나가 탈출을 시도했으나 결국 국경지대에서 혁명군에게 붙잡혔다.

혁명세력을 중심으로 왕정을 폐지하고 공화제[11]를 추진하자는 여론이 봇물 터지듯 일어났다. 국민의회는 프랑스 최초의 헌법으로 불리는 '1791년 헌법'을 공포했는데, 입헌군주제[12]로의 전환과 참정권 확대가 골자였다. 여기서 입헌군주제는 법 위에 왕의 권력이 있던 절대왕정에서 벗어나 헌법이 정하는 한계 안에서 군주권이 행사되는 정치체제로의 전환을 의미했다.

1791년 10월 1일 입법의회가 출범했고, 국민의회는 해체되었다. 이제 새로운 정부가 출범하게 된 것이다. 귀족들은 해외로 대피했고, 루이 16세의 절대왕정이 국민의 심판을 받는 것은 시간문제였다. 이 시기 프랑스 주변국들도 프랑스혁명의 영향으로 들썩이기 시작했다. 오스트리아, 프로이센, 러시아 등 절대왕정을 고수하고 있던 주변 국가들은 어떻게든 이를 차단하려 했지만, 민중의 동요는 컸다.

특히, 프로이센과 오스트리아는 회담을 열어 프랑스의 루이 16세를 절대로 건드리지 말라는 경고성 메시지를 보내왔다. 또한, 당시 주변국들은 프랑스가 혁명으로 정부가 해체되고 내란으로 약해진 틈을 타서 대프랑스 동맹을 맺고 프랑스를 분할 점령할 야심을 불태웠다. 그렇게 되면 프랑스혁명의 확산을 잠재우고, 자국의 동요도 차단하면서 절대왕정을 사수할 수 있다는 계산이 깔려있었다. 이에 프랑스 입법의회는 1792년 4월, 투

---

[11] 군주제와 반대되는 개념으로, 왕 없이 국가의 주권이 국민에게 있는 정치체제다.
[12] 입헌군주제는 헌법 체계 아래서 세습되거나 선임된 군주를 인정하는 정부 형태다. 즉, 정치적 군주의 권력이 헌법에 따라 제한을 받는 군주제다.

표를 통해 대불동맹국에 대항해 전쟁을 하기로 결정했다. 본격적인 혁명전쟁이 시작된 셈이다.

먼저, 프로이센 군대가 프랑스 북동부를 침범했는데, 혁명세력이 군대를 재정비해 국민군을 편성했으나 역부족이었다. 이번엔 프로이센-오스트리아 연합군이 파리까지 근접했다. 다행스러운 것은 파리 근교 발미(Valmy)에서 혁명군이 이들을 격퇴하는 전과를 올렸다. 이로써 혁명세력이 자신감을 갖는 계기가 되었다.

그날 혁명세력은 입법의회를 해산하고 프랑스 제1공화국을 수립했다. 공화정의 시작은 곧 군주제의 폐지였다. 결국, 제1공화국은 왕정을 인정하지 않았고, 1793년 1월 21일 루이 16세에게 유죄를 판결하고 단두대에서 처형했다.

이는 당시로서는 상상도 할 수 없는 일대 사건이었다. 혁명세력이 국왕을 처형했다는 소식은 전 유럽을 충격과 놀라움에 빠뜨렸고, 대프랑스 동맹에 스페인 등 더 많은 나라가 참여하게 된다. 혁명세력은 혁명정신을 외부로 확산시킨다는 명분과 대프랑스 동맹군이 프랑스를 침략하는 것을

단두대에서 처형되는 루이 16세

막아내기 위해 더 많은 병력이 필요하다고 판단했다. 따라서 국민개병제[13]를 선포하고 총동원령을 발령했다. 이제 약 80~150만 명의 병력을 상비군으로 혁명전쟁을 전개하게 되었다.[14]

그러나 국내 정치상황은 매우 불안정했다. 혁명세력 내 중심에 있던 온건파를 급진파가 제거하려고 했고, 지방에서는 온건파를 지지하는 반란이 일어났다. 또한, 이 틈을 타 프랑스 남부 지중해 연안 툴롱(Toulon)에서는 왕당파가 혁명세력을 몰아내고 영국군과 스페인군을 받아들이며 새로운 도전을 꾀했다. 툴롱 해군기지는 해상활동을 위해 반드시 확보해야 하는 곳이었다. 혁명정부는 뒤고미에(Jacques François Dugommier) 장군을 보내 끝내 툴롱지역을 확보했다. 이때 나폴레옹이 처음으로 참전하면서 부각되기 시작했다.[15]

툴롱 전투(1793)와 나폴레옹의 등장

---

13 모든 국민이 병역의 의무를 갖는 제도로, 국가가 정한 법에 따라 일정한 나이와 기간, 대상에 군 복무의 의무를 갖는다.
14 Linda S. Frey & Marsha L. Frey, 앞의 책.
15 1793년 9월에서 12월까지의 툴롱 전투에서 포병장교인 나폴레옹은 대위로 참전했다. 그러

이후 혁명군은 스페인 일부를 점령했고, 벨기에와 네덜란드 등을 점령했다. 아울러 프로이센은 대프랑스 동맹에서 탈퇴했다. 따라서 1795년까지 대프랑스 동맹을 맺어 프랑스를 점령하려던 주변국들은 모두 동맹을 깰 수밖에 없었고, 더는 프랑스를 공격할 의지를 잃게 되었다. 또한, 내란이 어느 정도 안정되어갔으나 혁명정부는 여전히 불안정했다. 그러면서 파벌 간 권력을 쟁취하기 위한 혈투가 지속했다.

1795년 반혁명세력과 영국이 사주한 왕당파가 혁명정부를 붕괴할 목적으로 반란을 일으켰다. 당시 나폴레옹은 파리지역 치안을 담당하고 있었는데, 왕당파와 반혁명세력의 반란을 무자비하게 진압했다. 이때부터 나폴레옹은 사령관 자격으로 원정작전에 투입된다. 1796년 이탈리아 원정에서 오스트리아령 만토바(Mantova) 일대를 놓고 일전을 벌인 끝에 오스트리아군을 격파하는 전과를 올렸다. 1798년부터는 이집트와 시리아 원정작전에 나서는데 여기서는 이집트군은 물론 영국군, 오스만튀르크군과 오스트리아군까지 합세하여 프랑스군에 대항했고, 페스트마저 창궐하여 패색이 완연했다. 결국, 나폴레옹은 1799년 8월 본대는 그대로 두고 일부부대만 이끌고 이집트를 탈출하여 파리로 귀환했다.[16]

나폴레옹이 1796년 북이탈리아를 침입하고 있을 때, 하이든(Franz Joseph Haydn, 1732~1809)은 오스트리아 동부에 있는 아이젠슈타트(Eisenstadt)에 있었다. 북이탈리아는 당시 오스트리아령으로 오스트리아군은 전투에 참전할 수밖에 없었고, 8월에는 오스트리아가 총동원령을 선포하는 상황이었다. 빈을 포함한 오스트리아는 불안감과 혼란에 빠졌다. 전반적인 분위기가 전쟁이 곧 닥쳐올 것 같은 팽팽한 긴장감이 넘쳤다.

나 포위전 등으로 영국군을 격파하면서 포병대장으로 승진했고, 끝 무렵에는 대령으로 특진했다.

[16] Peter McPhee, 앞의 책.

흔히 하이든을 '교향곡의 아버지'라고 할 만큼 그는 100여 곡이 넘는 교향곡을 작곡했지만, 미사곡은 14곡만 작곡했다. 특히, 나폴레옹이 이탈리아를 침공하여 오스트리아와 전쟁이 시작된 1796년부터 매년 1곡씩 총 6곡을 작곡했는데, 그중 2곡이 전쟁의 분위기를 잘 반영하고 있다. 하나는 참전하는 오스트리아군의 승리를 기원하는 마음으로 첫해에 〈전시 미사 [Missa in Tempore Belli, 일명 '큰북 미사(Paukenmesse)']〉[17]를 작곡했고, 다른 하나는 1798년에 작곡한 〈불안한 시기의 미사[Missa in Augustiis, 일명 '넬슨 미사(Nelson Mass)']〉다.[18]

〈전시 미사〉는 1796년 나폴레옹이 오스트리아령 북이탈리아를 공격했다는 소식과 동원령으로 오스트리아 사회가 어수선한 분위기를 그대로 담아낸 미사곡이다. 5악장으로 구성되어 있고, 소프라노와 알토, 테너, 베이스의 혼성 4부 합창과 관현악을 위한 곡이 40여 분간 연주된다. 1악장의 시작은 합창과 함께 일상의 평온함을 그리는 듯하다가 갑자기 우렁찬 관악, 타악이 전쟁의 긴박함을 표현하고 있다. 특히 마지막 악장에는 조용한 가운데 팀파니가 혼자 연주하는 대목이 있는데, 이는 전쟁의 긴장감과 곧 임박했다는 신호를 암시하는 듯하다. 그래서 '큰북 미사'라고도 한다고 생각된다. 또한, 강한 트럼펫 연주는 마치 군에 진군의 나팔을 울리는 것처럼 느껴지고 말미에는 교회 종소리가 울려 퍼지는데, 이는 기원의 울림이라는 생각을 하게 한다.

---

17 팀파니를 독일어로 '파우켄'이라고 하는데, 연주 중 마지막 악장에서 팀파니가 독특하게 연주되어 일명 '파우켄 미사'라고도 부른다.
18 데이비드 비커스, 김병화 역, 『하이든, 그 삶과 음악』, 포노(PHONO), 2010.

하이든, 〈전시 미사(일명 '큰북 미사')〉

〈불안한 시기의 미사〉는 1798년 하이든이 후원을 받고 있던 에스테르하지(Esterházy) 2세 후작의 부탁을 받고 만든 곡이다. 나폴레옹이 이탈리아, 이집트로 진출함에 따라 더 불안해진 오스트리아의 상황이 반영된 곡이라고 할 수 있다. 당시 나폴레옹은 이탈리아 원정을 끝내고 이집트로 진격했다.

이집트 원정은 엄밀히 말하면 인도에 대한 영국의 무역을 차단할 목적이 더 컸다고 할 수 있다. 아울러 지중해를 장악함으로써 이탈리아반도 전체와 북아프리카에 대한 통제권을 확대하려는 의도도 있었다. 프랑스군 지상부대는 카이로를 향해 진격하여 이집트군과 오스트리아군, 그리고 오스만튀르크군과 맞서고 있었다. 프랑스 함대가 나일강 아부키르만(Abu Qir

넬슨 제독의 아부키르만 기습과 하이든

Bay)에 정박 중이었는데, 이때 영국의 넬슨(Horatio Nelson) 제독이 기습적으로 공격하여 큰 피해를 입히고 대승을 거두었다. 그 결과 해상을 통한 프랑스의 보급은 차단되었고, 나폴레옹이 이집트에서 철수할 수밖에 없는 하나의 원인이 되었다.

넬슨 제독은 이후 오스트리아를 방문했는데, 당시 하이든을 후원하고 있던 에스테르하지 2세 후작의 초청으로 연회에 참석했다. 이곳에서 하이든은 궁정악장으로 연주회를 했고, 연주곡 중에는 〈불안한 시기의 미사〉도 포함되어 있었다. 하이든과 인사를 나눈 넬슨은 당시 자신이 차고 있던 금시계를 하이든에게 선물했다고 한다. 이러한 연유로 후세 사람들에 의해 '넬슨 미사'라는 부제가 붙여진 것으로 추정된다.[19]

한편, 나폴레옹이 이집트 원정을 가 있는 동안 영국은 오스트리아와 러시아를 끌어들여 다시 대프랑스 동맹을 맺고 프랑스가 점령하고 있는 네덜란드부터 공격을 시도했으나 실패했다. 또한, 오스트리아-러시아 연합군은 스위스의 취리히를 공격했는데, 이 역시 프랑스 혁명군에 패하면서 러시아는 동맹에서 탈퇴하게 된다.

프랑스 파리로 귀환한 나폴레옹은 이집트 원정을 통해 자기를 제거하려 했던 혁명정부(당시 총재정부 체제[20])를 상대로 쿠데타를 감행한다. 물론, 나폴레옹이 전적으로 기획한 것은 아니었다. 이전부터 총재정부를 제거하려던 시에예스(Emmanuel Joseph Sieyès, 1748~1836)가 나폴레옹을 설득해 진행되었다. 1799년 11월, '브뤼메르(안개의 달, '무월광'이라는 의미) 18일의 쿠데타(Coup of

---

19 https://blog.naver.com/opazizi/222841133631; https://brunch.co.kr/@@4Npi/308 넬슨 미사 참조.

20 총재정부는 1795년 11월부터 1799년 11월까지 3년 동안 존속했으며, 행정권을 가진 5명의 총재와 '입법원(Corps Législatif)'이라 불리던 양원제 의회 기구를 갖추고 있었다. 하원인 오백인회(Conseil de Cinq-Cents)는 30세 이상 의원 500명으로 구성되어 입법을 건의하는 기구였다. 원로회의(Conseil des Anciens)는 40세 이상 의원 250명으로 구성되었으며, 이들은 제출된 입법안을 통과 또는 거부할 권한을 가졌다(위키백과).

18 Brumaire)'로 불리는 쿠데타를 성공시킴으로써 나폴레옹은 스스로 통령[21]이 되었다. 물론, 3인의 통령체제였지만, 나폴레옹이 1통령이고 나머지 2명은 형식상 자리였다. 그동안 혁명전쟁에서 보여준 활약으로 대중은 그를 지지했고, 그다음 해에는 투표를 거쳐 종신 통령이 되었다.[22]

이후 1800년에는 알프스를 넘어 이탈리아로 진격했는데, 잘 알려진 마렝고 전투[23]에서 오스트리아군을 상대로 크게 이기면서 오스트리아는 대프랑스 동맹에서 완전히 탈퇴하게 되었다. 이제 프랑스를 상대로 적대적 관계로 남아있는 나라는 영국뿐이었다. 그러나 영국도 1802년 3월 프랑스와 아미앵조약[24]을 체결하고 프랑스 제1공화국을 인정하게 되면서 길었던 프랑스혁명전쟁은 끝이 났다.[25]

유럽은 이제 프랑스혁명의 여파로 절대왕정의 구태가 흔들리는 상황이 되었다. 또한, 자유주의와 평등의 정신을 강조하는 공화정의 혁명정부가 우뚝 섰고, 이를 제거하려던 주변국의 도전도 무력화된 상황이었다. 그리고 그 중심에 나폴레옹이 있었다. 나폴레옹은 1804년 자신을 황제로 선포하고 대관식을 가졌다. 황제가 되려는 군주들은 로마로 가서 교황이 수여하는 왕관을 받았으나 나폴레옹은 교황을 프랑스로 오도록 했고, 교황이 부여하는 왕관을 받지 않고 자신이 직접 관을 집어 썼다.

21　1799년 11월부터 1804년까지 존속한 프랑스의 집정정부(執政政府)를 통령정부(統領政府, Consulat)라 했으며, 나폴레옹 외 2인의 우두머리(집정 혹은 통령) 정부라는 뜻이다.

22　Alexander Mikaberidze, *The Napoleonic Wars: A Global History*, Oxford University Press, 2020.

23　이탈리아 북서부 피에몬테주 알렉산드리아에서 남동쪽으로 5km 떨어진 마렝고 평원에서 나폴레옹의 프랑스군이 멜라스가 이끄는 오스트리아군의 기습 공격을 받아 격전 끝에 이를 물리치고 오스트리아군을 이탈리아에서 몰아낸 전투로, 나폴레옹이 파리에서 자신의 정치적 영향력을 강화할 수 있는 계기를 만들어주었다.

24　아미앵조약(Treaty of Amiens)은 1802년 3월 25일 프랑스 제1공화국과 영국 사이에 체결된 조약이다. 이 조약으로 영국은 공식적으로 프랑스 제1공화국을 승인했고, 이를 통해 1798년부터 진행되어온 제2차 대프랑스 동맹전쟁이 종결되었다.

25　https://ko.wikipedia.org/wiki/나폴레옹 보나파르트 참조.

나폴레옹의 황제 대관식(1804년, 노트르담 대성당)

오랜 기간 프랑스혁명으로 지친 시민은 안정적인 정치체제를 원했다. 프랑스 국민은 나폴레옹의 황제 즉위를 묻는 투표에서 압도적으로 지지했다. 헌법 위에 군림하는 전제군주제를 타파하고 시민이 자유와 평등을 누릴 수 있는 변화를 기원하는 마음이었을 것이나, 쉽지 않았다.

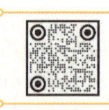 하이든, 〈불안한 시기의 미사(일명 '넬슨 미사')〉

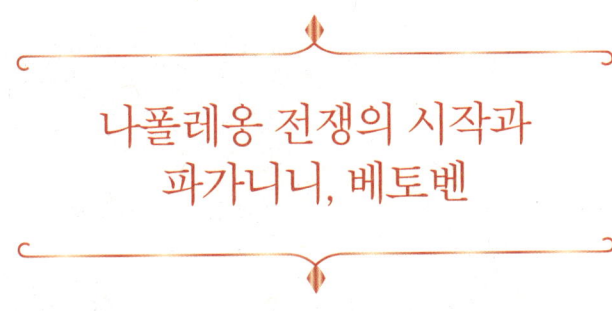

나폴레옹 전쟁의 시작과 파가니니, 베토벤

　나폴레옹의 프랑스는 이제 유럽 전체에 영향력을 미치는 강력한 중심 국가로 부상했다. 하지만 대프랑스 동맹을 맺고 언제든 공격해올 나라들에 대한 경계심을 갖고 있었는데, 영국과 오스트리아, 프로이센(독일), 러시아가 이들 나라였다.

　영국은 최고의 해군력을 갖고 있었기에 해전에서 승리하지 못하면 제압할 수 없었다. 그런데 영국은 1803년 프랑스가 패권을 갖게 되는 것을 견제하기 위한 목적으로 프랑스 해안을 봉쇄하는 조치를 강행하고, 위에 열거된 나라들과 다시 동맹관계를 맺고 프랑스에 대한 공격을 계획한다.

　해상을 장악해야 무역도 자유롭고 세력을 확장할 수 있는데, 프랑스의 해군력은 상대적으로 취약했다. 황제가 된 후 나폴레옹은 이를 극복하려고 프랑스의 영향력 아래 있던 스페인 해군을 끌어들여 연합함대를 구성했다. 그리고 1805년 초 우선 영국 본토에 상륙하여 영국을 제압하고, 이어 유럽 내륙의 오스트리아, 러시아를 공격하겠다는 전략을 세웠다.[26]

26　David Gates, *The Napoleonic Wars 1803-1815*, Pimlico, 2003.

나폴레옹은 영불해협을 건너기 위해 영국 도버에 가까운 프랑스 불로뉴(Boulogne-sur-Mer) 해안에 약 18만 명을 집결시켰다. 함대사령관으로는 빌뇌브(Pierre-Charles Villeneuve)를 임명하여 스페인함대와 연합해 영국 해군을 공격할 것을 명한다. 함정의 숫자로는 연합함대가 다소 우세했다. 그러나 그들은 영국 해군보다 항해술이 뒤처졌고, 함포 사격에 있어 정확성이 많이 떨어졌다. 영국의 넬슨은 이러한 취약점을 아주 잘 알고 있었다.

드디어 1805년 10월, 프랑스-스페인 연합함대가 영국 해군과 트라팔가르(Trafalgar, 스페인 남서쪽)에서 마주쳤다. 넬슨은 상대가 예측하지 못한 전술을 펼쳤는데, 즉 중앙을 돌파해 양쪽으로 분리된 적을 격파하는 전술이었다. 이는 항해술과 함포의 명중률이 낮은 연합함대의 취약점을 이용하는 전술이었다. 개전 후 불과 몇 시간 만에 연합함대는 거의 전멸되다시피 했다. 넬슨 제독의 함대는 천하무적이었다.

한편, 이 무렵 내륙에서는 오스트리아-러시아 연합군이 라인강변으로 진격한다는 소식이 전해졌다. 나폴레옹은 영국 본토에 대한 상륙작전

트라팔가르 해전을 묘사한 그림

을 접고, 집결했던 18만 병력을 라인강변 쪽으로 이동시켰다. 이어진 울름(뮌헨 서쪽) 전투와 아우스터리츠(체코 동부) 전투는 지금의 독일 남동부와 체코 동남부에서 오스트리아군과 러시아군을 상대로 벌였던 전투로, 나폴레옹의 전술이 잘 발휘되었고 이제 더는 적수가 없음을 보여준 전례였다.

울름 전투는 1805년 10월 중순, 러시아군과 합류하기 위해 울름지역에 진을 치고 있던 오스트리아군 약 7만 명을 상대로 보급로를 차단하고, 포위한 상태에서 도심 내에서 전투를 통해 약 4만 명 이상을 궤멸시킨 전투다. 이 전투로 오스트리아군은 전의를 완전히 상실했고, 퇴각한 일부는 체코 방면으로 철수했다. 따라서 나폴레옹은 빈에 거의 무혈입성할 수 있었다.[27]

아우스터리츠 전투는 같은 해 12월에 있었는데, 체코로 퇴각한 오스트리아 잔여 병력과 이를 지원하기 위해 달려온 러시아군이 아우스터리츠에서 제대로 맞붙은 전투였다. 사실 애초에 러시아 총사령관 쿠투조프는 바로 맞붙어 싸우기보다 서서히 철군하며 지연전을 주장했으나 러시아 황제 알렉산드르 1세는 프랑스군이 다 집결되지 않은 틈을 이용해서 바로 작전을 개시하도록 명령했다.

나폴레옹의 프랑스군은 7만 5천여 명이었고, 오스트리아-러시아 연합군은 8만 5천여 명으로 연합군이 수적으로 우세했다. 다음의 상황도에서 적색의 오스트리아-러시아 연합군은 남쪽의 주력에서 분리된 프랑스군 3군단을 먼저 공격한 후 프랑스군 뒤로 기동해 격멸한다는 계획이었다. 반면, 나폴레옹은 이를 미리 알아차리고 연합군이 남쪽으로 분산되면 그 사이 중앙으로 돌파해 연합군을 북쪽과 남쪽에서 각개격파한다는 작전계획을 구사했다.[28]

---

27 Alexander Mikaberidze, 앞의 책.
28 위의 책.

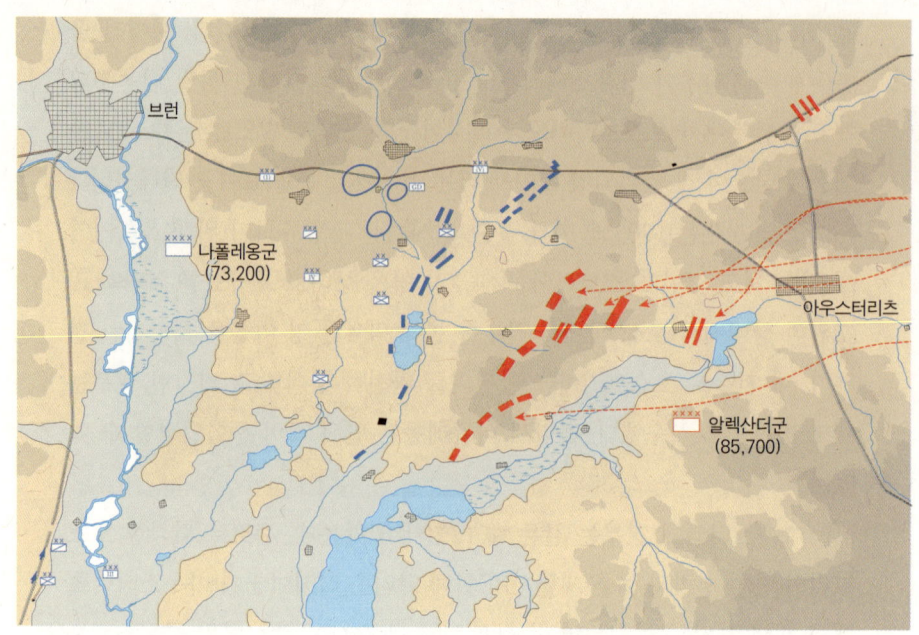

아우스터리츠 전투 작전상황도(청색이 나폴레옹 군대)

　　연합군이 먼저 기동해 남쪽을 공격했는데, 포병의 강력한 지원을 받은 프랑스군은 의외로 강했고 연합군은 많은 사상자를 냈다. 아울러 중앙으로 공격한 프랑스군은 연합군을 남과 북으로 갈라놓았는데, 상당히 효과적이었다. 게다가 북쪽의 연합군은 중앙으로 기동한 프랑스군과 정면에 있던 프랑스군으로부터 동시에 공격을 받아 역시 크게 패했다. 이제 중앙의 전투였는데, 여기서도 연합군과 프랑스군은 일진일퇴하는 치열한 접전을 벌였으나 남쪽과 북쪽의 패배로 이미 승기가 꺾인 터라 결국 연합군이 크게 패하고 말았다.

　　이러한 결과로 러시아는 대프랑스 동맹에서 이탈하게 되고 오스트리아는 프랑스와 평화조약을 맺음으로써 약 1천 년을 내려오던 신성로마제국마저 해체하는 계기를 맞게 되었다. 프로이센 또한 군사행동에 가담하려던 계획을 전면 수정해 조용히 수면 아래로 가라앉게 된다. 영국도 이 전투 결과에 큰 충격을 받았음은 물론이고, 동맹국들이 다 이탈함으로써 프랑스에 대한 견제는 이제 접어둘 수밖에 없는 상황이 되었다.

유럽대륙을 평정한 나폴레옹은 어떤 식으로든 영국을 견제할 필요성이 있었다. 왜냐하면, 영국은 언제든 다시 대륙 국가들을 끌어들여 동맹을 맺고 프랑스에 대해 공격할 가능성이 컸기 때문이다. 따라서 그는 영국을 고립시키는 전략을 택했다. 그래서 1806년 '대륙봉쇄령'[29]을 내려 대륙의 국가들과 영국 사이의 무역을 모두 중단시킴으로써 경제활동을 봉쇄하고 약화시켜 결국은 군사적 활동마저 포기하도록 했다.

이에 영국은 1807년 11월 11일, '긴급명령 1807년'을 발표해 프랑스와 연합국의 무역을 전면 금지하고, 아울러 강한 해군력으로 프랑스와 연합국의 해안을 역봉쇄하는 것으로 대응했다. 나폴레옹도 영국에 대응해 이번에는 '밀라노 칙령'을 발표하여 영국의 항구를 이용하거나 영국에 관세를 내는 중립국 상선은 영국 국적 상선으로 간주해 나포할 것이라고 엄포를 놓았다.[30]

그러나 나폴레옹의 '대륙봉쇄령'은 오히려 프랑스 대내외의 강한 반발은 물론, 유럽대륙을 경제적으로 더 어렵게 만듦으로써 다시 전쟁의 소용돌이 속으로 빠져들게 하고 결국 몰락의 길로 가는 자충수가 되었다. 우선, 해상을 통한 무역으로 커피, 코코아, 향신료 등 많은 물자가 대륙으로 들어와야 하는데 해상이 봉쇄됨으로써 가격이 폭등했고, 해상 무역의 중개상들 또한 당장 활동이 축소되어 밀무역이 성행하는 상황이 되었다.

네덜란드, 스웨덴 등에서 해상을 통해 프랑스로 들어오는 모든 물자가 차단되었고, 포르투갈이나 스페인으로부터 들어오는 모든 물자의 유통

---

[29] 나폴레옹이 1806년 11월 21일 '베를린 칙령'으로 하달한 대영국 무역금지법이다.
[30] https://ko.wikipedia.org/wiki/대륙봉쇄령 참조.

도 중단되었다. 러시아의 경우 더 심한 피해를 받았다. 러시아의 큰 시장을 통해 영국으로 밀, 목재, 대마 등을 거래해야 하는데, 봉쇄되자 경제는 침체하고 지주계급의 불만은 커지는 상황이 되었다. 또한, 프랑스 내의 상인들은 물론 귀족들도 많은 불편을 겪게 되어 등을 돌리게 만드는 불씨가 되었으며, 경제의 침체는 물론 공업제품의 구매력 감소와 금융 전반에 큰 영향을 미치게 되었다. 나아가 오히려 부메랑이 되어 프랑스의 발목을 잡는 모양새가 되었다.

이 무렵 나폴레옹 관련 음악이 또 하나 작곡되었다. 다름 아닌 이탈리아 음악가 파가니니(Niccolò Paganini, 1782~1840)의 〈나폴레옹 소나타(Sonata Napoleone, MS. 5)〉라는 곡이다. 그는 잘 알다시피 19세기 최고의 바이올리니스트이자 전설이며, 흔히 '악마의 바이올리니스트'라고 불릴 정도였다. 천재적 기술력으로 오늘날 많이 쓰이는 피치카토,[31] 하모닉스,[32] 스코르다투라 주법[33] 등의 새로운 연주 기법을 창안한 음악가다.

1805년 나폴레옹은 엘리자 보나파르트(Élisa Bonaparte, 1777~1820), 즉 자신의 여동생을 이탈리아 북부 피옴비노 공국에 이어 루카 공국의 대공녀가 되도록 했다.[34] 그런데 당시 이탈리아 북부에서는 파가니니의 연주가 큰 인기를 끌고 있었다. 엘리자도 파가니니의 연주에 매료되었고 열광했다. 그리고 남편이 영주로 있는 피옴비노 공국의 음악감독직을 주는데, 가까이 두고 지내다가 그와 사랑에 빠졌다. 파가니니도 그녀를 위해 많은 곡을 만들었는데, 〈24개의 카프리치오〉, 〈루카 소나타〉 등 많은 곡이 있다. 아울러 바이올린협주곡도 많이 작곡했다. 그러던 중 1807년 8월, 나폴레옹의 생

---

31 오른손으로 지판을 잡고 왼손가락으로 줄을 튕기는 방식.
32 누르지 않고 줄에 손가락을 대기만 하여 높은 배음을 내는 방식.
33 '변칙 조율'이라고 하는데, 즉 현악기를 표준 조율과 다르게 조율하는 것으로 표준음보다 낮게 또는 높게 음을 내도록 연주하는 방식.
34 나폴레옹은 8형제 중 둘째이며, 황제가 된 후 형제들에게 속령이 된 공국들을 다스리게 했다.

파가니니와
엘리자 보나파르트

일을 기념해 곡을 헌정하면 어떻겠냐고 엘리자가 파가니니에게 제안하여 만든 곡이 바로 〈나폴레옹 소나타〉다.[35]

특히, 엘리자는 바이올린의 4개 현 중 'G'선[36]만을 사용해 작곡하도록 요구했다. 일설에는 그녀가 파가니니를 오래도록 옆에 두고 싶어 곡을 어렵게 만들도록 했다는 이야기도 있다. 결과적으로 〈나폴레옹 소나타〉는 G선만 사용한 곡이라는 특징이 있다. G선이 아주 저음임에도 약 8분 남짓한 연주는 절대 그렇게 들리지 않고, 더욱이 생일 축하를 염두에 둬서 그런지 다소 경쾌함마저 느껴진다. G선만으로 연주되는 다른 곡으로는 〈군대 소나타(Sonata militare)〉가 있다.

---

35 https://www.mk.co.kr/news/culture/4544699; https://cafe.daum.net/toric/2xTG/113 참조.
36 G선은 바이올린의 네 현(絃) 중 가장 낮은 소리를 내는 현으로, 첼로 소리를 연상시킬 정도로 저음을 낸다.

파가니니,
〈나폴레옹 소나타, MS. 5〉

　나폴레옹의 대륙봉쇄령에 대응한 영국의 해안 역봉쇄령 등으로 무역과 경제가 어려운 상황에서 영국은 반드시 해상무역로를 유지할 필요가 있었고, 가장 중요한 곳이 이베리아반도(스페인, 포르투갈)였다. 왜냐하면, 대서양에서 지중해로 가는 길목인 지브롤터해협이 있고, 그곳이 아니면 남아프리카 지역을 돌아서 통과해야 했기 때문이다.

　스페인은 프랑스와 동맹관계를 맺고 대륙봉쇄령에 협조적이었지만, 포르투갈은 여전히 영국의 보호 아래 자유로이 영국과 무역을 하고 있어 눈엣가시 같은 존재였다. 1807년 10월, 나폴레옹은 쥐노(Jean-Andoche Junot) 장군에게 2만 4천 명의 병력을 이끌고 이베리아반도로 진격할 것을 명했는데, 실질적인 목표는 바로 포르투갈이었다. 사전에 스페인과는 원정작전에 필요한 협조를 약속받은 상태였다.[37]

　11월 말 포르투갈의 리스본에 도착했는데, 저항은 미미해서 쉽게 장악할 수 있었다. 그런데 문제는 여왕과 섭정하던 왕이 프랑스군의 진격 소식을 듣고 영국 함선을 타고 브라질로 도피함으로써 그저 점령했을 뿐 아무런 관계를 설정할 수 없는 상황이 되었다. 게다가 더욱 큰 문제는 프랑스군의 상태였다. 프랑스에서 리스본까지는 1,400km 이상의 거리다. 이동해 오는 동안 병사들은 지쳐 있었고, 낙오자가 수두룩했다. 또한, 프랑스군은 기동을 위해 경량화함으로써 보급품을 주로 현지에서 조달해야 하는 실정이었다. 하지만 이베리아반도 현장의 상황은 매우 실망스러웠다. 식량도 부족하고 도로마저 엉망이었다.

---

[37] Alexander Mikaberidze, 앞의 책.

게다가 이 무렵 스페인의 정치적 상황이 매우 혼란스러웠다. 왕의 무능으로 왕비와 그녀의 정부가 나라를 좌지우지하고 있었고, 이에 왕자가 불만을 품게 되어 갈등이 격화되고 있었다. 또한, 대륙봉쇄령으로 영국과의 무역을 금지했음에도 밀무역이 성행하고 관리들도 부패해 있었다. 이에 나폴레옹은 지친 프랑스군을 보강하고, 스페인의 질서 회복과 왕실 내 대립을 중재한다는 명분으로 약 12만 명의 군대를 스페인에 추가로 파병한다.

이어 나폴레옹은 스페인 왕과 왕자를 프랑스 국경 근처로 불러 모두 자리에서 물러나도록 하고, 자신의 형인 조제프 보나파르트(Joseph-Napoléon Bonaparte, 1768~1844)를 왕으로 옹립했다. 그러자 스페인 민중은 크게 반발하여 여기저기서 시위와 봉기가 일어났다. 또한, 마드리드에서는 프랑스군이 시위하는 민중에게 포격을 가함으로써 시민을 분노케 했다.

시민은 프랑스군을 적으로 대하면서 마구 살상했고, 스페인군도 민중에 합세하는 상황으로 변해갔다. 반프랑스 무장세력이 대규모화되면서 여기저기서 프랑스군과 전투가 발생했다. 특히, 프랑스군이 보급 문제를 주민으로부터 해결하다 보니 약탈을 일삼아 적대감을 키웠다. 또한, 이 상황을 지켜보던 영국이 기회다 싶어 포르투갈과 스페인에 대한 대규모 보급지원을 했고, 마침내 1808년 8월 영국의 웰링턴(Arthur Wellesley, Wellington, 1769~1852) 장군이 이끄는 약 1만 명의 원정군이 도착했다.

포르투갈에서도 반프랑스 무장활동이 확대되었고, 급기야 스페인 무장군대에 일부 프랑스군이 패하는 상황이 발생했다. 아울러 마드리드로 입성한 무장군대는 나폴레옹의 형을 폐위시켰다. 여기에 영국군까지 가세했다. 스페인군, 포르투갈군, 영국군이 연합했으며, 특히 민중이 소규모 단위로 전투 행동을 하는 게릴라[38]전을 전개하여 지친 프랑스군에 큰 피해를

---

38 게릴라(guerrilla)는 스페인어로 '소규모 전투'를 의미하나 '비정규전'으로 그 의미가 확대되

입혔다. 영국이 주도한 연합군은 프랑스군과의 전투에서 연승하며 프랑스와의 국경지역인 바스크까지 밀어붙였다.

상황이 이렇게 되자 나폴레옹은 친히 약 12만 군대를 이끌고 참전한다. 나폴레옹의 출전 자체가 승패에 큰 영향을 미치는 상황이었다. 1808년 12월, 나폴레옹은 연합군대를 격퇴하여 스페인의 마드리드를 되찾았다. 그리고 나폴레옹은 군대와 지휘권을 예하 사령관에게 주고 본국으로 귀환했다. 1809년 초 프랑스군은 다시 포르투갈을 점령하기 위해 공격을 감행해 일부 패하기도 했으나 결국 성공했다. 그러나 이때 웰링턴 장군이 다시 포르투갈에 상륙하여 진격함으로써 프랑스군은 다시 밀려날 수밖에 없는 상황이 되었다.

또한, 웰링턴은 프랑스군의 재침을 막기 위해 3중의 방어선을 구축하는데, 이른바 토레스 베드라스(torres vedras) 방어선으로 흙벽과 요새, 강화된 진지로 구성된 전선을 구축했다. 프랑스군 일부는 이제 포르투갈 내에 고립될 수밖에 없었고, 결국 연합군에 대패하면서 많은 인원이 포로로 잡혔다. 아울러 프랑스군은 병력의 재보충이 중단된 상태에서 현지 보급상태가 매우 열악해 사기가 꺾일 수밖에 없었다. 이제 이베리아반도 전쟁은 장기전으로 가고 있었다. 하지만 나폴레옹은 이때 러시아 침공을 위해 일부 병력을 이베리아반도에서 차출하고 있었다.

이를 간파한 웰링턴은 1812년 포르투갈에서 스페인 방향으로 공격했고, 살라망카(Salamanca, 스페인 중부) 전투에서 대승을 거두었다. 이어 1813년 6월에는 영국, 포르투갈, 스페인 연합군이 비토리아(Vitoria, 스페인 북부) 전투에서 프랑스군을 격파해 이베리아반도에서 프랑스군을 완전히 몰아내는데 성공했다. 이 전투의 일등 공신은 민중이었다. 민중으로 구성된 게릴라

었다. 19세기 나폴레옹의 스페인 침략 시 여기에 맞서 싸웠던 스페인의 소규모 비정규 유격대를 의미한다.

연합군과 프랑스군의 비토리아 전투

는 프랑스군의 동태를 파악해 연합군에 제공하고 프랑스군의 작전을 방해하는 등 결정적 역할을 했다. 결국, 비토리아 전투는 연합군과 민중의 단결된 힘이 만들어낸 값진 승리였다.[39]

베토벤은 1813년 6월 21일, 비토리아 전투에서 웰링턴이 나폴레옹 군대를 격퇴했다는 소식에 전쟁 교향곡 〈웰링턴의 승리 또는 비토리아 전투(Wellingtons Sieg oder die Schlacht bei Vittoria), Op. 91〉를 작곡해 그해 12월 빈에서 베토벤의 지휘로 초연을 했다.[40] 공연은 크게 성황을 이루었다. 나폴레옹 군대에 억눌려온 오스트리아 사람들의 마음을 그대로 반영한 결과였다.

〈웰링턴의 승리〉는 표지에 '교향곡'이라고 쓰여 있긴 하지만 4악장이 아닌 1부와 2부로 구성되었고, 연주 시간이 약 15분으로 비교적 짧다. 전

---

39 https://ko.wikipedia.org/wiki/비토리아 전투 참조.
40 양삼석, 「작곡 소재로서의 전쟁: 서양 고전음악을 중심으로」, 『인문학 논총』 36, 2014; 『인문학 논총』 40, 2016.

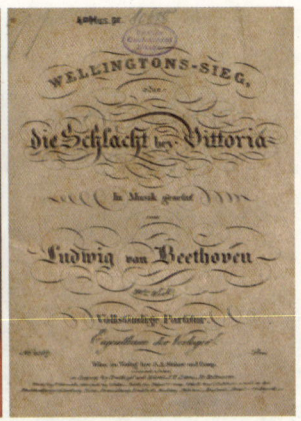

웰링턴 공작과
베토벤 교향곡
〈웰링턴의 승리〉 표지

쟁 교향곡답게 북과 나팔, 총소리, 대포 소리 등이 적나라하게 실려있다. 1부는 '전쟁터', 2부는 '승리의 교향곡'이라는 표제를 갖고 있다. 1부에서는 영국군 진영의 북소리와 나팔소리, 이어 행진이 묘사된 후 프랑스군의 북소리와 나팔소리, 프랑스군의 행진, 그리고 영국군의 공격과 프랑스군의 대응 등 전투 장면을 총소리와 대포 소리를 그대로 살려 최대로 묘사하려 한 느낌을 준다. 2부는 전형적인 관현악 연주로 값진 승리, 고난의 승리, 영광된 승리를 쟁취했다는 뿌듯함과 감격의 분위기가 물씬 풍겨난다.

베토벤,
〈웰링턴의 승리, Op. 91〉

한편, 1805년 아우스터리츠 전투에서 참패한 후 절치부심하고 있던 오스트리아는 나폴레옹 군대가 이베리아반도에서 어려움을 겪고 있다는 소식을 듣고 기회가 왔다고 생각했다. 1809년 4월 9일 약 20만 군대를 이끌고 바이에른 공국(뮌헨 지역)과 바르샤바 공국, 그리고 이탈리아반도 등

바그람 전투 때의 나폴레옹

3개 방향으로 공격을 감행한다. 하지만 나폴레옹은 이미 이들의 의도를 알고 있었기에 즉시 약 18만 병력을 이동시키고 4월 18일 바이에른주 잉골슈타트에 도착했다.

4월 20일, 나폴레옹은 오스트리아가 병력은 우세하지만 3개 방향으로 분산 공격할 것으로 판단하여 각개격파할 전략을 세웠다. 특히, 나폴레옹이 이끄는 9만의 주력 병력은 바이에른 공국으로 진입한 오스트리아 군대를 전위, 좌익과 우익 3개 방향에서 공격하여 결국 오스트리아 군대는 본토로 철수했다.

5월 13일에는 오스트리아 빈에 입성하여 도나우강을 사이에 두고 오스트리아와 최종 결전을 펼친다. 그런데 여기서 핵심은 어떻게 도나우강을 건너느냐였다. 여러 차례 시도했으나 번번이 오스트리아군에 패했다. 그러다가 7월 4일 폭풍우가 몰아치는 틈을 타 강을 건너는 데 성공한다. 약 10만의 병력이 도하한 후 바그람에서 최후의 결전을 벌이는데, 오스트

리아 군대를 끝내 격퇴하고 전투를 마무리 짓게 되었다.[41]

이때 베토벤은 오스트리아 빈에 있었다. 프랑스군의 포격이 빈 도심에 빗발치자 대부분 다른 곳으로 떠났지만, 그는 포성이 울려 퍼지는 상황에서도 우리에게 잘 알려진 명곡을 작곡했다. 〈피아노협주곡 5번(Piano Concerto No. 5 in E flat major, Op. 73)〉, 일명 '황제'로 알려진 곡이다. 1808년 4월부터 오스트리아가 작전을 개시했는데, 작곡이 본격적으로 시작된 것도 그 무렵이다. 따라서 나폴레옹에 대한 강한 반감을 그대로 표현했다고 생각할 수 있다.[42]

당시 베토벤은 전쟁 상황으로 후원이 끊겨 경제적 어려움에 처해 있

베토벤의 〈피아노협주곡 5번〉 2악장 악보 일부

---

41 David Gates, 앞의 책.
42 제러미 시프먼, 김병화 역, 『베토벤, 그 삶과 음악』, 포노(PHONO), 2010.

었고, 귀는 점점 들리지 않기 시작하는 상황이었다. 게다가 포격의 피해로 동생의 집 지하실로 대피할 수밖에 없었다. 따라서 곡의 전체 분위기는 고난과 어려움을 극복하려는 강한 의지가 넘쳐난다. 힘차고 당당하며, 빈에 입성한 나폴레옹 군대를 격퇴하고 전쟁에서 어떻게든 승리하겠다는 의지가 담긴 느낌을 받는다.

모두 3악장으로 구성되었는데, 1악장은 특색 있게 관현악 연주로 시작되지 않고 피아노 독주로 큰북과 함께 전쟁의 광기를 알리는 듯한 분위기가 느껴진다. 이어지는 관현악 연주는 마치 전쟁이 곳곳에서 막 진행되는 듯이 긴박하게 연주된다. 2악장은 1악장에 비해 다소곳하고 무엇인가 생각에 잠기게 하는 분위기가 느껴진다. 어찌 보면 2악장에서는 빈의 시민에게 조용히 차근차근 설명하여 끝까지 싸우겠다는 저항의지를 북돋우는 일련의 과정같기도 하다. 3악장은 피아노와 관현악이 조화를 이루며 박진감 있게 연주된다.

 베토벤, 〈피아노협주곡 5번, Op. 73〉 '황제'

곡의 부제인 '황제'는 베토벤이 직접 붙인 것은 아니고 후대에 출판업자들이 붙인 것이라고 한다. 연주회에 참여했던 많은 사람이 피아노협주곡 중 가장 으뜸인 황제의 위치에 해당한다는 찬사를 듣고 붙인 것으로 본다. 흔히 나폴레옹 황제에게 헌정한 곡으로 생각할 수 있는데, 오히려 나폴레옹에 대한 강한 증오심과 저항의지를 담고 있으므로 절대 그것은 아니다.

러시아 원정과 청야전술, 그리고 차이콥스키

대륙봉쇄령으로 큰 피해를 본 곳은 러시아였다. 영국에 무역 의존도가 높았던 러시아는 산업은 물론 재정적으로도 어려움을 겪었다. 나폴레옹은 러시아에 대륙봉쇄령을 더 강하게 요구했다. 이런 상황에서 1810년 12월, 러시아의 알렉산드르 1세(Alexander I, 1777~1825) 황제는 칙령을 발표하여 포도주 및 브랜디의 수입 관세를 높여 프랑스의 주요 수출입품을 배척하는 조치를 했다. 일종의 도전이었다. 또한, 러시아는 피해가 점점 심해지자 봉쇄령을 어기며 영국과의 무역을 재개했다.

이제 러시아와의 전쟁은 그 시기만이 문제였다. 드디어 나폴레옹은 1812년 약 60만의 대규모 병력을 이끌고 러시아 원정길에 나선다.[43] 당시로는 최대의 승부수를 띄운 셈이었다. 왜냐하면, 이베리아반도에서의 전쟁이 아직 끝나지 않은 상황이고, 장기전으로 큰 피해를 입은 데다가 두 곳에서 동시에 전쟁을 수행해야 하는 어려움을 만들 수 있기 때문이다. 이럴

---

[43] 60만 명 중 20만 명은 예비대로 프로이센에 남고, 약 40만 명이 러시아로 진격했으며, 이 중 20만 명은 프랑스군이고 나머지는 동맹과 속령에 있는 국가에서 차출된 병력이었다.

때 보급과 병력 수급 면에서의 제한은 필연적이었다.

1812년 5월 9일 나폴레옹은 출정을 시작했다.[44] 프랑스에서 모스크바까지는 약 2,500km의 거리다. 이베리아반도 전쟁을 수행할 때보다 훨씬 먼 거리로 보급 문제가 가장 취약하고, 장기전으로 가면 무조건 불리할 수밖에 없는 환경이었다. 후일 제2차 세계대전 때 히틀러도 1941년 6월 러시아 원정을 시작했으나 1943년까지 이렇다 할 전과를 올리지 못하고 철군할 수밖에 없었으며, 결국 패망의 길로 갔다.

나폴레옹은 프로이센을 경유하여 6월 23일 러시아의 국경 네만강에 이르렀고, 코브노에서 강을 건너 본격적인 러시아 공격을 감행했다. 그런데 러시아와의 교전은 좀처럼 이뤄지지 않았고 모스크바로 가는 길목인 스몰렌스크까지 진출했다. 수적으로 러시아의 국경수비대가 열세한 면도 있었으나 그보다는 러시아의 쿠투조프(Mikhail Kutuzov, 1745~1813) 사령관이 펼친 '청야전술' 때문이었다. 적이 활용할 만한 그 무엇도 남기지 않고 철수함으로써 식량, 군수물자 등 보급에 있어 곤경에 빠뜨리면서 지치게 하는 전술이었다.

8월 말에는 모스크바 근교에서 전투를 벌이기도 했는데, 양쪽 모두 4~5만 명의 사상자를 냈다. 그런 후 쿠투조프는 최대한 전투를 중단하고 후퇴를 계속했다. 러시아 국토 내부로 깊숙이 끌어들여 지쳤을 때 반격을 가함으로써 승기를 잡겠다는 전략이었다. 1812년 9월 초 나폴레옹은 약 10만의 병력을 이끌고 모스크바에 입성했다. 그런데 도착 후부터 모스크바 여기저기서 불길이 치솟았다. 불은 6일 동안이나 지속했는데 사방이 온통 불길로 휩싸였고, 사용할 수 있는 게 아무것도 없었다. 이 또한 청야전술의 하나로 평가된다.

나폴레옹은 러시아 황제에게 평화 교섭을 제의했다. 그러나 러시아

---

44 George Nafziger, *Napoleon's Invasion of Russia*, Random House Publishing Group, 1987.

나폴레옹 입성 시 불타고 있는 모스크바

황제는 움직이지 않았다. 프랑스군은 먹을 것, 잠잘 곳, 입을 것 등을 찾아야 했다. 그들이 이렇게 찾아 나서면 러시아의 파르티잔이 습격하여 많은 피해를 주었다.[45] 게다가 당시에는 겨울 추위가 빠르게, 그리고 아주 매섭게 찾아왔다.

나폴레옹은 한 달 동안이나 기다리다가 결국, 10월 18일 퇴각할 수밖에 없었다. 식량과 보급품은 동이 났고, 지친 병력을 상대로 러시아의 파르티잔은 계속 습격했다. 수많은 병력이 죽어갔다. 혹독한 추위 속에서 동상으로 거동이 힘들고 죽어가는 병사들이 속출했다. 철수하여 스몰렌스크에 도착했을 때 나폴레옹의 군대는 절반에 불과했다. 약 40만 명의 병력 중 20만 명 이상을 잃은 셈이다.[46]

---

[45] 스페인에서는 이런 소규모 전투부대를 '게릴라'라고 불렀는데, 러시아에서는 이를 '파르티잔(partisan)', 즉 소규모 비정규전부대로 불렀다. 이것이 한국전쟁 때는 '빨치산'이라는 비정규 유격대원을 통칭했다.

[46] David Gates, 앞의 책.

동(冬)장군을 만나 어려움을 겪는 나폴레옹 군대

〈1812년 서곡〉 악보 일부와 차이콥스키

모스크바에 있는 구세주 그리스도 대성당

　러시아의 알렉산드르 1세는 나폴레옹 군대를 물리친 것을 기념하기 위해 불에 탄 모스크바에 '구세주 그리스도 대성당'을 세우도록 했다. 대성당은 1881년 완공될 것으로 예상했고, 여기서 1812년의 승전을 기념하는 대규모 행사를 할 계획이었다. 그리고 이 완공식을 기념할 음악을 당대 러시아 최고의 실력자인 차이콥스키(Pyotr Ilyich Tchaikovsky, 1840~1893)에게 의뢰했다. 그는 1880년 10월부터 11월 초순까지 약 6주 만에 곡을 완성했는데, 그 유명한 〈장엄 서곡 '1812년'(Ouverture solennelle 1812), Op. 49〉이다. 흔히 〈1812년 서곡〉이라고 부르는 곡이다.[47]

 차이콥스키, 〈1812년 서곡, Op. 49〉

47　Roland John Wiley, *Tchaikovsky*, Oxford, 2009.

그리스도 대성당은 1882년 완공되었고, 러시아 정교회의 건물 중 최대 규모로 높이가 무려 105m에 달한다. 〈1812년 서곡〉의 초연은 성당이 완공된 후 전승 70주년을 기념하여 이루어졌다. 당시 경제 상황도 좋지 않았고, 알렉산드르 2세가 암살을 당하는 바람에 그다음 해에 비교적 조용히 행사가 치러졌다. 초연이 되었을 때 청중의 반응은 그리 좋았던 것은 아니라고 한다. 실제로 차이콥스키 자신도 "축제 악곡을 꾸며내는 데 맞지 않으며, 〈1812년 서곡〉은 너무 시끄럽고 야하고 예술적으로 쓸모가 없다"고 언급했다고 한다.[48]

〈1812년 서곡〉은 3개의 주제부로 구성되는데, 연주 시간은 16분 정도다. 특이한 것은 3부의 끝부분에 대포 소리가 여러 차례 등장하는데, 이는 야외 기념식을 염두에 두고 특수효과를 추가한 것으로 보인다.[49] 1부의 시작은 비올라와 첼로가 주도하며 러시아 정교회의 성가인 "신이여, 백성을 보호하소서(O Lord, Save Thy People)"를 연주하는데, 전쟁을 앞둔 러시아의 구원을 기원하는 마음이 담겨 있다. 이어 첼로와 더블베이스가 아주 저음으로 연주되는데, 마치 청야전술을 구사하는 러시아의 전략이 반영된 듯 은밀히 후퇴하는 듯한 분위기가 느껴진다.

2부는 북과 팀파니, 첼로와 콘트라베이스가 연주되며 본격적인 전쟁이 시작됨을 알리는 듯하다. 이어서 빠른 템포의 바이올린과 클라리넷 선율이 연주되는데, 마치 프랑스군과 러시아군 사이에 밀고 당기는 전투가 진행되는 듯한 전장의 모습이 그려진다. 그러다가 다시 플루트와 오보에, 바이올린의 나지막한 연주가 이어지면서 마치 모스크바에 입성했을 때 불타고 있는 모습이 그려진다. 그리고 2부의 마지막은 러시아 민요 선율이 등장하는데, 파르티잔이 활동하며 프랑스군을 수렁에 빠뜨리는 듯한 느낌

---

[48] https://ko.wikipedia.org/wiki/1812년 서곡 참조.
[49] https://go.gale.com/ps/i.do?id; Steven J. Haller, *Tchaikovsky: 1812 Overture*, 2010.

을 주기에 충분하다.

3부는 여러 현악기가 빠른 템포로 연주되는데, 후퇴하는 프랑스군과 반격을 개시하는 러시아군의 전황이 그대로 담겨 있는 듯하다. 그리고 등장하는 16발의 대포는 전쟁의 종지부를 찍는 듯하면서 러시아가 나폴레옹 군대를 격퇴했다는 승리의 축포 같은 느낌을 준다. 마지막 부분은 1부에 등장했던 "신이여, 백성을 보호하소서" 선율이 다시 울리며 마무리된다.[50] 약 6주 만에 완성된 곡이라고 느껴지지 않을 만큼 주제가 잘 다뤄졌고, 대포와 종소리 등 특수효과를 더함으로써 음악을 통해 나타내려고 하는 메시지를 충분히 전달하고 있는 명곡이다.

차이콥스키는 법학도였다. 그래서 음악 공부도 늦게 시작했다. 상트 페테르부르크 음악원의 학생이 되면서 본격적으로 음악을 했고, 모스크바 음악원 교수가 되어 1874년에는 그 유명한 〈피아노협주곡 1번〉을 작곡했다. 1878년부터는 재벌 미망인 폰 메크 부인이 후원자로 나서서 교수를 그만두고 작곡에 전념할 수 있었다. 재미난 것은 두 사람이 직접 만난 것은 두세 번뿐이었고, 1,200여 통의 편지를 주고받으면서 약 15년간 후원했다고 한다. 하지만 차이콥스키가 동성애자라는 것을 알게 되면서 후원이 중단되었고, 이로 인해 차이콥스키는 극심한 괴로움과 우울감을 느꼈다고 한다.

그리고 차이콥스키는 9세 연하의 음악원 제자 안토니오 밀류코바의 자살 협박에 못 이겨 결혼했는데, 결혼 생활은 순탄치 않았고 석 달 만에 파경을 맞았다. 차이콥스키는 유럽과 미국 등에서 휴식 겸 도피성 여행을 하며 작곡 활동을 계속했다. 1893년 그는 숨을 거뒀는데, 우리에게 잘 알려진 〈교향곡 6번〉 '비창'을 작곡해 초연한 후 9일 만에 갑자기 숨졌다. 당시 발표는 콜레라로 숨졌다고 했지만, 실은 차이콥스키가 당시 권력가의

---

50 https://ko.wikipedia.org/wiki/1812년 서곡 참조.

조카와 동성애 관계에 있다는 게 알려져 그들로부터 음독자살을 종용받았다는 주장이 더 신뢰를 받고 있다.[51]

---

51 Roland John Wiley, 앞의 책.

라데츠키 행진곡과 라이프치히 전투

이베리아반도 전쟁이 장기화하면서 프랑스군은 이미 30여만 명의 사상자가 발생했다. 게다가 러시아 원정이 실패하면서 40여만 명 이상의 사상자가 추가로 발생함으로써 군대를 다시 양성해야 할 상황이었다. 특히, 장교와 부사관의 손실이 컸다. 1812년 12월 러시아에서 돌아온 나폴레옹에게 군대의 양성은 무엇보다 시급했다. 이베리아반도 전쟁은 아직도 끝나지 않은 채 웰링턴 장군의 연합군에게 프랑스군이 손실을 많이 입으며 국경지대까지 몰리는 상황이었다. 또한, 러시아 원정의 실패 소식이 전해지자 그동안 대프랑스 동맹에서 탈퇴했던 국가들이 다시 동맹을 모색했고, 나폴레옹에게 점령당해 동맹관계에 있던 속국들의 총구가 나폴레옹 군대로 향하기 시작했다.

특히, 프로이센의 전투 의지가 강하게 표출되었다. 동프로이센과 슐레지엔, 브란덴부르크에서 전쟁을 외치기 시작했고, 주저하던 빌헬름 3세(Friedrich Wilhelm III, 1770~1840)도 1813년 2월 28일 러시아 차르와 동맹을 결정했으며, 3월 13일에는 프랑스에 선전포고했다. 프랑스로부터 점령당

한 영토를 회복할 절호의 기회로 판단했고, 러시아와 동맹을 맺으면서 이런 약속을 했다.[52]

영국과 오스트리아, 그리고 러시아, 프로이센이 다시 동맹을 맺고 프랑스와의 일전을 준비하기 시작하자 나폴레옹도 손실된 병력을 새롭게 보충해 군대를 양성해야 했다. 징집의 폭을 늘려야 가능한 상황이라 청년층으로부터 장년층까지 확대했다. 귀족과 농민 등 곳곳에서 징집에 반대했고, 많은 병력이 탈영하는 상황도 발생했다. 아울러 기병 운용을 위해서는 말을 많이 확보해 훈련시켜야 했는데, 러시아 원정에서 군마의 손실이 워낙 컸기에 많은 기간이 걸릴 수밖에 없었다. 전반적으로 훈련은 미숙했고, 기병과 포병은 절대적으로 부족한 상황이었다.

1813년 1월, 후퇴하는 프랑스군을 추격하던 러시아군은 그 여세를 몰아 폴란드를 침공했다. 약 10만이 넘는 병력 앞에 폴란드를 담당하고 있던

독일 동부 라이프치히, 드레스덴 위치

---

52 https://ko.wikipedia.org/wiki/나폴레옹 전쟁 참조.

프랑스군은 속수무책이었다. 결국, 철수할 수밖에 없었고, 3월에는 러시아군이 프로이센까지 진출해 동맹을 다시 확인하고 프랑스로의 진출을 계획했다. 이제 동맹군의 본격적인 프랑스 공격 준비가 시작되었다. 4월, 나폴레옹은 가용한 병력 20만여 명을 끌어모아 마인츠에 집결시킨 후 현재 독일의 드레스덴(Dresden)과 라이프치히(Leipzig)에서 프로이센과 러시아 연합군을 격멸한다는 계획을 세웠다.

5월 1일, 나폴레옹은 동맹군에 대응하여 라이프치히 남서쪽의 작은 도시 바이센펠스(Weißenfels)에서 전투를 벌였고, 5월 2일에는 바이센펠스에서 라이프치히 이동로에 있는 뤼첸(Lützen)에서 전투를 수행했다. 물론, 나폴레옹 군대가 승리했으나 많은 병력 손실을 입었고, 결정적으로 병력의 훈련 수준이 낮은 점과 러시아 원정에서 입은 기병의 큰 손실로 인해 기동력이 떨어져 상대를 포위하고도 섬멸하지 못하는 상황을 절감해야 했다. 게다가 프로이센 군대의 전투력이 막강하다는 것을 몸소 체감하는 순간이었다.

상황이 이렇게 되자 나폴레옹 측과 동맹군 측은 일정 기간(약 2개월)의 휴전과 드레스덴 회담, 프라하 회담 등의 협상을 통해 더 이상의 전쟁을 방지하고, 점령했던 영토를 일부 조정해서 양쪽이 합의하는 방안을 논의했다. 그리고 합의하게 되면 오스트리아군이 끝까지 참전하지 않는 등의 내용이 포함되었다. 하지만 협상은 결렬되었고, 8월 11일 오스트리아군도 동맹에 참여하기로 하면서 프랑스에 선전포고했다. 이제 동맹군에는 프랑스 주변의 프로이센, 러시아, 오스트리아, 스웨덴 등이 모두 참여했고, 병력 규모는 약 80만 명을 넘어섰다.[53]

동맹군은 프랑스군과 전면적 재대결을 위해 전 병력을 1군, 2군, 그리고 3군 등 3개 군으로 편성하여 지휘관을 임명하고 작전 간 상호 협조

---

53 Alexander Mikaberidze, 앞의 책.

하는 내용을 골자로 하는 참전계획을 세웠다.⁵⁴ 이른바 '트라헨베르크 계획(Trachenberg Plan)'이다. 그러나 나폴레옹의 군대는 동맹군보다 병력 수급에 어려움이 많았고, 모든 병력을 다 모은 것이 약 65만 명이었다. 그마저 나폴레옹은 병력을 세 군데로 분산시켰다. 아마도 적을 분산시켜 각개격파 하려는 의도였을 것으로 판단된다. 하나는 베를린에서 대결토록 하고, 다른 하나는 함부르크에서 방어토록 했다. 그리고 나폴레옹은 드레스덴(체코와의 국경지역 인근)에서 전투를 준비했다.

여기서 우리의 귀에 매우 익숙하고, 매년 신년음악회에 단골 메뉴처럼 등장하는 〈라데츠키 행진곡〉을 소개하고자 한다. 라데츠키(Joseph Radetzky von Radetz, 1766~1858)는 당시 동맹군의 일원으로 '트라헨베르크 계획'에도 참여했고, 드레스덴 전투와 라이프치히 전투에서 주력군인 1군의 참모장으로 활약했으며, 1814년 파리에 입성한 오스트리아의 장군으로 국민의 존경을 많이 받았다.

 요한 슈트라우스, 〈라데츠키 행진곡, Op. 228〉

오스트리아의 작곡가 요한 슈트라우스 1세(Johann Baptist Strauss, 1804~1849)는 당시 황실인 합스부르크가와 좋은 관계에 있었는데, 1848년 3월 '빈 체제(Vienna System)'⁵⁵에 항거하는 혁명이 발생했을 때 정부군의 사기 앙

---

54 동맹군이 합의한 것으로 스웨덴의 칼 14세 요한과 오스트리아의 요제프 라데츠키 장군에 의해 계획되었으며, 슐레지엔(현재 체코와 폴란드 사이의 지역으로 제1차 세계대전 이전까지 존재)의 트라헨베르크성에서 프로이센의 프리드리히 빌헬름 3세, 러시아의 알렉산드르 1세, 오스트리아의 베르나도트가 모여서 채택했다.

55 빈 체제란 1814년에서 1815년까지 오스트리아 제국의 수도 빈에서 개최된 빈 회의를 계기로 유럽 열강 사이에 약속된 복고적(復古的) 세력균형 체제를 이른다.

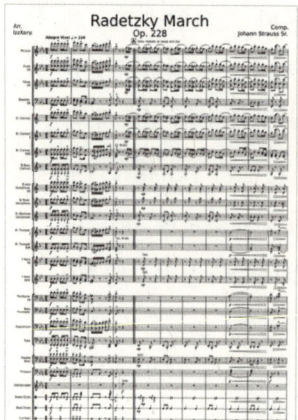  

〈라데츠키 행진곡〉 악보와 표지, 그리고 라데츠키 장군

양을 위해 이 곡을 쓰기 시작했다. 특별히, 곡의 제목에 '라데츠키'를 사용한 이유는 라데츠키 장군이 나폴레옹 전쟁 당시인 1813년 프랑스군을 공격하여 나폴레옹을 패퇴시키는 데 중요한 역할을 했기 때문이다. 또한, 1848년 초에 오스트리아의 지배를 받는 이탈리아 북부 밀라노 등지에서 혁명이 일어나자 출정해 대승을 거둔 것을 기념하는 차원에서 붙인 이름이다.

밀라노 등지에서 봉기가 일어나자 인접해 있던 사르데냐-피에몬테(Sardegna-Piemonte) 왕국(프랑스와 이탈리아 접경지역)이 밀라노를 자신들의 영토로 병합하려 했다. 이에 라데츠키 원수가 이끄는 오스트리아 제국군이 1848년 3월부터 1849년 8월까지 쿠스토차(Custoza) 전투와 노바라(Novara) 전투에서 사르데냐-피에몬테 왕국의 카를로 알베르토(Carlo Alberto, 1798~1849) 국왕의 군대를 무찔러 대승을 거뒀다.

1848년 8월 31일 승리 축하 행사가 빈에서 열렸는데, 〈라데츠키 행진곡〉이 초연되었다. 당시 요한 슈트라우스 1세의 피아노판 표지에는 "위대한 총사령관을 기리기 위해 황제 겸 국왕 군대에 헌정되었다"라고 쓰여 있었다고 한다. 군가이자 행진곡인 관계로 비교적 짧으며, 2분 30초가량 연주된다. 매우 힘차고 흥겨우며, 클래식 음악 연주임에도 관객의 박수를 허락하고 유도하는 특징이 있다. 북소리와 현악기, 관악기가 잘 어우러져 웅장하면서도 경쾌한 리듬을 만들어낸다.[56]

우리가 흔히 듣는 것은 연주곡이지만, 군가로 불리는 경우도 많다. 가사에는 "오스트리아 조국을 위해 단결하여 싸우자. 라데츠키 장군이 우리를 지켜보고 있으니 잘 싸우자" 등의 애국심에 호소하는 내용이 주로 담겨 있다. 일부 내용을 소개하면 다음과 같다.

> 동지들은 단결하라.
> 우리는 하느님의 이름으로 나간다.
> 마음과 손으로 조국을 위해
> 오스트리아가 부끄러워하지 않도록!
>
> 라데츠키 장군님이 창가에 서 있다.
> 장군님이 내려다보고, 우리를 칭찬해주신다.
> 높은 영광으로, 우리는 그 칭찬이 듣기 좋다.
> 우리는 그 노장이 좋다.

라데츠키 장군이 이탈리아 통일전쟁을 진압하기 위해 참전했을 때 그의 나이 83세였다. 역전 노장이 사령관으로 임명되어 약 2년에 걸쳐 이탈리아의 통일 의지를 완전히 제거했다. 그런 이유로 이탈리아에서는 〈라데츠키 행진곡〉 연주를 반기지 않는다. 하지만 전 세계적으로 이 곡은 많은 환영을 받으며 연주되고 있다.

---

[56] https://ko.wikipedia.org/wiki/라데츠키 행진곡 참조.

요한 슈트라우스 1세는 당시 많은 왈츠곡을 작곡해 큰 인기를 끌었다. 그의 아들 요한 슈트라우스 2세 역시 우리에게 잘 알려진 〈아름답고 푸른 도나우강〉, 〈가속도(Accelerationen), Op. 234〉, 〈조간신문(Morgenblätter), Op. 279〉, 〈빈 숲속의 이야기(G'schichten aus dem Wienerwald), Op. 325〉, 〈천일야화(Tausend und eine Nacht), Op. 346〉 등 많은 작품이 있다.[57]

1813년 8월부터 본격적인 전투가 시작되었는데, 베를린과 함부르크 지역의 프랑스군은 동맹군에 패하면서 손실을 많이 입었다. 8월 26일에는 드레스덴에서 나폴레옹이 직접 동맹군과의 전투에 참전했는데, 열세한 병력에도 불구하고 동맹군을 격퇴했다. 동맹군은 결국 현재 독일과 체코의 국경선까지 철수할 수밖에 없었다. 하지만 프랑스군의 손실도 5만여 명에 달했다.

드레스덴에서 전투가 있고 난 뒤 프랑스군의 상황은 급격히 나빠졌다. 우선, 프랑스로부터 병력 보충이 되지 않아 사상자와 포로 등 그간의 전투로 인한 손실을 만회할 방법이 없었다. 또한, 약 300문의 대포를 잃었으나 이 역시 교체할 장비가 없었다. 게다가 프로이센 지역의 여러 왕국이 프랑스와의 동맹 관계에서 이탈하는 상황이 확대되었다. 프랑스군은 25만 명까지 줄어들었다. 반면에 동맹군은 병력이 증강되고 협력이 강화된 가운데 라이프치히(독일의 중동부)로 집결하고 있었다.

10월 16일부터 19일까지 나폴레옹 전쟁 기간 중 가장 치열했다고 하는 라이프치히 전투가 펼쳐진다. 당시 나폴레옹군은 약 19만 명이었지만, 동맹군은 약 36만 명에 달했다. 거의 2배의 병력으로 라이프치히를 포위하여 프랑스군을 공격해왔다. 나폴레옹은 포위망을 차단하기 위해 방어와

---

[57] Camille Crittenden, *Johann Strauss and Vienna: Operetta and the Politics of Popular Culture*, Cambridge University Press, 2006.

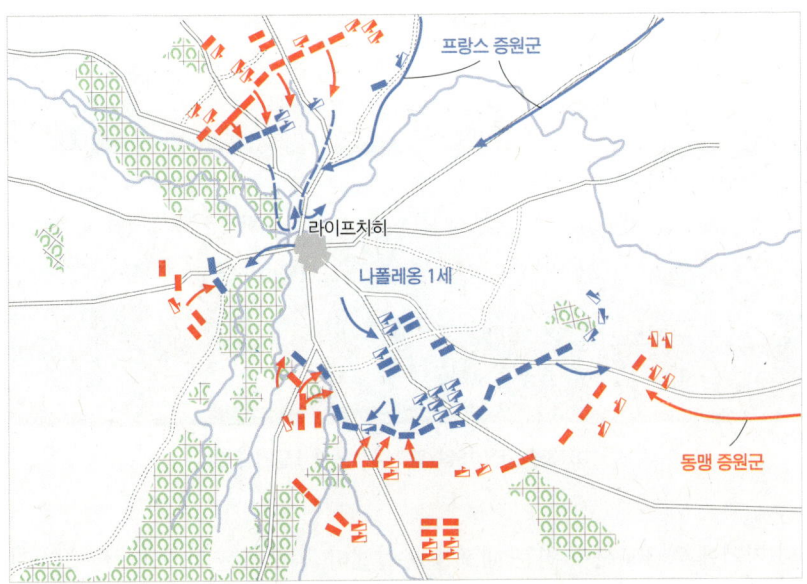

1813년 10월 16일, 라이프치히 전투 상황도[58]

공격을 거듭하며 치열한 싸움을 벌였다. 그런데 문제는 10월 18일, 프로이센 내 프랑스와 동맹관계에 있던 뷔르템베르크(Württemberg)와 작센(Sachsen)군 포대가 프랑스군에 포격을 시작하고 뷔르템베르크군 기병대가 편을 바꿔 프랑스군을 공격하는 상황이 발생했다. 그러면서 큰 손실과 함께 급격히 아수라장이 되었다.

게다가 철수하기 위해서는 라이프치히 후방에 있는 엘스터(Elster)강을 건너야 하는데, 다리를 지키고 있던 프랑스군 수비병이 프로이센군이 나타나는 것에 겁을 먹고 다리를 일찍 폭파해버렸다. 이로 인해 4만여 명이 다리를 못 건너고 꼼짝없이 동맹군에 당하는 상황이 발생했다. 4일간의 전투에서 프랑스군은 사상자만 4만 명이 발생했고, 약 3만 명이 포로로 잡혔

---

58 Alexander Mikaberidze, 앞의 책.

1813년 10월 19일, 엘스터강 폭파가 담긴 장면

다. 거기에 약 300문이 넘는 대포를 손실했다. 동맹군은 약 5만 5천 명의 사상자가 발생했다. 1813년 프로이센 지역에서의 전투를 통해 프랑스군은 약 45만 명의 손실을 입었는데, 러시아 원정에서 발생한 손실과 이베리아 반도 전쟁에서 입은 손실을 모두 합치면 약 100만 명에 달했다.[59]

스웨덴의 낭만주의 작곡가 베르발트(Franz Adolf Berwald, 1796~1868)는 라이프치히 전투를 배경으로 1828년 〈라이프치히 전투(Slaget vid Leipzig)〉를 작곡했다. 국내에는 그다지 소개되지 않은 곡이다. 연주는 18분가량 이어지는데, 나팔과 북소리 등이 등장하고, 군대의 행진을 연상시키는 장면이 몇 번 연출된다.[60]

---

[59] Alexander Mikaberidze, 앞의 책.

[60] https://www.prestomusic.com/classical/products/7989101-franzberwald-the-battle-of-leipzig? 참조.

1828년 작곡된 베르발트의 〈라이프치히 전투〉 악보 일부

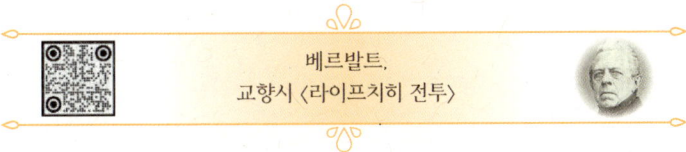

베르발트,
교향시 〈라이프치히 전투〉

　스웨덴의 작곡가가 라이프치히 전투를 다룬 것이 흥미롭긴 하나 스웨덴군 역시 동맹군의 일원으로 이 전투에 참여했다. 또한, 당시 스웨덴 왕은 나폴레옹에게 적대시하는 정책을 펼쳤는데, 나폴레옹으로 인해 영토 일부를 빼앗긴 상황이었다. 따라서 프랑스 군대가 패하면서 나폴레옹의 몰락을 알리는 듯한 라이프치히 전투는 스웨덴에도 의미 있는 계기가 되었다고 본다. 다만 아쉬운 점은 곡이 전투를 배경으로 했음에도 긴박하거나 격정적인 분위기를 연출하지 못했다는 것이다.
　상황이 이렇게 급변하자 이제 나폴레옹의 선택지는 많지 않았다. 그 중에서도 다시 전쟁을 준비하기는 쉽지 않은 상황이었다. 동맹군도 큰 손실을 입어 당장 전쟁의 재개는 쉽지 않은 상태였다. 따라서 휴전에 대한 논의도 있었다. 그러나 동맹국이 프랑스혁명 이전 상태로 돌려줄 것을 요구했기 때문에 결론을 내지는 못했다. 이런 상황에서 이베리아반도에서 프랑스군을 격퇴한 웰링턴 장군은 영국의 전폭적인 지원을 받으며 약 12만 명의 군대를 이끌고 1813년 10월에 이미 프랑스 국경을 넘어 북진하고 있었다.

한편, 휴전 논의가 결렬되자 오스트리아군도 프랑스로 진군했다. 1814년 1월에는 동맹국군이 일제히 프랑스로 공격을 감행했고, 나폴레옹은 근위대를 포함하여 모을 수 있는 병력을 다 끌어모아 필사적으로 대항했다. 그러나 탈영하는 병력이 늘어났고, 귀족과 부르주아도 등을 돌리고 있었으므로 쉽지 않았다. 결국, 3월 30일 동맹국군이 파리에 입성했고, 원로원에서 4월 4일 나폴레옹의 폐위를 의결했다. 나폴레옹은 다시 잔여 병력을 모아 싸울 것을 주장했으나 참모들마저 항복을 권유했다. 마침내 4월 6일 나폴레옹은 퇴위했다.

나폴레옹의 퇴위는 곧 유럽 주변국들의 승리를 의미했다. 이 무렵 승리를 자축하는 예술작품에 대한 요구가 높았는데, 오스트리아나 프로이센 등도 마찬가지였다. 특히, 베토벤의 조국 프로이센(독일)은 국가에 대한 자부심과 애국심을 고취하는 음악에 대한 요구가 자연스러웠다. 베토벤도 독일의 우화인 「게르마니아」를 소재로 독일을 찬양하는 〈게르마니아〉를 작곡했고, 1814년 4월 11일 빈의 케른트너토르 극장에서 초연했다. 모두 다섯 구절의 가사가 독창과 합창으로 노래되는데, 4분 남짓 연주된다. 노래 가사 중 1구절과 5구절의 내용을 보면 다음과 같다.

> 게르마니아, 게르마니아,
> 너는 지금 밝은 빛 가운데 서 있다.

안개가 네 머리를 에워싸고,
옛 태양은 훔쳐간 듯했지만,
신, 주님이 너를 도왔다.
그는 찬양받으실 것이요,
게르마니아, 너에게 경의를 표하노라.

게르마니아, 게르마니아,
너는 어떻게 영원히 서 있는가.
모든 개인에게 어떤 욕망이 생각되었는가.
누가 그것을 하나로 모았는가?
프란치스코, 프란치스코 황제 - 승리!
그는 찬양받을 것이요, 게르마니아,
너에게 경의를 표하라.

 베토벤,
〈게르마니아, WOO 94〉

　1814년 3월 31일 프로이센 장군 블뤼허(Leberecht von Blücher)가 연합군의 수장으로 파리에 입성하자 당시 빈은 축제 분위기가 되었다. 축하를 위해 음악 행사가 계획되었는데, 전체적인 대본은 극작가인 프리드리히 트라이치케(Friedrich Treitschke)에게 맡겨졌고, 「The Good News」라는 단막극을 구성했다. 휴멜(Hummel)의 서곡과 4중주, 이중창 및 합창단과 기로베츠(Gyrowetz)와 브루노(Bruno)의 아리아, 칸네(Kanne)의 합창단과 함께하는 가곡, 웨이글(Weigl)의 트리오 등이 포함되었다. 베토벤은 축하 행사의 마지막 곡을 작곡했다.

1814년 〈게르마니아〉 작품 표지와 베토벤의 악보 원본

 4월 빈에서의 연주는 어찌 보면 베토벤의 실내악 음악회 중 마지막이 되었다는 점에서 의미가 있었다. 베토벤은 30세가 되는 1800년부터 청각의 이상이 있음을 느꼈다. 그리고 10년이 지난 시기부터는 거의 듣지 못하는 상황에까지 이르렀다. 따라서 1814년의 연주는 아주 특별했다.

 참고로 베토벤이 청력을 잃은 것에 대해서는 여러 연구가 있다. 알코올 중독 때문에 그랬다거나 장티푸스에 의한 것, 내이염, 결핵 등이 원인이 되었다는 연구가 있다. 그러나 대체로 1796년 베를린으로 연주 여행을 갔을 때 걸린 발진티푸스를 앓고 난 뒤의 부작용 때문이라는 설이 비교적 정설로 여겨졌다.

 그러나 2024년 5월, 미국 하버드대학교 연구팀이 베토벤의 머리카락에서 정상 수치보다 최대 95배 더 높은 납 함유량을 확인했으며 비소, 수은 등 독성 물질을 발견했다는 연구 결과를 발표함으로써 그가 납중독에 의해 청력을 상실했을 것이라고 주장했다. 실제로 베토벤은 대단한 와인

1813년 베토벤을 위해 특별히 제작된 보청 장치

애호가로 하루에 1병 정도를 마셨다고 한다. 그런데 당시에는 값싼 포도주로 품질이 좋지 않아 맛을 좋게 하려고 아세트산 납을 첨가하는 사례가 많았다고 한다. 아세트산 납은 단맛이 나서 흔히 '납 설탕'이라고 했다고 한다. 베토벤은 숨을 거둘 때까지도 뤼데스하이머 와인을 한 숟가락씩 마셨다고 한다.

베토벤은 청력 상실로 비관도 하고 절망도 하며 고립될 수밖에 없는 삶이 되었을 것이다. 그래서 1802년에는 우리에게 잘 알려진 '하일리겐슈타트 유서'를 쓸 만큼 괴로웠고, 삶에 대한 포기도 염두에 뒀을 것으로 생각한다.[61] 그러나 예술적 운명을 완성하기 위해 신체적·정서적 질병을 극복하려는 그의 끊임없는 열망은 식지 않았다. 불행한 운명을 극복하고 신의 메시지를 우리 인류에게 가장 존엄하게 전달해주기 위해 숨을 거둘 때까지 음악을 구상했다. 이것이 우리가 그를 존경해야 하는 이유이고, 인류가 그를 '악성(樂聖)', '음악의 성인'이라 부르는 이유일 것이다.

베토벤의 삶과 음악에 대해 좀 더 들여다보자.[62] 그는 독일 본에서 태어나 22세 되던 해에 오스트리아 빈으로 간 후로는 줄곧 그곳에서 생활했

---

61 https://en.wikipedia.org/wiki/Heiligenstadt_Testament, 하일리겐슈타트 유서.
62 Maynard Solomon, *Beethoven*, Schirmer Trade Books, 2012.

베토벤의 묘소를 방문하여
헌화하는 필자(2024)

다. 당시 빈은 모차르트와 하이든이 음악의 중심에 있었다. 베토벤은 빈에 간 후 하이든에게서 음악공부 기회를 얻었으나 오래가지는 않았고, 모차르트와도 한두 차례 만나기는 했으나 서로 계속 만난 것은 아니었다.

　1800년 〈1번 교향곡〉과 현악4중주곡을 작곡했는데, 이게 크게 성공하면서 빈의 음악계에서 관심을 받기 시작했다. 그러나 이때 이미 그의 귀는 이상한 증세가 나타나고 있었다. 일종의 이명 현상처럼 소리가 나고 청각이 점점 쇠약해져갔으나 그는 이걸 비밀로 했던 것 같다. 1802년 그의 유언이 이를 잘 설명해주고 있다. 그런데도 그는 1802년 〈2번 교향곡〉, 1803년 〈감람산의 예수 그리스도〉를 작곡했고, 특히, 1804년의 〈3번 교향곡〉 '영웅'과 피아노 소나타 〈발트슈타인 소나타, Op. 53〉은 기존의 틀에서 벗어나 훨씬 크고 장대한 음악을 만듦으로써 음악 인생의 전환점이 되었다. 그 후 약 10년간은 그의 음악의 가장 열정적인 시기였다. 〈에그몬트 서곡〉, 〈5번 교향곡〉 '운명', 〈6번 교향곡〉 '전원', 〈피아노협주곡 4번〉과 〈피아노협주곡 5번〉 '황제', 〈바이올린협주곡〉 등 우리에게 너무나 익숙한 음악들이 탄생했다.

1810년대부터는 청력이 더 나빠져서 사람들과의 사교보다 혼자 독서와 사색을 즐겼다고 한다. 빈 교외의 시골 마을에 머물면서 호메로스, 셰익스피어의 작품은 물론 칸트의 철학에 심취했고, 괴테와 실러의 작품에 빠지면서 음악적 심오함이 더해졌다. 오스트리아 황자 루돌프 대공에게 헌정한 〈장엄미사〉나 〈9번 교향곡〉 '합창', 〈피아노 소나타 17번, 29번〉 등은 청각이 완전히 상실되어 필답으로 대화하는 상황에서 만들어진 곡들이다.

특히, 〈9번 교향곡〉 '합창'은 1817년에 본격적으로 시작해 1823년에 완성된 것으로, 4악장에 실러의 시를 바탕으로 합창 "환희의 송가"를 넣었는데, 당시 빈의 음악계에서는 찾아볼 수 없었던 형식이다. 물론, 교향곡에 합창이 들어간 예가 나폴레옹 전쟁기 프랑스 작가들에 의해 시도는 되었으나 전해지는 악보도 없고 그들이 공연을 했는지도 알 수 없다고 한다. 청각이 상실된 상황에서 교향곡을 작곡하기도 쉽지 않았을 텐데, 합창을 넣는 새로운 시도를 했다. 새롭게 시도하는 합창을 들을 수 없었을 텐데도 우리에게 합창을 통해 인류의 평화를 기원하는 메시지를 선물했다.

 베토벤,
〈교향곡 9번〉 '합창' 4악장 "환희의 송가"

1824년 5월 7일 빈에서 '합창' 교향곡 초연이 있었을 때, 베토벤의 요청으로 2개의 포디움과 2명의 지휘자가 있었다고 한다. 지휘자들은 베토벤과 또 한 명의 지휘자를 보면서 연주했다. 연주가 끝났을 때 청중은 우레 같은 박수를 보냈지만 그는 듣지를 못했고, 테너 가수가 그를 뒤돌아보게

했을 때 비로소 감격했다고 한다.⁶³

기존의 틀에서 벗어나 새로운 도전을 할 때는 수많은 저항과 갈등을 동반한다. 특히, 귀가 들리지 않은 상황에서도 불굴의 의지를 갖고 두려움 없이 새로운 형식의 교향곡을 만들어낸 베토벤은 신이 인류에게 준 귀한 선물임에 틀림없다. 그를 존경해야 하는 이유다.

1814년 동맹군의 승리와 파리 입성을 축하하는 베토벤의 음악이 하나 더 있다. 〈영광의 순간(Der Glorreiche Augenblick), Op. 136〉이라는 칸타타다.⁶⁴ 1814년 빈에서는 나폴레옹 전쟁의 결과를 수습하기 위한 회의

1814년 초연 당시 〈영광의 순간〉 표지와 악보 일부

---

63 오지희, 『(이 한 권의) 베토벤 = Beethoven's Life & Music』, 예솔, 2020.
64 칸타타(cantata)란 성악곡의 하나로, 독창·중창·합창과 악기 반주가 동반되는 악곡 형식이다. 어원적으로는 '노래하다'(이탈리아어 cantare)에서 유래하며, '악기로 연주하다'라는 뜻의 소나타와 대비를 이루는 말로서, 처음에는 다만 성악곡 일반을 의미했다. 칸타타는 몇 개의 악장으로 된 바로크 시대의 중요한 성악곡이다(나무위키).

가 개최되었다.[65] 당시 오스트리아 외무장관이던 메테르니히(Klemens von Metternich, 1773~1859, 후에 오스트리아 총리가 됨)가 주도했는데, 회의에 참석한 유럽 정상들을 위한 행사용으로 작곡한 곡이다.

가사는 베토벤의 친구 바이센바흐(Aloys Weißenbach)의 시를 기초로 했으며, 6악장으로 구성되었다. 두 명의 소프라노, 테너와 베이스 독창, 합창, 관현악 등이 연주된다. 승리를 축하하는 곡의 분위기에 맞게 우렁차고, 때로는 격정적이며, 영광의 순간을 상기시키고 재현하는 듯한 느낌을 받는다. 이 곡은 1814년 11월 29일, 빈에서 열린 음악회에서 유럽 정상들이 모인 가운데 초연이 이루어졌다.

 베토벤, 칸타타 〈영광의 순간, Op. 136〉 1악장

---

[65] 이는 1815년까지 지속하여 '빈 체제(Vienna System)'를 탄생시키는 계기가 되었다.

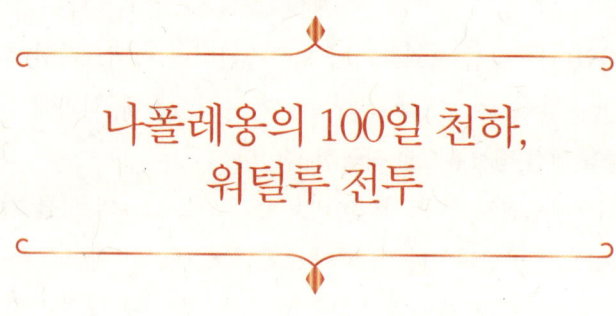

나폴레옹의 100일 천하, 워털루 전투

나폴레옹은 1814년 4월 퇴위 후 5월에 이탈리아반도 서쪽, 그가 태어났던 코르시카섬 북동쪽에 있는 엘바섬(인구 1만 2천 명 정도)으로 유배 갔다. 나폴레옹이 언제 다시 무장해서 복수할지 모른다는 걱정과 우려를 반영해 이곳으로 결정되었다. 엘바섬의 영주(공작)로 간 나폴레옹은 유배 간 입장이나 현지 개발을 위해 광산개발과 도로건설, 법령과 교육제도 등 많은 것을 발전시키려고 애썼다.

주민의 반응은 좋지 않았는데, 주민을 동원해 각종 공사장에서 운용했기 때문이다. 또한, 당시 엘바섬에는 1천여 명의 군대가 있었는데 이들의 의식주를 해결할 방법이 없었다. 왜냐하면, 오스트리아와 프랑스의 루이 18세(Louis XVIII, 1755~1824)가 주기로 약속한 약 200만 프랑의 연금 지출을 거절했기 때문이다. 따라서 나폴레옹이 주민으로부터 세금을 거둬 군대를 운용하다 보니 일부 주민은 이를 거부하는 사태도 발생했다.

그리고 프랑스는 루이 18세가 다시 왕정체제로 복고한 데다가 여러 실책으로 내부 불만이 커졌고, 러시아 같은 주변국과의 마찰도 생겼다. 게

1814년 나폴레옹이 유배 갔던 엘바섬(2020)

다가 나폴레옹을 제거하려고 암살자를 사주하기도 했다. 또한, 나폴레옹을 화나게 한 것은 아들 나폴레옹 2세(Napoléon II, 1811~1832)를 엘바섬으로 보낼 것이라 믿었는데 어디에 있는지도 모르는 상황이었다.[66]

마침내 나폴레옹은 유배 간 지 약 9개월 만인 1815년 2월 15일 1천여 명의 병력을 이끌고 엘바섬을 탈출하여 3월 1일 프랑스 남부 칸에 닻을 내렸다. 이 소식에 루이 18세는 군대를 보내 진압하도록 했는데, 현장에 도착한 병력이 오히려 나폴레옹을 추종하는 상황으로 돌변했다. 그리고 나폴레옹은 곧장 파리로 진격했고, 놀란 루이 18세는 영국으로 도피했다. 프랑스 국민은 나폴레옹의 귀환을 환영했다. 그는 3월 20일 파리로 입성해 다시 황제의 자리에 앉았다.

오랜 전쟁으로 지친 상황이라 재정적 어려움과 함께 국가적 차원의 여력이 없었기 때문에 나폴레옹도 영국과 프로이센, 오스트리아, 러시아

---

[66] J. Christopher Herold, *The Age of Napoleon*, Houghton Mifflin Harcourt, 2002.

등에 화친을 제안했다. 그러나 약 7~8년을 나폴레옹에 의해 큰 피해를 입었던 유럽 각국은 이를 받아들이면 나폴레옹이 언젠가 다시 침략할 것이라는 우려를 갖고 있었다. 따라서 당시 현재의 벨기에 브뤼셀 지역에 주둔하고 있던 영국·네덜란드 연합군과 프로이센군은 프랑스에 다시 선전포고를 하고 나폴레옹을 제거하기 위한 작전을 개시했다. 최후의 결전이 시작되는 순간이었다.

나폴레옹도 군대를 이끌고 벨기에 지역으로 달려갔다. 프랑스군이 상대할 적은 프로이센군 12만 명과 웰링턴의 영국과 네덜란드 연합군 9만 명으로, 이들을 분리시켜 각개격파할 계획이었다.[67] 6월 16일, 리니에서는 나폴레옹이 프로이센군을 격파하는 데 성공했으나 시기를 놓치기도 했고 기병의 부족으로 추격전을 하지 못함으로써 결정적 호기를 놓치게 된다. 콰트르 브라(워털루 지역으로 가는 길목)에서는 나폴레옹 휘하의 네(Michel Ney) 장군이 웰링턴 장군과 전투를 벌였으나 양측 모두 가벼운 피해만 입었다. 영국과 네덜란드 연합군은 워털루 지역으로 후퇴하여 재정비했다. 프로이센군은 리니에서 나폴레옹에게 패한 후 후퇴함으로써 워털루로 합류하려는 당초의 계획이 지연되는 상황이었다.

6월 18일 오전 11시 30분, 프랑스군의 포격으로 워털루 전투가 시작되었다. 그런데 하루 전날 밤까지 많은 비가 내려 진흙탕투성이였고, 포병 운용에 어려움이 많은 상태였다. 또한, 프랑스군이 진격해가는 기동로에 왼쪽(위고몽)과 중앙(라에상트)에 각각 한 개씩 대형 농장이 있었는데, 이는 기동에 제한요소가 되었고 방어하는 영국 연합군에는 유리했다.

다음의 전투 상황도에서 하단의 청색이 프랑스군이고, 상단의 적색이 영국 연합군이다. 왼쪽 중간에 네모 표식이 위고몽 농장이고, 중앙의 영국

---

[67] 제프리 우텐, 김홍래 역, 『워털루 1815: 백일천하의 막을 내린 나폴레옹 최후의 전투』, 플래닛미디어, 2007.

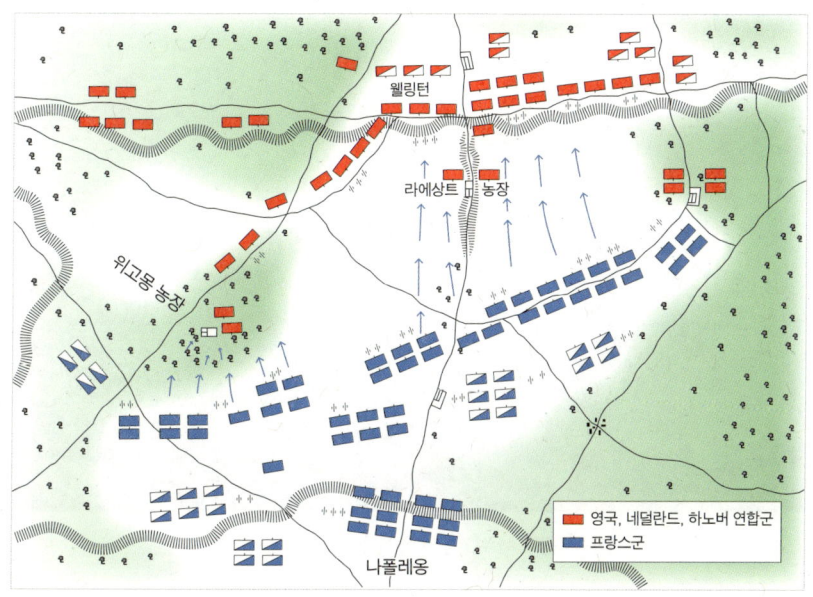

1815년 6월 18일, 워털루 전투 상황도(청색이 프랑스군)[68]

연합군 지역에 표시된 네모 표식이 라에상트 농장이다. 나폴레옹의 계획은 중앙과 오른쪽의 부대는 잘 보이지 않으므로 우선 눈에 잘 띄는 왼쪽을 먼저 공격하면 연합군이 이를 증원하기 위해 중앙에서 왼쪽으로 이동하게 되는데, 그 틈을 타서 중앙으로 공격해 각개격파한다는 계획을 세웠다.

　　프랑스군이 왼쪽부터 공격을 개시했는데, 웰링턴 장군은 이를 이미 알고 아주 강한 부대로 준비하고 있었다. 초기에 프랑스군에는 많은 사상자가 발생했다. 그리고 연합군의 중앙부대가 왼쪽으로 이동하는 것도 보이지 않는 상황이 되었다. 이어 중앙과 오른쪽에도 공격이 이루어졌는데, 중앙에는 가운데 농장을 영국 연합군이 단단히 준비하고 있어 최정예 부대로도 쉽게 확보할 수 없었다. 양측은 이를 놓고 뺏고 빼앗기는 치열한 교

68　Alexander Mikaberidze, 앞의 책.

워털루 전투 시 위고몽 농장에서의 치열한 전투 장면

전을 반복했다.

오른쪽은 프랑스군이 언덕 뒤에 숨어 있는 위치까지 기동해갔는데, 영국 연합군은 여기에 정예 기병부대를 투입해 프랑스군에 큰 피해를 입혔다. 그러나 프랑스군은 증원을 통해 연합군 기병을 완전히 궤멸시킴으로써 막대한 손실을 주었다. 그런데 이때 나폴레옹의 몸 상태가 좋지 않았다. 과로와 스트레스로 여러 합병증을 보였다. 특히, 치질이 심해져 전날 의사가 아편으로 처방했는데 이게 문제였다. 중요한 전투 상황에서 예하 지휘관인 네 장군에게 맡기고 의무실로 갈 수밖에 없었다.

네 장군이 어떻게든 중앙의 라에상트 농장을 확보하려고 기회를 엿보는 상황에서 영국 연합군이 부대를 후퇴시키는 모습이 포착되었다. 네 장군은 기회라 판단하여 나폴레옹의 정예 기병부대를 약 40개 대대 규모로 집중 투입했다. 그런데 사실 연합군은 후퇴한 것이 아니라 후방에 있던 부대와 교대 중이었다. 프랑스의 기병부대는 보병과 포병의 지원 아래 움직

워털루 전투 현장을
방문한 필자(2019)

여야 효과를 보는데, 네 장군은 급한 나머지 기병 단독으로 대규모 투입했으니 결과는 참담했다.

    나폴레옹이 의무실에서 나오니 상황은 걷잡을 수 없는 상태로 이미 엎질러진 물과 같은 상황이었다. 나폴레옹은 가장 믿을 수 있는 전략 예비부대인 제국 근위대를 투입하여 중앙지역에 대한 대대적인 돌파를 시도했다. 그러나 이를 간파한 웰링턴은 중앙 언덕에 총격부대를 집결시켜 집중 사격을 가함으로써 근위대는 무기력하게 무너졌다. 또한, 이 상황에서 오른쪽에서는 프로이센 군대가 전투 현장에 도착해 측방을 공격해왔다. 상황으로 보면 전방과 측방에서 완전히 협공을 당하는 양상이 되었다. 22시경 영국 연합군과 프로이센군은 완전히 합류했고, 태풍 같은 기세로 프랑스군을 몰아붙였다. 결국, 프랑스군은 더는 버티지 못하고 항복할 수밖에 없었다.[69]

---

[69] 빅토르 위고, 고봉만 역, 『(빅토르 위고의) 워털루 전투: 유럽의 운명을 바꾼 나폴레옹 최후

프랑스 혁명전쟁에서 촉발되어 대불 동맹국과의 길고 길었던 나폴레옹 전쟁에 마침표를 찍는 순간이었다. 너무나 많은 인명이 희생당했다. 절대왕정의 군주제에서 자유와 평등의 공화정으로 바꾸기 위한 혁명에 목숨을 바쳤던 수많은 주검은 역사의 한 페이지에 묻혔다. 그래도 혁명과 전쟁을 통해 세상은 조금씩 변화의 싹이 피어나고 있었다.

워털루 전투 현장에는 웰링턴 장군이 승리의 기념으로 프랑스군의 대포를 모두 녹여 사자상을 만들어 기념했다. 한편, 파리로 귀환한 나폴레옹은 의회의 압력에 6월 22일 퇴위를 발표한다. 그리고 그는 영국에서 지정한 대서양의 작은 섬 세인트헬레나로 유배 갔다.

워털루 전투와 관련하여 영화와 미술 작품 등 많은 예술작품이 있다.

웰링턴 장군과 〈워털루 전쟁〉 악보 일부

의 결전』, 책세상, 2015.

영국의 바이올리니스트이자 피아니스트 조지 앤더슨(George Frederick Anderson, 1793~1876)은 1860년 〈워털루 전쟁(The Battle of Waterloo)〉이라는 피아노 소품을 내놓았다. 처음 이 곡이 완성된 시기는 1818년으로 추정되며 당시 웰링턴 공작에게 헌정되었다고 한다. 경쾌한 느낌을 주지만 사실은 전투의 실상을 그대로 전달하기 위해 악보 곳곳에 전투 장면을 표현했다.

 조지 앤더슨, 〈워털루 전쟁〉

악보 첫 장에는 "전선에의 전진", "대포", "전투" 등이 적혀있고, 그다음에는 "영국 기병이 프랑스군을 공격하기 위한 전진", "프러시아의 전진", "대포격", 그리고 "프랑스군의 후퇴", "나팔", "환희", "참혹함에 대한 슬픔" 등이 묘사되어 있다. 피아노 소품이라 연습곡으로 많이 활용되며, 약 4분 조금 넘게 연주된다.

나폴레옹이 세인트헬레나섬에 유배 가서 1821년 숨을 거뒀으니 이제 200여 년이 지났다. 전 유럽을 전쟁의 소용돌이로 몰아넣고 많은 희생이 있었음에도 정치, 예술, 문화 등 전 분야에 걸쳐 그의 흔적은 여전히 많다. 특히, 음악과 미술, 연극, 발레 등 예술에 대한 관심이 지대했고, 통령과 황제 재위 기간에 많은 개혁을 단행하기도 했다.

우리가 잘 아는 루브르 박물관도 프랑스혁명의 산물로 궁으로 사용하던 것이 박물관이 되었고, 유럽 전역에서 전쟁하면서 가져온 전리품들을 전시하는 공간으로 현재까지 이어져오고 있다. 개선문도 나폴레옹의 승리를 축하하는 의미에서 건축되었다. 그 외 궁전 음악당과 극장 등을 새롭게 건축하고 당대 최고의 예술가들을 동원해 그림도 그리고 공연과 연주회도 했다. 결국, 제2차 세계대전에서 히틀러가 음악을 선전·선동, 유대인 탄압 등의 도구로 삼았던 것처럼 나폴레옹도 크게 다르지 않았다. 쿠데타 혁명으로 집권한 것을 미화하고, 유럽 각국과의 전쟁에 따른 프랑스의 이미지를 높이려는 의도였다고 보인다.

특히, 음악 분야에 많은 변화가 있었다. 이탈리아반도 옆 코르시카섬 출신답게 나폴레옹은 이탈리아풍 오페라를 좋아했다. 당시 이탈리아 최고의 작곡가 조반니 파이시엘로(1740~1816)를 불러 자신의 음악당을 책임지도록 했고, 총애했다. 그는 많은 작곡을 했으며, 나폴레옹의 황제 대관식에서 행사 음악으로 쓰였던 〈나폴레옹 대관식 미사〉 곡을 헌정하기도 했다. 그 외에 이탈리아의 많은 오페라 작곡가들과 성악가들에게 작곡을 의뢰하고 공연 기회도 마련했다.

프랑스 작곡가로는 에티엔 메윌(1763~1817)을 크게 신뢰했는데, 그에게 프랑스 아카데미에 대한 개혁을 맡기고 많은 경제적 지원과 더불어 공연에도 자주 참석해 힘을 실어주었다. 메윌은 나폴레옹을 위해 많은 곡을 작곡했는데, 오페라 《분노한 사람》(1801), 《나폴레옹군의 귀환을 축하하는 노래》(1807), 《황제의 결혼을 위한 노래》(1810) 등 다수가 있다.

나폴레옹은 파리 오페라를 재정비하기 위한 계획을 단행하면서 일일이 레퍼토리를 검토해 공연하게 했다. 또한, '파리 오페라'를 '황실 음악 아카데미'로 이름을 바꾸기도 하고 극장도 새로 건축했다. 개혁이라는 이유로 많은 변화를 추구해 발전도 있었으나 그 이면에는 이념적 통제와 정치적 선전도구로 활용한다는 의도가 있었음이 분명하다. 또 음악교육에 대해서도 개혁을 단행했는데, 파리음악원의 경우 존립이 어렵던 것을 재정 지원과 기숙사 설치, 음악 회당을 건축했고, 특히 1803년부터 '로마상'을 제정해 오늘날까지 최고 권위의 경연으로 평가를 받고 있다.

한편, 나폴레옹을 위해 헌정하거나 작곡을 의뢰해 완성된 곡도 다수 있다. 앞에서 언급한 곡 외에 쇤베르크는 〈나폴레옹 보나파르트에게 부치는 송가〉를, 루이 비에른은 〈나폴레옹 100주년에 부친 승리의 행진〉이라는 곡을 만들었다. 2021년 나폴레옹 서거 200주년이 되는 해에는 프랑스에서 다채로운 공연과 연주회, 미술품 전시회, 기획전 등이 펼쳐졌다.

"우리의 마음속에 나폴레옹은 어떤 존재로 남아 있을까?"

PART 4

나폴레옹 이후의 전쟁과 클래식

혁명의 여진과 새로운 음악사조
보불전쟁과 브람스 그리고 생상스
핀란드에서의 전쟁과 애국적 교향시

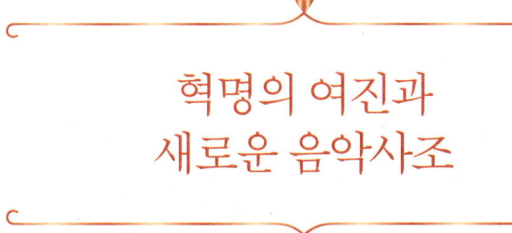

혁명의 여진과
새로운 음악사조

프랑스혁명과 나폴레옹 전쟁 이후 유럽 각국은 새로운 질서를 모색하면서 전쟁 후 뒤처리와 평화로운 일상으로 돌아가기 위한 노력을 지속했다. 특히, 1815년 오스트리아에서 유럽 정상들이 모여 논의된 '빈 체제'는 유럽의 평화를 유지하는 데 결정적 역할을 했다. 그 결과 나폴레옹 전쟁이 끝난 1815년부터 제1차 세계대전이 발발한 1914년까지 약 100년간 평화가 지속했다. 유럽사에서는 이를 '벨 에포크'(Belle Époque, 프랑스어로 '아름다운 시절'이라는 뜻)라고도 한다.

물론, 이 기간에도 전쟁이 없었던 것은 아니다. 1853년에 발생한 러시아와 오스만제국·프랑스·영국 등이 참전한 크림전쟁(1853~1856)과 프로이센과 오스트리아 간의 보오전쟁(1866), 그리고 프로이센과 프랑스가 벌인 보불전쟁(1870~1871) 등이 있었다. 이들 전쟁은 산업화를 통해 프로이센과 러시아 같은 신흥 강국이 등장함에 따라 세력균형의 축이 흔들리는 과정에서 발생했다.

이 시기에는 경제와 문화, 산업 등이 급속도로 발전했다. 혁신적인 기술로 과학이 크게 발전하여 전화, 무선통신, 철도, 엘리베이터, 여객선, 비행기 등이 등장했다. 또한, 프랑스혁명의 영향을 받은 시민혁명이 발생하여 민주주의가 점진적으로 발전하는 모습을 보였다. 그리고 민족주의가 본격적으로 대두되어 1830년 그리스가 오스만제국으로부터 독립했고, 1867년에는 오스트리아-헝가리제국이 탄생했으며, 1870년에는 이탈리아의 통일에 이어 1871년에는 독일이 보불전쟁을 승리로 이끌며 통일을 달성했다. 아울러 중반 이후에는 사회주의 사상이 노골화되면서 공산당선언이 이루어졌고, 후에 러시아혁명으로 이어지는 결과로 나타났다.

100년간 평화의 시기라고 하지만, 전쟁이 끝나고 얼마 지나지 않은 상황이라 전쟁과 관련된 예술작품들이 많이 나왔다. 음악에서도 예외는 아니었다. 또한, 중반 이후 발생한 제국주의 전쟁의 영향으로 이를 소재로 하는 음악도 작곡되었다.

가곡의 왕으로 알려진 오스트리아의 작곡가 슈베르트(Franz Peter

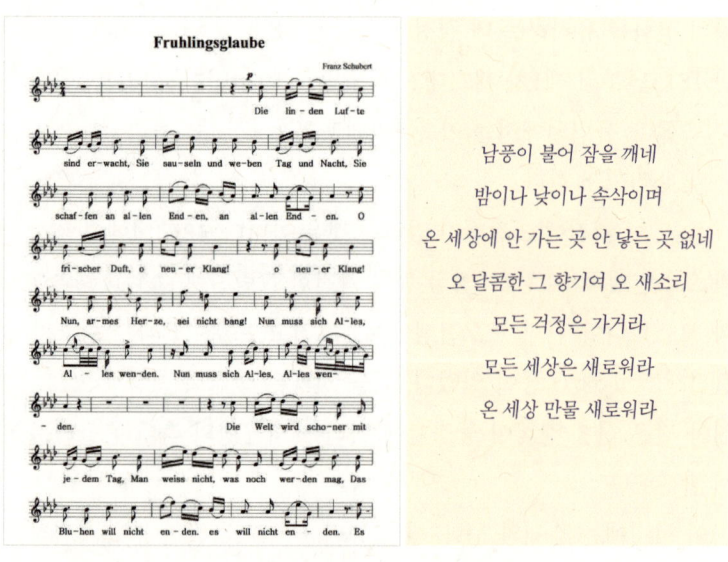

〈봄의 찬가〉 악보와 가사 일부

Schubert, 1797~1828)는 〈봄의 찬가(Frühlingsglaube), D. 686〉를 작곡했다. 이 곡은 1820년에 작곡되었는데, 그저 추웠던 겨울을 보내고 빨리 따뜻한 봄이 오기를 기다리는 소망을 표현하는 듯하지만, 사실은 오랜 기간 지속한 전쟁의 불안과 공포로 피폐해진 현실로부터 평화로운 일상을 바라는 염원을 다룬 곡이라 할 수 있다. 가사는 당시 슈베르트의 친구이자 시인인 울란트(Ludwig Uhland)의 시를 소재로 작곡했다. 가사 일부를 보면 위와 같다.

슈베르트는 당시 기존의 형식을 강조하던 고전파의 틀에서 벗어나 작곡가의 자유로운 주관과 내면의 감성을 중시하는 새로운 시도를 하고 있었고, 우리가 흔히 말하는 낭만파 음악[1]의 새 장을 여는 첨병이었다고 할

슈베르트와 〈군대행진곡〉 악보

---

1 개성이 없는 고전주의에 반발하여 창작자 자신의 감정을 드러내기 시작한 문학작품·그림·음악·건축·비평·역사 편찬의 특징을 이루는 정신적 자세나 지적 동향. 18세기에서 19세기에 걸쳐 유럽을 중심으로 발달했으며, 고전주의와 대립하는 사상. 슈베르트, 슈만, 쇼팽, 브람스, 바그너, 리스트 등이 낭만주의 음악을 대표한다.

수 있다.

또한, 슈베르트는 1818년 오스트리아 군대를 위한 〈군대행진곡(Three Marches Militaires), D. 733, Op. 51〉도 작곡했다. 이 곡은 헝가리에 머무는 동안 작곡했는데, 당시 피아노 교습을 위해 작곡한 피아노 연탄곡이며 3개의 행진곡으로 이루어졌다. 연탄곡은 한 대의 피아노 건반을 두 사람이 함께 치도록 만든 곡이다. 그중 우리에게 익숙한 것은 1번 행진곡이다. 밝고 생기가 있으며 군대의 씩씩한 기개를 표현하듯 힘이 넘친다. 시작은 군대의 신호나팔을 울리는 듯하고, 팡파르의 음을 내면서 연결된다.

슈베르트는 31세의 짧은 삶을 마쳤다. 다른 작곡가들에 비해 살아 있는 동안에는 주목을 많이 받지 못했고, 가난과 고독, 질병 등으로 평범하지 않은 삶을 살다 갔다. 또한, 궁정악단이나 귀족을 위한 음악을 만들 기회도 없었다. 그저 일부 친구와 어울렸고, 그나마 음악 가정교사를 했던 것이 전부다. 그래서 그를 비운의 작곡가라고도 한다.

그는 우리에게 잘 알려진 연가곡집 〈겨울 여행(겨울 나그네)〉을 포함하여 〈마왕〉, 〈아름다운 물방앗간의 처녀〉, 〈백조의 노래〉 등 600여 곡이 넘는 가곡을 작곡했다. 또한, 짧은 생에도 불구하고 교향곡, 피아노 소나타 등 모두 1천여 곡을 남겼다는 것은 마치 펄 속의 진주 같은 천재성이 있었기 때문이라고 생각한다. 언젠가 슈베르트의 애틋한 사랑 이야기와 함께 〈겨울 여행〉을 들으면서 눈가가 촉촉해졌던 순간이 기억난다. 사랑하는 연인에 대한 열정이 오로지 한 줄기 빛이자 희망이었을 텐데, 그마저 좌절되고 혼자가 되어 차디찬 현실과 마주했을 슈베르트를 생각하면서 그의 고독이 느껴졌다.

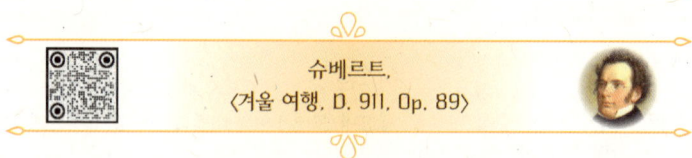

슈베르트,
〈겨울 여행, D. 911, Op. 89〉

나폴레옹 전쟁의 실패는 곧 구체제, 즉 절대왕정체제로의 복귀를 의미했다. 빈에서 모인 유럽의 정상들이 이를 합의함으로써 프랑스혁명의 정신은 퇴색될 수밖에 없었다. 나폴레옹 퇴진 이후 프랑스에서도 이러한 현상이 나타났다. 왕위에 복귀한 루이 18세(Louis XVIII, 1755~1824)는 초기에 국민의 여론을 의식한 듯 혁명 당시 성립된 제도를 존속시키고 노동자와 농민에게 온건 정책을 펼쳤다. 그러나 말기에는 절대왕정을 지지하는 왕당파가 권력을 차지하고 그의 조카가 피습당하는 상황이 발생하자 다시 절대왕정체제로 전환했다.

1824년 루이 18세가 죽자 왕위를 계승한 샤를 10세(Charles X, 1757~1836)는 절대왕정의 전제군주식 통치를 강화했다. 특히, 1829년 선거에서 왕당파가 입헌군주파에 대패하자 의회를 해산했다. 그다음 해에 다시 선거를 치렀는데, 이번에는 더 크게 지는 상황이 발생했다. 이에 샤를 10세는 내각에 반대하는 의원들을 처벌하겠다고 엄포를 놓았는데, 의원들과 시민의 불만이 더욱 커졌다. 의원들이 국왕에게 청원서를 냈으나 샤를 10세는 이를 무시했다. 또한, 1830년 7월 샤를 10세는 칙령을 발표했는데 출판의 자유를 금지하고, 하원 해산 및 선거 자격을 제한하는 내용을 담고 있었다.

상황이 이렇게 되자 의원들과 시민이 들고일어났고, 전국적으로 폭동과 반란이 확대되었다. 샤를 10세는 군대를 투입하여 시민에게 사격하는 강경 진압을 시도했으나 수적으로 정부군이 열세였다. 게다가 일부 정부군은 시민군에 가담하는 상황으로 바뀌었다. 특히, 당시 정부군이 알제리 원정을 떠난 상태라 정부의 대응이 제한되었다. 결국, 7월 29일 혁명은 성공했다. 그래서 7월 27일부터 29일까지 3일을 '영광의 3일(Trois Glorieuses)'이라 부른다. 샤를 10세는 폐위되어 영국으로 도피했고, 귀족체제가 붕괴되었으며, 자유주의를 옹호하는 루이 필립(Louis-Philippe Ier, 1773~1850)을 왕으

1830년 7월 29일, 로한거리 전투

로 추대함으로써 입헌적인 7월 왕정이 수립되었다.[2]

   7월 혁명의 영향으로 벨기에가 네덜란드로부터 독립하고, 이탈리아와 독일 등지에서는 자유주의와 민족주의 운동이 일어났다. 폴란드에서도 혁명이 일어났으나 독립에는 실패했다. 7월 왕정이 비록 입헌군주제라고는 하지만 선거권은 아직 매우 한정되었다. 게다가 1840년대에는 보수적인 성격이 더욱 강화되었다. 산업혁명의 영향으로 새로운 힘을 얻게 된 상공업 계급과 노동자가 불만을 품고 선거권 확대를 요구하면서 1848년 2월 혁명으로 이어졌다.

   이 시기 프랑스의 낭만주의 작곡가 베를리오즈(Louis Hector Berlioz, 1803~1869)는 7월 혁명 10주년을 기념하기 위해 〈장송과 승리의 대교향곡(Grande symphonie funèbre et triomphale), Op. 15〉을 작곡했다. 당시 프랑스 정부

---

2 https://ko.wikipedia.org/wiki/7월 혁명 참조.

는 7월 혁명 10주기를 맞아 파리 바스티유 광장에 기념비를 세우고 7월 왕정에 도움을 준 희생자들을 추모하기 위한 행사를 추진했다. 베를리오즈는 7월 28일 열린 기념식 행렬에 200여 명의 마칭밴드를 이끌고 행진하면서 초연을 했다.[3]

베를리오즈는 낭만주의 시대 프랑스 음악의 한 획을 그은 작곡가다. 고전주의가 강조하는 형식을 과감히 탈피하여 기존의 틀을 깨는 구조와 형식을 사용했던 음악가로 유명하다. 특히, 오케스트라에 온갖 악기를 총동원해 대규모로 연주되기를 원했다고 한다.

〈장송과 승리의 대교향곡〉은 전체 3악장의 곡으로 35분 정도 연주된다. 혁명에서 희생된 사람들에 대한 장송과 혁명을 성공시킨 것에 대한 승리의 분위기를 반영한 곡이라 할 수 있다. 1악장은 장송행진곡으로, 혁명

〈장송과 승리의 대교향곡〉 악보 일부와 베를리오즈

---

[3] https://namu.wiki/w/엑토르 베를리오즈; https://vlfehfdl.tistory.com/1000 참조.

의 희생자를 기념비로 운구하는 내용이 반영되어 비교적 완만한 행진곡 템포의 리듬을 유지하며 이로 인해 비장함을 느끼게 한다. 2악장은 추도의 곡으로 희생자들에 대한 추도를 담은 곡인데, 전편에 걸쳐 테너 트럼본의 독주가 펼쳐진다. 3악장은 승리의 찬가로, 전체가 강력한 호흡으로 승리를 힘차게 부르짖는 듯한 느낌을 준다.

 베를리오즈, 〈장송과 승리의 대교향곡, Op. 15〉 3악장

이 시기에 폴란드의 작곡가 쇼팽(Frédéric François Chopin, 1810~1849)의 곡도 등장한다. 그가 폴란드를 떠나 빈에 머물고 있을 때 조국 폴란드에서는 러시아의 폭압에 항거하는 '11월 혁명'이 일어났다. 그의 나이 20세였는데, 몸이 약한 그로서는 고국으로 갈 수 있는 상황도 아니어서 아무것도 할 수 없는 상황이었다. 이듬해 러시아의 대규모 군대 투입으로 혁명은 실패로 돌아갔는데, 이 소식에 낙담하여 〈피아노 연습곡(Étude), Op. 10, No. 12〉 '혁명(Revolutionary)'이라는 부제가 붙은 곡을 작곡했다. 물론 '혁명'이라는 부제를 쇼팽이 붙인 것은 아니다. 혁명 시기를 감안하여 후세 사람들에 의해 붙여진 이름이다. Op. 10의 연습곡들은 1번부터 12번까지 모두 12곡으로 1829년부터 1832년까지 작곡되어 1833년에 출판했고, 프란츠 리스트(Franz Liszt, 1811~1866)에게 헌정되었다.[4]

우리가 잘 아는 것처럼 나폴레옹 전쟁이 끝난 후 유럽 정상들은 1814년 빈에서 전후 처리를 논의했고, '빈 체제'를 가동시켰다. 그 결과, 프로이센은 작센지역을 점령하고, 폴란드는 러시아가 지배하는 내용이 포함

---

[4] https://ko.wikipedia.org/wiki/프레데리크 쇼팽/에튀드 참조.

되었다. 따라서 러시아는 폴란드에 대한 지배를 점차 강화하고 있었다.

1830년 프랑스의 '7월 혁명'은 자유를 갈망하는 파리 시민이 샤를 10세(Charles X)의 반동정치[5]에 저항한 첫 시도였다. 이는 당시 자유를 갈망하고 빈 체제의 결과로 지배를 받던 주변 국가들에 민족주의 의식을 촉발했다. 폴란드에서도 비밀결사대를 조직해 러시아로부터 독립하려는 움직임이 일었다.[6]

그러던 중 같은 해 11월, 폴란드 사관학교 생도들이 중심이 되어 봉기가 발생했다. 생도들이 무장하여 당시 러시아에서 온 대공의 궁을 습격하는 사건을 벌였다. 하지만 대공은 도피했고, 무장봉기 소식은 폴란드 여기저기로 확대되었다. 혁명세력은 임시정부를 만들어 러시아 황제와 교섭을 시도하면서 독립문제를 해결하려고 했다. 그러나 러시아의 니콜라

폴란드 11월 혁명 당시 낫을 든 농민의 모습

---

5 현체제를 부정하고 구체제로 돌아가려는 적극적인 움직임을 뜻한다.
6 https://ko.wikipedia.org/wiki/폴란드 11월 봉기 참조.

이 1세(Николáй I)는 이를 받아들이지 않았다. 폴란드 정부 내에서는 온건파와 급진파로 나뉘어 처리 방안을 놓고 대립했고, 일부 귀족들은 해외로 도피했으며, 농민들도 동요하기 시작했다. 급기야 1831년 2월, 약 11만 명의 러시아군이 바르샤바로 진격하여 혁명세력과 충돌했다. 일부 전투에서 혁명세력이 승리를 거두기도 했으나 대규모의 러시아군에 밀릴 수밖에 없었고, 10월경에 모두 진압됨으로써 혁명은 끝내 실패로 돌아갔다.

쇼팽은 당시 빈에 있었는데, 아무것도 할 수 없는 자신을 비관하고 무기력감에 빠져 있었다고 한다. 당시 그는 일기에 "오 신이시여, 바로 당신이에요. 당신이 설욕을 거절했어요. 모스크바의 죄가 아직 충분하지 않아서인가요? 아니면 당신이 모스크바 사람이어서인가요?"라고 썼다고 한다.

1831년 9월, 쇼팽은 파리로 가던 중 독일의 슈투트가르트에 체류할 기회가 있었는데, 조국에서 봉기가 실패로 돌아갔다는 소식을 전해 들었다. 그때 절망적인 심정으로 작곡한 것이 〈피아노 연습곡, Op. 10, No. 12〉

쇼팽과 〈피아노 연습곡, Op. 10〉 12번 악보 일부

마지막 곡이다. 약 2분 조금 넘는 곡인데, 연주 내내 아주 거칠고 격정적인 느낌을 준다. 혁명 전야의 긴박함과 폴란드 전역에서 러시아군에 진압당하는 참담함을 토해내는 듯한 느낌을 받는다.

쇼팽,
〈에튀드, Op. 10, No. 12〉 '혁명'

한편, 쇼팽이 프랑스에 머물면서 조국을 그리며 애국심에 찬 열정으로 작곡한 곡이 더 있다. 1838년 작곡한 〈폴로네이즈(Polonaises)[7], Op. 40, No. 1, No. 2〉다. 바르샤바에서 나고 자란 쇼팽으로서는 비록 몸은 타국에 있지만 늘 조국 생각이 났을 것이다. 당시 폴란드는 혁명이 실패한 이후 프로이센, 러시아, 오스트리아 등에 의해 분할되어 지배받고 있는 상황으로 독립에 대한 열정이 분출되고 있는 상태였다.[8]

〈폴로네이즈, Op. 40〉은 2곡으로 구성되었는데, 'No. 1'은 장조곡으로 '군대 폴로네이즈'라는 별칭이 붙을 정도로 승리에 대한 자신감을 강하게 표현했다. 'No. 2'는 단조곡의 특성이 반영되어 비장하고 고통스러운 듯한 분위기가 연출된다. 19세기의 유명한 피아니스트 안톤 루빈스타인(Anton Rubinstein)은 첫 번째 곡은 "폴란드의 영광"을, 두 번째 곡은 "폴란드의 비극"을 상징한다고 표현했다.

1939년 9월, 나치 독일이 폴란드를 침공하자 폴란드 국영 라디오 방송은 쇼팽의 '군대 폴로네이즈'를 매일 방송하면서 국민의 애국심과 나치에 대한 저항 의지를 일깨웠다고 한다.

---

[7] 폴로네이즈는 폴란드 민속 춤곡을 의미하고, 프랑스어로는 '폴란드풍'을 의미한다. 쇼팽은 이러한 폴란드 전통의 선율을 많이 반영했다.

[8] 제러미 니콜러스, 임희근 역, 『쇼팽, 그 삶과 음악』, 포노(PHONO), 2010.

 쇼팽,
〈폴로네이즈, Op. 40, No. 1〉

보불전쟁과 브람스 그리고 생상스

1870년에는 프랑스와 프로이센 사이에 보불전쟁[9]이 발생했다. 당시 독일의 작곡가 브람스(Johannes Brahms, 1833~1897)는 프로이센의 승리를 축하하는 〈승리의 노래(Triumphlied), Op. 55〉를 작곡하여 빌헬름 1세(Wilhelm I, 1797~1888)에게 헌정했다. 브람스는 독일의 '3B', 즉 베토벤, 바그너와 더불어 그 뒤를 잇는 최고의 음악가 중 한 명이다.

또한, 우리에게 〈동물의 사육제〉, 〈죽음의 무도〉, 〈바이올린협주곡 3번〉 등으로 잘 알려진 프랑스의 카미유 생상스(Camille Saint-Saëns, 1835~1921)도 보불전쟁 기간 중인 1871년 〈영웅 행진곡(Marche Heroique), Op. 34〉을 작곡했다.

보불전쟁은 프로이센이 연방 내의 여러 동맹국을 통합하여 독일제국으로 통일하는 결정적인 계기가 된 전쟁이다. 독일의 통일은 1871년이 처음이고, 이후 제2차 세계대전을 통해 동독과 서독으로 분단되었다가

---

[9] 한자로 프로이센은 보로서(普魯西), 프랑스는 불란서(佛蘭西)로 앞 글자를 따서 '보불전쟁'이라고 불렀다.

1990년 통일했다. 보불전쟁의 전초전이 된 것이 어찌 보면 1866년 6월에 있었던 보오(프로이센과 오스트리아)전쟁이라 할 수 있다.

나폴레옹 전쟁 후 유럽의 새로운 질서는 이른바 '빈 체제'로 정리되었다. 그 결과 프로이센은 라인란트(지금의 룩셈부르크와 프랑크푸르트 사이) 지역과 베스트팔렌(룩셈부르크 및 벨기에와 독일 사이) 지역을 얻었다. 이 지역은 경제적 입지가 좋은 지역으로 매우 급속도로 발전했다. 반면에 오스트리아는 독일연방 지역보다는 이탈리아 북부와 헝가리 왕국을 확보하게 되었고 남독일 지역에 대한 영향력을 가졌다. 따라서 독일의 마인강 북부 지역은 프로이센이 주도하게 되었고, 상대적으로 오스트리아의 영향력은 크게 감소했다.

1800년대 독일연방 구성

당시 독일연방은 30여 개의 왕국 또는 공국으로 구성되어 있었으며, 독일연방 자체가 오스트리아의 영향권 아래 있었다. 하지만 북부에는 프로이센이 부상하고 있었는데 이로 인해 연방 내에는 친프로이센 왕국도 있었고, 친오스트리아 제국의 국가도 있는 상태였다. 1834년에는 영향력이 커진 프로이센이 연방 내의 국가들을 대상으로 관세동맹[10]을 체결했는데, 그 영향력이 막강해 연방 외의 국가들도 참여할 정도였다.[11]

이때 덴마크와의 국경 지역에 홀슈타인(남쪽)과 슐레스비히(북쪽) 공국이 있었는데, 홀슈타인은 독일연방에 속해 있었지만 슐레스비히는 그렇지 않았다. 그런데도 당시 오스트리아는 두 나라 모두 자신들이 영향력을 행사하는 독일연방에 합류시키겠다는 일방적 제안을 한다. 이에 프로이센은 약속에 대한 위반이라며 군대를 동원해 홀슈타인을 점령하는데, 오스트리아는 이를 정면 도전으로 보고 1866년 6월 17일 프로이센에 선전포고하

보오전쟁 중 쾨니히그레츠 전투 장면

---

10 경제적 단일체를 구성하여 동맹국 상호 간의 교역을 증진하는 협약.
11 Geoffrey Wawro, *The Austro-Prussian War: Austria's War with Prussia and Italy in 1866*, Cambridge University Press, 1997.

게 됨으로써 보오전쟁이 촉발되었다.

전쟁이 개시되었으나 당시 오스트리아 군대는 프로이센의 상대가 되지 못했다. 전쟁이 개시된 후 독일연방 지역 내에서 소규모 전투가 있었는데, 오스트리아군이 모두 패하여 국경지역까지 몰렸다. 오스트리아군은 작센군과 연합하여 21만의 대군으로 보헤미아의 쾨니히그레츠(Königgrätz)에서 결전을 시도했다. 그러나 7월 3일 당시 참모총장 폰 몰트케(Helmuth von Moltke, 1800~1891)가 직접 지휘한 28만의 프로이센군이 적지에서 오스트리아-작센 연합군을 맞아 압승을 거두었다. 프로이센의 전사자는 2천 명도 채 안 되는 데 비해 오스트리아-작센 연합군은 약 1만 3천 명의 전사와 실종자에, 2만 2천여 명의 포로까지 발생하면서 전황은 순식간에 기울었다.[12]

결국, 약 7주 만에 전쟁에서 이탈할 수밖에 없었다. 이로써 오스트리아 주도의 독일연방은 해체되었고 프로이센 중심의 북독일연방이 새롭게 구성되었는데, 오스트리아는 이를 승인할 수밖에 없었다. 이제 독일지역에서 오스트리아 제국은 배제된 상황으로 바뀌었다.

보오전쟁을 승리로 이끌었던 프로이센의 총리 비스마르크(Otto von Bismarck, 1815~1898)는 다음으로 독일의 통일을 염두에 두고 있었다. 하지만 아직 남독일의 바이에른, 바덴, 뷔르템베르크 등이 영향권 밖에 있었고, 프랑스는 여전히 프로이센을 견제하고 있었다. 다행히 오스트리아는 보오전쟁의 참패로 다시 군대를 동원해올 상황은 아니라고 판단했다. 따라서 비스마르크는 독일의 통일을 위해서는 프랑스와의 일전이 불가피하다고 생각하고 있었다. 비스마르크는 우선 러시아제국 및 이탈리아왕국과 동맹관계를 맺고, 영국과도 친선정책을 유지함으로써 프랑스와 일전을 벌이더라도 유럽 전체와 싸우는 일이 없도록 사전 정지작업을 해나갔다. 일종의 큰

---

12 Geoffrey Wawro, 앞의 책.

그림을 그리고 있었던 것이다.

당시 프랑스는 나폴레옹 3세(Charles Louis Napoléon Bonaparte, 1808~1873)[13]가 지배하고 있었다. 나폴레옹 3세는 인도차이나 및 이탈리아 원정과 크림전쟁, 멕시코 내전에 개입하는 등 세력을 확장하는 데 집중하고 있었다. 그로 인해 국제적으로 많은 원성을 받는 상황이었고, 전쟁이 개시되더라도 프랑스를 지원할 나라가 없을 정도로 외톨이가 되어있었다. 특히, 이탈리아와는 감정의 골이 깊은 상태였다. 왜냐하면, 1830년 이탈리아 혁명 당시 오스트리아가 이를 진압하러 왔을 때 프랑스가 이탈리아를 지원하기 위해 개입했으나 나중에 보니 이를 대가로 일부 지역을 할양받고 중간에 전쟁에서 발을 빼는 모습을 보였다. 그로 인해 이탈리아는 통일전쟁에서 실패한 경험이 있었다.

보불전쟁의 결정적인 도화선은 스페인에서 촉발되었다. 스페인의 왕은 1700년 이래 계속해서 프랑스의 부르봉 왕조와 뿌리가 같은 브르본 왕가에서 계승해왔다. 그런데 1868년 스페인 여왕이 혁명으로 쫓겨나면서 왕위를 새로 옹립해야 하는 상황이었는데, 스페인에서는 이를 프로이센의 빌헬름 1세(Wilhelm I, 1797~1888)의 친척에게 제안했다. 하지만 빌헬름 1세도 이를 반대함에 따라 결국 이탈리아 북부 왕국에 제안하여 왕위를 정할 수밖에 없었다. 프랑스에서는 스페인 왕위 문제를 프랑스가 아닌 프로이센에 제안한 것부터 불편했고, 간섭을 저울질하는 상황이었다.

나폴레옹 3세는 프로이센의 빌헬름 1세에게 경고성 메시지를 보냈는데, "앞으로 두 번 다시 이러한 일이 없도록 문서로서 보장할 것을 요구한다"라는 내용이었다. 프로이센 주재 프랑스대사는 빌헬름 1세가 휴양차 머무르고 있는 바트엠스(Bad Ems)로 가서 예고도 없이 면담을 요청해 이러

---

[13] 이름은 샤를 루이 나폴레옹 보나파르트(Charles Louis Napoléon Bonaparte)로, 나폴레옹 1세의 남동생이 나폴레옹 1세와 조세핀이 낳은 딸과 결혼해 낳은 아들이다.

바트엠스 휴양지에서 만난 빌헬름 1세(왼쪽)와 프랑스 대사(오른쪽)

한 내용을 전달했다. 하지만 빌헬름 1세는 이를 거절했다.

비스마르크는 프랑스의 이러한 행태에 대해 프로이센을 무시하는 처사로 보고, 빌헬름 1세의 답신 내용을 일부 수정해 언론에 흘렸다. 그 내용은 "휴가 중인 황제에게 다짜고짜 찾아와 무례한 요구를 늘어놓은 프랑스 대사를 빌헬름 1세가 열 받아서 쫓아냈다"라는 식으로 확대 보도하게 했다. 또한, 프랑스에서도 이를 "그저 질문하러 간 우리 대사를 빌헬름 1세가 문전박대한 것은 물론, 일부러 '부사관 나부랭이'에게 회신을 들려보내 모욕을 줬다"라는 식으로 오역해 보도했다.[14]

결국, 이러한 보도는 양국 국민의 감정을 건드리는 도화선이 되었음은 물론이고 전쟁도 불사할 정도로 민심을 들끓게 했다. 또한, 비스마르크는 프랑스가 벨기에를 강제로 병합하는 것을 논의하고 있다는 내용도 언

---

14 빌헬름 1세가 라인란트팔츠(Rheinland-Pfaltz)주의 작은 마을 바트엠스에서 휴양 중인 상황에 프랑스대사가 불쑥 찾아와 비공개 면담을 요청함에 따라 이루어졌는데, 이를 '엠스 전보사건'이라 부른다.

론에 흘렸는데 이는 영국이 1830년 조약을 통해 벨기에의 독립과 중립을 보장한다고 했던 것에 정면으로 대립하는 내용이었다. 영국은 다시 한번 벨기에에 대한 중립을 보장한다는 내용을 밝혔다. 이로써 영국과 벨기에 등 각국에서 반프랑스 여론이 확산했다.[15]

　결전의 날이 임박하자 결국 프랑스의 나폴레옹 3세가 1870년 7월 19일 프로이센에 선전포고함으로써 보불전쟁이 시작되었다. 하지만 당시 양측의 전쟁 준비 상황은 매우 달랐다. 즉, 양측 모두 언젠가는 반드시 다시 전쟁할 수밖에 없을 것이라는 판단하에 준비하고 있었으나 그 상태는 사뭇 달랐다. 프랑스는 그동안 해외에 대한 세력 확장에 집중하느라 정신이 없었다. 해군력은 많이 양성됐지만 육군의 준비는 충분하지 않았고, 대규모 전쟁을 위한 대비가 없어 프로이센과의 전쟁 준비는 높지 않은 수준이었다.

　반면, 프로이센은 재상 비스마르크와 육군참모총장 몰트케 장군을 중심으로 착실히 준비한 상태였다. 게다가 4년 전 보오전쟁을 통해 실전 경

프로이센의 재상 비스마르크와 육군참모총장 몰트케

15　https://ko.wikipedia.org/wiki/엠스 전보사건 참조.

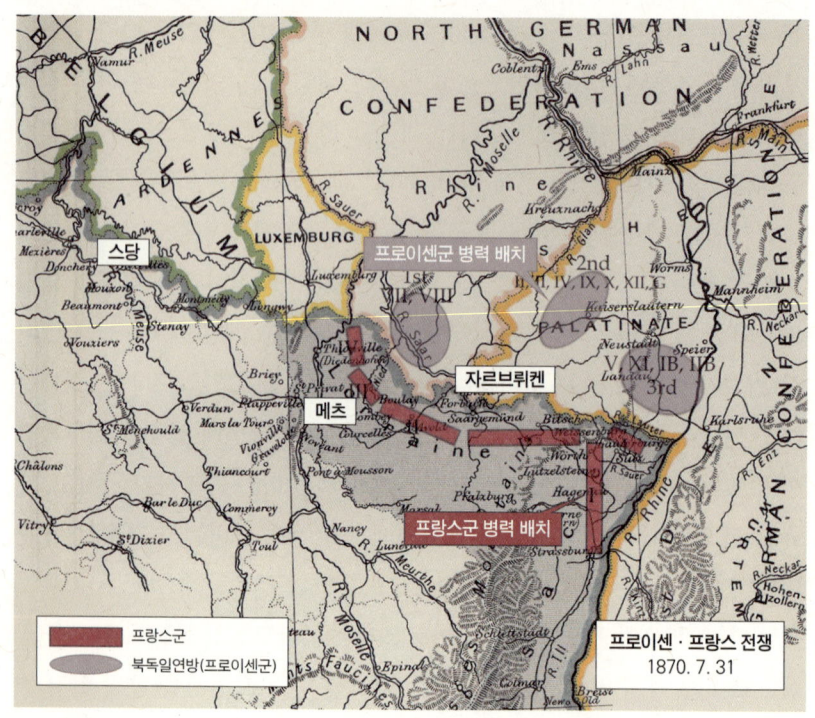

1870년 7월 말 프랑스와 북독일연방의 국경지역 상황

험도 쌓은 상황이었다. 특히, 몰트케 장군은 병력 동원과 훈련, 그리고 철도를 이용한 부대 전개 등 태세가 잘 갖춰졌고, 프로이센의 일반참모 제도에 의해 양성된 참모조직은 강했다. 싸우기 전에 이미 프로이센의 승리는 예견된 것이나 다름이 없었다.

프랑스군은 선전포고를 했음에도 7월 말까지 동원이 채 이루어지지 않았고, 이로 인해 프로이센에 대해 제대로 된 공격도 못 하고 있었다. 반면에 프로이센군은 대규모 병력을 일사불란하게 라인강 서안, 프랑스와의 국경지대로 이동시켜 대비하고 있었다.

먼저, 프랑스군은 약 20만의 병력으로 위의 요도에서와 같이 독일의

프랑스와 룩셈부르크 접경지역의 스당 요새

자르브뤼켄(Saarbrücken) 방향으로 공격을 시도했다. 그러나 프로이센군이 이미 약 38만 병력으로 대비하고 있어 프랑스군은 크게 패했고, 약 13만 명이 후방에 위치한 메츠 요새로 후퇴할 수밖에 없었다. 이들을 구하기 위해 프랑스는 몇 차례 공격을 시도했으나 번번이 프로이센에 패했다. 결국, 나폴레옹 3세가 직접 약 12만 명의 병력을 이끌고 메츠로 향했다. 그러나 이를 알고 있던 프로이센군에 의해 중간에서 진출이 좌절되었고, 스당(Sedan) 요새로 후퇴할 수밖에 없었다. 때마침 프로이센의 참모총장 몰트케는 약 20만의 병력을 이끌고 스당 요새를 완전히 포위했다.[16]

몰트케는 포위된 스당 요새에 포병화력을 집중적으로 퍼부었다. 프랑스군은 몇 차례 포위선을 돌파하려 했으나 실패했고, 더욱이 시간이 점점 지나자 스당 요새에 식량과 물자, 탄약이 바닥나서 더는 버틸 수 없게 되었다. 결국, 9월 1일 전쟁이 개시된 지 한 달 남짓한 상황에서 나폴레옹 3세는 항복했다. 후일 독일은 스당 전투가 있었던 날을 고려하여 통일을 기념

---

16 Stephen Badsey, *The Franco-Prussian War: 1870-71*, Bloomsbury, 2022.

포로로 잡힌 나폴레옹 3세(왼쪽)와 비스마르크(오른쪽)

하는 국경일로 정했다.

　프로이센은 이렇게 전쟁이 끝나는 줄 알았다. 그러나 나폴레옹 3세가 항복했다는 소식을 접한 파리 시민은 분개했고, 나폴레옹 3세의 제정을 붕괴시키고 대통령을 중심으로 하는 공화정의 '국민방위정부'를 세워 계속 항쟁할 것을 결의했다. 시민과 스당 전투에서 이탈한 병력, 그리고 일부 해군 병력까지 합세해 저항을 시작했다.[17]

　하지만 프로이센군은 마침내 파리로 진격하여 9월 15일 파리 외곽에 도착했고, 9월 19일에는 파리를 완전히 포위했다. 프랑스군은 약 4개월간 포위된 상태에서 저항했고 일부 파리 외곽에서 항전도 있었으나, 결국 프로이센의 압도적인 병력에 항복할 수밖에 없었다. 1871년 1월 휴전협정이 체결되었다. 그리고 1월 18일 프랑스의 베르사유 궁전 거울의 방에서 프

17　Geoffrey Wawro, *The Franco-Prussian War: The German Conquest of France in 1870-1871*, Cambridge University Press, 2003.

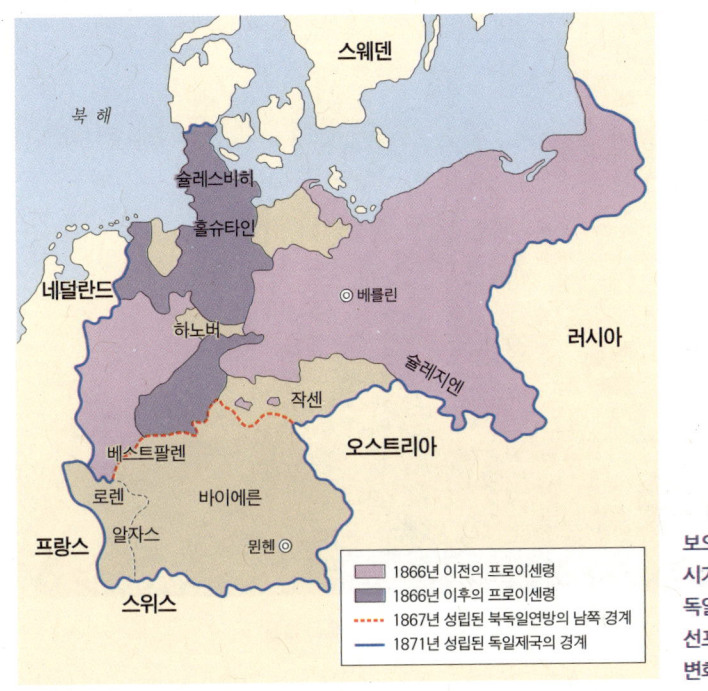

보오전쟁 시기부터 독일제국 선포까지의 변화

로이센은 북독일연방을 해체하고 독일제국을 선포하며, 빌헬름 1세가 초대 황제로 즉위했다.

아울러 3월 1일에는 하루 동안 파리에서 독일군의 개선식을 거행했다. 쉽게 말해 독일군대의 사열과 시가행진을 프랑스 시내 한복판에서 한다는 내용이다.

프랑스로서는 정말 치욕적인 순간이었다. 아울러 양측은 프랑크푸르트 조약을 맺어 프랑스는 약 50억 프랑[18]의 전쟁배상금을 지불해야 했고, 알자스-로렌지역을 독일에 빼앗겼다. 당시 프로이센은 프랑스가 50억 프

---

18 50억 프랑은 당시 프랑스 국가 예산의 2~3배에 해당하는 금액으로 현재의 원화 가치로 환산해도 약 8조 원이 넘는 액수다.

PART 4 _ 나폴레옹 이후의 전쟁과 클래식   205

독일제국 군대의 파리 시내 승리 행진

량을 배상하려면 기간이 오래 걸릴 것으로 판단했다. 그래서 프랑스가 배상금을 다 갚을 때까지 프로이센 군대가 파리에 주둔한다고 조약에 포함했다. 그러나 프랑스 국민은 하루라도 빨리 프로이센 군대를 몰아내야 한다는 생각에 국민 모두 기금을 내서 2년 만에 배상을 완료했고, 독일제국 군대는 배상이 너무 빨리 이루어진 것에 당황스러워하며 프랑스에서 철수했다.

브람스의 〈승리의 노래(Triumphlied)〉는 솔로와 합창, 오케스트라를 위한 곡으로 1870년 가을부터 프로이센군의 승리를 생각하고 작곡을 시작했다. 모두 3악장의 곡으로 1악장은 빌헬름 1세가 황제로 선포된 이후 완성했고, 2악장과 3악장은 1871년 여름에 완성했다. 당시 빌헬름 1세에게 이 곡을 헌정했지만, 실제로 브람스가 존경했던 인물은 비스마르크 수상

〈승리의 노래〉 자필 악보 표지와 브람스

이었다. 초연은 1872년 6월에 이루어졌다.[19]

1악장에는 "Lebhaft und feierlich(활기차고 축제적)"이라고 표시되어 있고, 주제는 독일제국의 비공식 국가인 〈그대에게 승리의 왕관을(Heil dir im Siegerkranz)〉을 모티브로 요한묵시록 19장의 "그의 심판은 참되고 의롭다"라는 내용을 포함했다. 즉, 묵시록에서는 야수를 죽이고 하나님 나라의 승리를 이야기하고 있는데, 이는 게르만과 반대되는 문화와 예술의 수도로 간주하는 파리에 대한 독일의 승리를 암시하는 것임을 알 수 있다. 2악장은 적당히 활기차고 G장조로 시작하며, 합창은 "우리의 신을 찬양하라(Lobet unsern Gott)"를 후렴구로 부르는 짧은 성가 방식으로 사용되었다. 3악장에서는 찬송가 "다 감사드리세(Nun danket alle Gott)"를 삽입했다. 할렐루야의 부활을 상징하는 내용이 강조되었다.

---

19 서석주, 『브람스에게 보내는 편지: 브람스의 삶과 작품』, 예솔, 2012.

브람스,
〈승리의 노래, Op. 55〉

전체적으로 약 25분간 연주되며, 대부분 합창이 주를 이룬다. 특히, 곡의 분위기도 악장마다 다소 차이가 있는데, 1악장에서는 마치 승리를 마음껏 외치듯 합창도 우렁차고 힘차다. 2악장에서는 다시 프랑스의 잘못을 하나하나 짚어주기라도 하듯이 조곤조곤 연주와 합창이 이루어진다. 마지막 악장에서는 바리톤이 솔로로 등장하여 승리를 정확히 선언하는 듯한 엄숙한 메시지를 전달하고, 이어 합창으로 마침내 승리에 대한 기쁨과 환희를 힘차게 외치는 듯한 느낌을 준다. 이 곡은 애국심의 반사적 행위로 시작되었으며, 비스마르크의 정치 및 군사적 의제에 핵심적으로 친화력이 있음을 보여주는 곡이라고도 볼 수 있다.

한편, 프랑스의 작곡가 생상스가 작곡한 〈영웅행진곡(Marche héroïque), Op. 34〉은 우리가 알고 있는 밝고 경쾌한 분위기의 행진곡과는 다른 느낌

〈영웅행진곡〉 악보 일부와 카미유 생상스

이다. 이는 아마도 프랑스가 보불전쟁에서 패했기 때문이라고 본다. 전체적인 분위기가 비장하고, 무거운 느낌을 주며, 느린 템포로 연주된다. 7분 정도의 연주 동안 후반부는 어느 정도 빠른 템포로 연주되면서 마무리하는 느낌이지만, 행진곡이라기보다 교향시에 가까운 분위기다.

당시 생상스는 보불전쟁이 발생하자 국민방위군[20]에서 호위병으로 근무하면서 프로이센과의 전쟁상황을 잘 알고 있었을 것이다. 그리고 프로이센에 무참히 패배하고 파리가 점령당한 것에 대한 파리 시민의 분위기도 충분히 이해하고 있었을 것으로 본다. 특히, 1871년 '파리코뮌'[21]이 설립되자 불안정한 상황에 생명의 위협을 느껴 영국으로 피신하기도 했다.[22]

따라서 이러한 사회의 전반적인 분위기가 〈영웅행진곡〉에 그대로 반영된 듯하다. 처음에는 두 대의 피아노를 위한 연주곡으로 작곡되었으나 후에 2관 편성의 오케스트라 곡으로 개작되었다. 이 곡은 1871년 보불전쟁에서 28세라는 젊은 나이에 목숨을 잃은 프랑스 화가 앙리 르노(Henri Regnault)에게 헌정되었고, 그해 11월 17일 초연이 이루어졌다.[23]

현악기 연주로 시작되어 목관악기로 이어진 후 다시 현악기에 이어 금관악기의 강한 울림이 터져 나온다. 트럼본 독주 부분이 특히 비장함을 느끼게 하고, 현과 드럼에 의해 웅장하고 빠르게 전환되면서 마무리한다. 처음 들으면 "행진곡?" 할 수도 있을 것이다.

---

[20] 프랑스혁명 때 창설되어 경찰과 예비역들이 통합하여 치안 질서를 유지하면서 파리 방어를 위해서는 전투도 수행했는데, 보불전쟁이 끝나고 1872년 해체되었다.

[21] 1871년 3월 18일부터 5월 28일까지 프랑스 파리에서 일어난 사회민주주의 운동으로 시작해서 70일간 존속한 프랑스 역사상 최초의 코뮌 정권이다.

[22] J. Gallois, *Charles-Camille Saint-Saëns*, Editions Mardaga, 2004.

[23] https://saintsaenscomplete.wordpress.com/2020/08/02/marche-heroique-op-34/ 참조.

카미유 생상스, ⟨영웅행진곡, Op. 34⟩

핀란드에서의 전쟁과 애국적 교향시

나폴레옹 전쟁의 영향으로 촉발된 저항 활동은 북유럽의 핀란드에서도 있었다. 핀란드의 대표적인 작곡가이자 국민음악의 대가인 장 시벨리우스(Johan Julius Christian Sibelius, 1865~1957)는 1899년 러시아의 지배하에서 국민저항의 상징을 표현하는 〈핀란디아(Finlandia), Op. 26〉라는 교향시를 작곡했다. 당시 핀란드에서는 러시아의 억압에 저항하는 민족주의적 애국심이 곳곳에서 피어오르고 있었다. 연극 감독이었던 카를로 베르그봄(Kaarlo Bergbom)은 6막의 핀란드 역사를 소재로 하는 연극을 계획했고, 배경음악을 시벨리우스에게 의뢰함으로써 이 곡을 작곡하게 되었다.[24]

연극 중 마지막 6막의 "핀란드여 깨어나라(Suomi herää)" 부분의 배경음악만 따서 개정해 발표한 곡이 교향시 〈핀란디아〉다. 전체 3악장의 곡이라고 하지만 8분 남짓한 단악장으로 연주되며, 그 안에서는 3개 파트로 주제의 흐름이 바뀌는 것이 역력하다. 기악곡으로 작곡되었지만, 핀란드에서는 '핀란디아 찬가'의 가사를 붙여 합창곡으로도 자주 연주된다. 가

---

[24] K. Ekman, *Jean Sibelius*, Read Books, 2013.

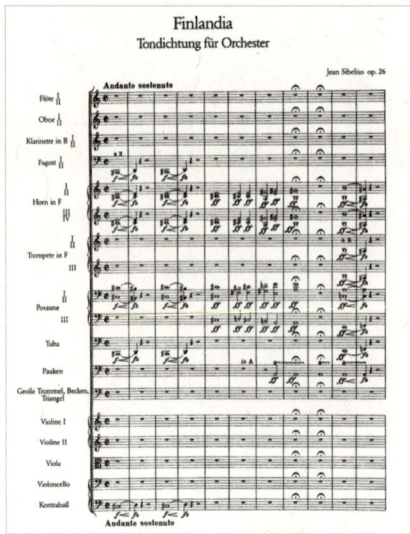

〈핀란디아〉 악보 일부와 시벨리우스

사 중 일부를 보면 이 곡이 얼마나 국민의 애국심을 자극하는 곡인지 알 수 있다.[25]

> 아, 일어나라, 핀란드여. 높이 들어 올려라.
> 너의 과거는 자랑스럽게 등극했다.
> 아, 일어나라, 핀란드여.
> 노예의 흔적을 몰아내고,
> 새로운 세상을 보여주어라.
> 억압에 굴복하지 않았으니,
> 자랑스러운 아침이 시작되리라, 조국이여.

---

25 https://ko.wikipedia.org/wiki/장 시벨리우스 핀란디아 참조.

그 외에도 시벨리우스의 음악에는 당시의 시대적 상황이 반영된 애국적 소재의 작품들이 많다. 〈쿨레르보 교향시(Kullervo), Op. 7〉도 그중의 하나인데, 이러한 소재의 출발점은 나폴레옹 전쟁 기간으로 거슬러 올라간다. 1806년 나폴레옹이 영국을 경제적으로 봉쇄하기 위해 내린 대륙봉쇄령을 스웨덴이 참여하지 않자 프랑스와 러시아가 사전 조약[26]을 맺고, 1808년 러시아가 스웨덴을 침공함으로써 시작되었다.[27] 오래전부터 스웨덴에 속해 있던 핀란드는 러시아와 스웨덴 전쟁(1808~1809)에서 스웨덴이 패하자 자동으로 러시아의 지배를 받게 되었다. 스웨덴의 핀란드 지배는 이미 12세기(또는 13세기)부터 600여 년을 지속해온 상황이었다.

러시아와 스웨덴 간의 전쟁은 흔히 '핀란드 전쟁'이라 불린다. 왜냐하면, 당시에는 핀란드도 스웨덴 일부였고, 대부분 전투가 지금의 핀란드 지역에서 이루어졌기 때문이다. 1808년 러시아주재 스웨덴대사는 러시아가 침공할지도 모른다는 내용을 스톡홀름에 계속 전달했음에도 스웨덴에서는 이를 대수롭게 생각하지 않았다. 그 때문에 스웨덴은 전쟁에 대한 대비가 거의 이루어지지 않은 상태였다. 반면, 러시아는 핀란드와 인접한 상트페테르부르크에 병력을 점차 늘려가며 전쟁을 준비했다.

드디어 러시아는 1808년 2월 선전포고 없이 약 8만의 병력을 이끌고 핀란드를 침략했다.[28] 3월에는 덴마크도 스웨덴에 선전포고함으로써 양쪽

---

[26] 틸지트(Tilsit, 지금의 폴란드와 리투아니아 사이에 있는 칼리닌그라드의 도시) 조약으로 1807년 프랑스 제1제국이 틸지트에서 프로이센왕국, 러시아제국과 맺은 평화조약이다. 보통 하나로 뭉뚱그려 '틸지트 조약'이라고 부르지만, 정확히는 두 가지 조약이 존재한다. 하나는 프랑스-러시아 사이에 체결된 조약이며, 다른 하나는 프랑스-프로이센 사이에 체결된 조약이다. 이 조약을 통해 나폴레옹은 중부유럽에서의 패권을 단단히 다진 한편, 이베리아반도 전쟁에 전념할 수 있게 된다. 이 조약으로 러시아는 지중해의 이오니아제도와 코토르를 프랑스에 양도하고 프랑스는 스웨덴, 핀란드를 러시아가 공격하도록 허용하는 계기가 되었다(나무위키).

[27] https://en.wikipedia.org/wiki/Kullervo_(Sibelius) 참조.

[28] https://ko.wikipedia.org/wiki/핀란드 전쟁 참조.

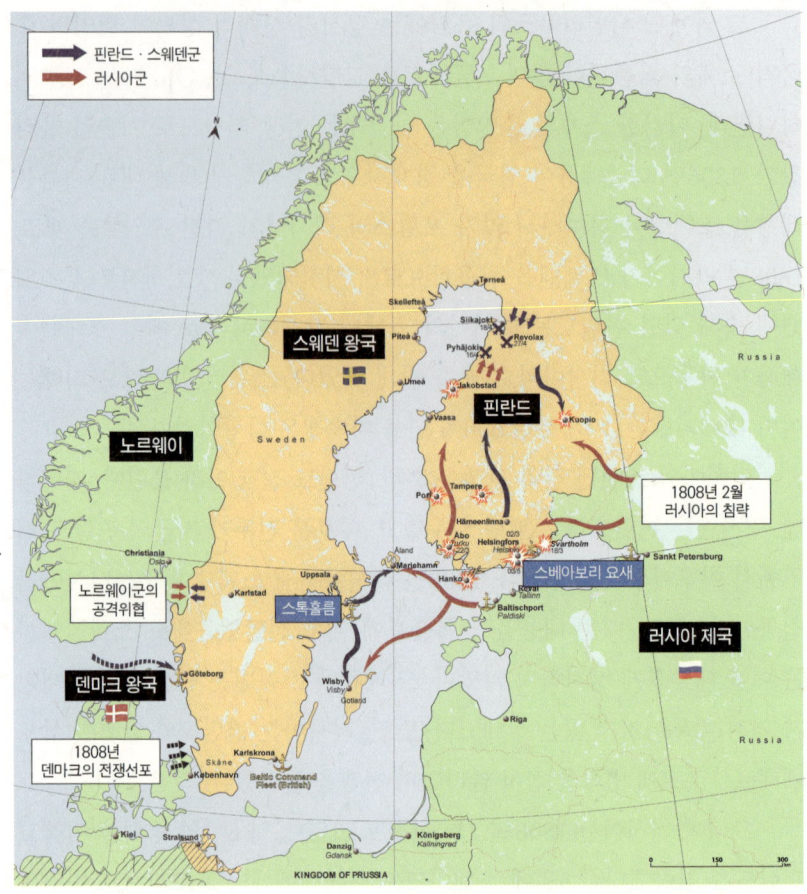

러시아의 스웨덴 공격 상황도

을 모두 대비해야 하는 상황에 놓였다. 핀란드에는 스웨덴 소속의 핀란드군과 스웨덴군이 있었는데, 6만 명 정도였다. 러시아는 계속해서 병력 증원이 이루어지지만, 스웨덴의 지원은 원활하지 못했다.

 러시아는 2개의 축선으로 공격을 감행했는데 하나는 해안선을 따라 서쪽으로 진격하고, 다른 하나는 내륙으로 공격했다. 그런데 스웨덴군 사령관은 핀란드 남부의 요새(스바르톨름 요새와 스베아보리 요새)만 남기고 북으

헬싱키 남쪽 스베아보리 요새(6개의 섬 연결)

로 후퇴했다. 러시아는 추격하는 한편, 서부해안을 따라 진격했다. 4월에는 그렇게 견고하다고 믿었던 스베아보리(스웨덴에서는 Sveaborg, 핀란드에서는 Suomenlinna) 요새가 함락되었다. 이는 심리적으로 큰 충격을 주었고, 이때부터 스웨덴군의 기세가 꺾였다. 물론, 스웨덴군이 일부 지역에서 승리하기도 했으나 러시아군의 계속되는 증원을 넘어설 수는 없었다.[29]

해안선을 따라 진격하던 러시아군은 9월 오라바이스(Oravais)에서 스웨덴군과 결전을 벌였으나 스웨덴군은 전력의 열세를 극복할 수 없었다. 내륙에서도 새바르(Sävar), 라탄(Ratan) 전투에서 마지막 결전을 벌였지만, 러시아군에 대패했다. 결국, 1808년 10월 27일 로크테아에서 휴전할 수밖에 없었다.

휴전 후 평화조약을 체결해야 하는 상황인데, 1809년 3월 스웨덴에서는 그동안 나폴레옹에 대해 강경책을 써오면서 전쟁에서 패한 구스타프 4세(Gustav IV Adolf, 1778~1837) 국왕을 폐위시키려는 쿠데타가 일어났다. 그

---

29 https://m.blog.naver.com/nullcircuit/10042909527 참조.

스웨덴 동부 해안의 라탄 전투

　결과 국왕은 폐위되었고, 새 국왕 체제에서 1809년 9월 9일 러시아와 프레드리스하임(현재의 핀란드 하미나) 조약을 체결함으로써 스웨덴은 핀란드를 러시아에 할양했다.
　당시 러시아의 알렉산드르 1세(Александр I, 1777~1825) 황제는 핀란드에 대해 지나칠 정도의 유화책을 썼다. 강경책을 쓰게 되면 핀란드가 스웨덴으로 다시 돌아설 것을 우려했기 때문이다. 핀란드에 자치권을 부여하고, 스웨덴식의 행정과 사법제도를 그대로 유지하게 했으며, 공용어로 스웨덴어를 쓰는 것도 허용했다. 또한, 종교도 러시아 정교가 아닌 루터교회를 인정했고, 헬싱키의 상징이라 할 수 있는 헬싱키 대성당을 새로 지어줌으로써 국민의 불만을 크게 완화할 수 있었다.
　그러나 1825년 알렉산드르 1세가 죽고 러시아 총독이 핀란드를 통치하면서 이러한 분위기는 완전히 바뀌었다. 총독은 러시아 동화정책을 강력하게 추진함으로써 핀란드 사람들의 불만을 고조시켰다. 특히, 새 황제 니콜라이 2세(Николай II, 1868~1918)는 핀란드의 자치권을 제한하고, 스웨덴어 사용도 통제하자 문화예술인들의 반감을 샀다. 게다가 1848년에는 프랑스 등에서 빈 체제에 저항하는 혁명이 발생하자 핀란드에서도 민족주의 움직임이 싹트기 시작했다.

핀란드 학자 엘리아스 뢴로트(Elias Lönnrot, 1802~1884)는 오래전부터 구전되어오던 내용을 정리하여 핀란드 민족의 영웅적 서사시 『칼레발라(Kalevala)』[30]를 저술했다. 이 작품은 당시 대부분의 핀란드 사람들이 갖고 있던 잠재된 민족의식을 일깨웠고, 독립을 위한 저항 의지에 불을 붙이는 촉매제가 되었다. 문화예술인들은 저항 활동의 하나로 연극공연을 계획했다. 시벨리우스는 연극의 배경음악을 의뢰받았고, 마지막 연극의 배경음악으로 사용된 것이 〈핀란디아〉다.

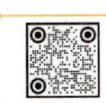 장 시벨리우스, 〈핀란디아, Op. 26〉

시작 부분은 장중하면서도 절박한 당시의 상황이 반영되어 나타난다. 묵직하고 무엇인가 가슴에 끓어오르게 만드는 것이 느껴진다. 러시아로부터 탄압받는 핀란드 사람들의 심정이 고스란히 반영된 느낌이다. 이후 중간 부분에서는 점차 템포가 빨라지며 민중의 강력한 저항 활동이 여기저기서 일어난 듯한 모습이 묘사된다. 마지막 부분에서는 결국 러시아의 탄압을 물리치고 핀란드가 독립을 쟁취한 듯한 감격과 환희의 분위기가 느껴진다.

"핀란드는 1917년 마침내 러시아로부터 독립했다."

---

30 현재 핀란드의 남쪽인 카리알라 지방에 거주하는 배이네뫼이넨, 일마리넨, 레민케이넨이라는 세 명의 주인공을 중심으로 한 이야기들이며, 북쪽에 있는 포욜라와의 혼인동맹과 적대관계를 묘사하고 있다.

PART 5

제국주의 충돌과 제1차 세계대전

라벨과 베르됭 전투
드뷔시의 프랑스와 제1차 세계대전

라벨과 베르됭 전투

　모리스 라벨(Maurice Ravel, 1875~1937)은 우리에게 〈볼레로(Bolero)〉[1]로 잘 알려진 프랑스 작가로 드뷔시와 함께 프랑스 인상주의 음악[2]을 대표하는 음악가다. 1914년 제1차 세계대전이 발발하자 늦은 나이인 39세에 자원입대를 결심해 공군에 지원했으나 실패하고 트럭 운전병으로 입대했다. 1915년부터 1917년까지 근무했는데, 그가 배치된 곳은 제1차 세계대전 중 가장 치열했던 베르됭(Verdun, 프랑스 북동부 위치) 전투 현장이었다.[3] 베르됭 전투는 1916년 2월부터 12월까지 독일군과 프랑스군 모두 합쳐 240만가량이 동원되었고, 80여만 명의 사상자가 발생한 치열한 전투였다.

---

[1] 볼레로는 스페인과 과거 스페인의 식민지였던 쿠바에서 유래한 춤이자 춤곡이다. 라벨은 스페인풍의 볼레로를 작곡했다.

[2] 인상주의 음악은 미술사조에서의 변화와 같이 본질은 감각에 대한 새로운 인식의 변화가 핵심으로, 대체로 19세기 후반에서 20세기 초반에 걸쳐 프랑스를 중심으로 유럽에서 유행한 음악을 말한다. 전통적인 화성의 속박을 벗어던지고, 각각 다른 음악의 색채감을 중시하여 순간적인 감정이나 분위기를 강조했다. 프란츠 리스트, 모리스 라벨, 클로드 드뷔시 등이 대표적 작가다.

[3] https://blog.naver.com/arsakes/130174986285?viewType=pc 참조.

라벨이 경험한 베르됭 전투 현장은 참혹했다. 많은 동료가 목숨을 잃거나 부상을 입었다. 라벨도 1917년 다리에 부상을 입고 군 복무를 마쳤다. 그는 1914년 모음곡을 준비했는데, 전쟁으로 중단했다가 제대 후 다시 시작해 1917년 6월 모두 6개 악장으로 구성된 〈쿠프랭의 무덤(Le tombeau de Couperin)〉을 완성하여 전쟁에 희생된 이들에게 헌정했다. 쿠프랭(François Couperin)은 17~18세기 로코코[4] 시대 프랑스를 대표하는 작곡가의 이름이다. 'tombeau'는 무덤이라는 의미보다는 '기념 음악'의 의미로 사용되었다.[5]

〈쿠프랭의 무덤〉 악보 일부와 모리스 라벨

---

[4] 로코코는 1700년대경 파리에서 루이 14세 시대에 행해진 호화롭고 궁전적이며 엄숙한 바로크 양식에 대한 프랑스 귀족들의 반발로 태어났다. 로코코는 무엇보다 쾌락적이고 귀족적인 성격을 가지고 있으며 섬세함, 우아함, 관능, 곡선, 밝은 색상, 비대칭성이 작품의 구성에 근본적인 역할을 한다.

[5] https://ko.wikipedia.org/wiki/쿠프랭의 무덤 참조.

형식 면에서 바로크·로코코 시대에는 모음곡 형식이 유행했는데, 라벨은 로코코 시대 프랑스를 대표하는 쿠프랭의 예술성을 찬미하고, 쿠프랭의 '오르드르(ordres, 일종의 '모음집'을 의미)'에서 착안하여 〈쿠프랭의 무덤〉이라는 제목을 붙인 것으로 생각된다. 곡의 전체적인 분위기는 밝고 온화하며 때로는 명랑한 분위기도 연출되는데, 이는 로코코 시대의 분위기가 그대로 반영된 결과라고 할 수 있다. 밝은 피아노 모음곡으로 프랑스의 아름다운 음악에 경의를 표하면서, 전쟁에서 목숨을 바친 전우들에게 경의를 표하고자 했다.[6]

 모리스 라벨, 〈쿠프랭의 무덤, M. 68〉

모리스 라벨이 참전했던 베르됭 전투는 독일이 프랑스 공격에 대한 새로운 돌파구를 찾기 위해 대규모 병력을 투입했던 대공세였다.[7] 독일은 이 전투에서 패하면서 프랑스 전선에서 더는 공격하지 못하고 수세(방어태세)로 전환할 수밖에 없게 되었다.

1914년 8월에 시작된 프랑스 침공은 벨기에를 경유하여 8월 7일부터는 프랑스 국경선을 통과했고, 파리 북방 약 50km까지 진출했다. 그러나 9월, 파리 북부 마른강 일대에서 프랑스군과 영국군에 저지당하면서 더는 진출할 수 없는 상황이 된다. 그 이유는 독일로부터 보급선이 길어지면서 어려움을 겪었고, 병사들의 피로도가 누적되어 지쳐갔기 때문이다.

1915년에는 2월부터 독일이 영국의 해상봉쇄선을 뚫기 위해 무제한

---

6 Arbie Orenstein, 전혜수 역, 『라벨의 삶과 음악』, 음악춘추사, 2000.
7 Paul Jankowski, *Verdun: The Longest Battle of the Great War*, Oxford University Press, 2013.

잠수함작전(U-boat Campaign)을 수행했으나 실패했다. 프랑스 전선은 전반적으로 소강상태를 보이면서 참호전으로 전환하고, 재정비를 통해 새로운 돌파구를 찾기 위한 공격을 모색하게 되었다. 그중에서 독일이 주목한 지역이 베르됭 지역이었다. 베르됭은 프랑스 북동부의 독일과 접경인 메스, 낭시(알자스-로렌) 지역 후방에 있는 곳으로 뫼즈강을 끼고 있어 방어력 발휘가 매우 좋은 곳이다. 또한, 전통적으로 과거 1871년 보불전쟁[8]에서도 프랑스가 패할 때 끝까지 버티며 저항했던 곳으로, 프랑스의 자존심이 걸린 지역이었다.

독일은 베르됭 지역에 포병 공격과 공습을 통해 강력한 화력을 퍼붓

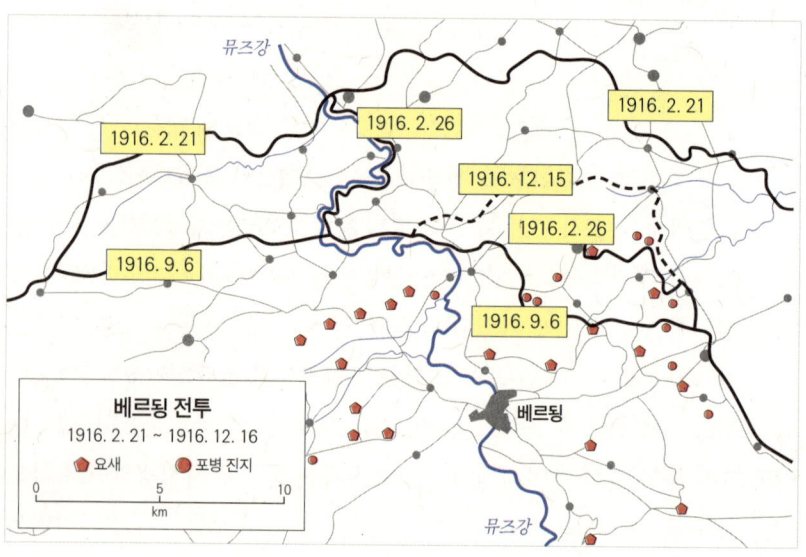

1916년 프랑스 북동부 베르됭 전투 요도[9]

---

[8] 1870년부터 1871년까지 프로이센(독일)과 프랑스가 에스파냐 국왕 선출 문제를 둘러싸고 충돌이 벌어져 전쟁이 났는데, 프로이센이 크게 이겨 독일이 통일하는 결정적 계기가 되었다.
[9] https://en.wikipedia.org/wiki/Battle_of_Verdun, 베르됭 전투 참조.

고 병력을 기동시켜 뫼즈강을 건넘으로써 프랑스 내륙으로 공격한다는 계획을 추진하고 있었다. 프랑스는 독일이 이 지역으로 대규모 병력을 집결시키고 포병과 물자를 이동하고 있었지만, 독일이 베르됭을 공격하리라고 생각하지 않았다. 오히려 프랑스는 다른 지역으로 공격할 계획에 몰두하고 있었다. 따라서 베르됭에 배치되었던 부대 일부를 다른 지역으로 전환하는 상황이었다. 반면 독일은 9개 사단으로 구성된 병력 14만여 명, 1,200여 문의 포, 그리고 예비대까지 집결시키며 공격준비를 했다.

마침내 1916년 2월 21일, 독일은 전면적인 공세에 나섰다. 그런데 포격만 하고 본격적인 공격을 하지 않았다. 왜냐하면, 당시 독일 지휘관은 포탄 공격만으로 프랑스군을 제거할 수 있다고 판단했기 때문이다. 이로 인해 프랑스는 방어 준비할 시간을 벌 수 있었다. 포격은 병력이 기동해 최종 목표를 탈취하도록 여건을 조성하는 것이 일반적 전리(戰理)다. 만약 포격 이후 대규모 공세를 펼쳤다면 상황은 완전히 달라졌을 것이다. 어쨌든 독일은 공격 시작과 함께 1,500여 문의 야포에서 30여만 발의 포탄을 퍼부었고, 뒤늦게 독일 병력이 기동하며 프랑스 방어선 돌파를 시도했다. 이 과정에서 수적으로 열세한 프랑스는 10만여 명의 사상자가 발생했고, 후퇴해야 했다.

프랑스는 현장지휘관을 교체하며 어떻게든 막아내려 했다. 새롭게 교체된 지휘관이 그 유명한 필리프 페탱(Philippe Pétain, 1856~1951)[10] 장군이었다. 페탱은 독일군을 격퇴하기 위해선 그들에게 최대한의 피해를 주어 물러나도록 하는 것이 최선이라고 판단했다. 그러기 위해선 약 20만의 병력이 추가로 필요하다고 판단했다. 이를 위해 베르됭 남부 60km 지점에 있는 바르르뒤크(Bar-le-Duc)로 향하는 통로를 확보했고, 군수물자와 병력 보

---

[10] 제1차 세계대전 당시 베르됭 전투의 영웅이자 조제프 조프르, 페르디낭 포슈와 함께 제1차 세계대전 종전 당시 단 3명뿐이었던 프랑스군 원수(Maréchal de France)다.

1916년 베르됭 전투 중 참호전을
수행하는 프랑스군

충을 서둘렀다. 또한, 페탱은 전선의 지친 부대와 후방부대를 교체했고, 그 부대가 지치면 후방에서 휴식을 취한 병력과 교대시키며 전투에 들어갔다. 페탱의 이러한 조치는 매우 효과적이었으며, 독일군에 막대한 피해를 주었다. 그리고 작전 중 폭우가 많이 내려 장비가 이동해야 하는 도로가 완전히 진흙탕이 되었다. 이는 무거운 포병 장비의 전진을 곤란하게 함으로써 전방에서 전진하는 기동부대를 적시에 따라가 화력으로 지원하는 본래의 기능을 약화시켰다.[11]

전세는 역전되었다. 프랑스는 독일군을 격퇴시키기 위해 반격을 거듭했다. 이 무렵 독일군은 솜 지역에서의 전투를 위해 더는 병력 증원을 할 수 없는 상황이 되었다. 양쪽은 상호 진지를 구축하고 포격전과 소규모 공세 행동을 지속하는 참호전[12]을 수행하다가 12월 독일군이 작전을 중단시

---

11 https://ko.wikipedia.org/wiki/베르됭 전투 참조.
12 상호 교통호와 참호로 된 진지를 구축하고 철조망과 기관총, 포격으로 전투를 수행하는 교전 형태.

베르됭 전투 기념관을
방문한 필자(2019)

키면서 전투는 끝났다. 독일은 이 전투에서 패함으로써 더는 프랑스로 진격할 수 없는 상태가 되었다.

모리스 라벨의 감동적인 곡이 하나 더 있다. 음악사 전체를 통해서도 유례가 없는 이야기다. 라벨은 제1차 세계대전에 참전했다가 전투에서 부상당해 오른팔을 잃은 피아니스트를 위해 왼손으로만 연주하는 곡을 만들었다. 바로 〈왼손을 위한 피아노협주곡(Concerto pour la main gauche en ré majeur)〉이다.[13] 오른팔을 잃은 주인공은 오스트리아의 피아니스트 비트겐슈타인(Paul Wittgenstein, 1887~1961)이다. 그는 전쟁이 발발하자 기병대 소위로 갈리시아(Galician) 전투[14]에 참전했다.

갈리시아 지역은 당시 러시아가 점령한 폴란드 지역이었는데, 개전

---

13 https://ko.wikipedia.org/wiki/왼손을 위한 피아노협주곡 참조.
14 갈리시아는 당시 러시아가 점령한 폴란드 남부에 있었으며, 지금은 우크라이나 북부 리비우 지역을 말한다.

후 오스트리아-헝가리군이 이 지역에 선제공격을 가했으나 러시아군의 반격으로 오스트리아-헝가리가 패한 전투다. 이 전투에 참전했던 비트겐슈타인은 팔꿈치에 총을 맞고 오른팔을 절단해야 했다. 전투에서 오스트리아가 패하자 러시아군에 포로로 잡혔으며 시베리아 포로수용소에 수용되었다. 수용소에서 왼손만으로도 피아노를 칠 수 있다고 생각했고, 나무상자 위에 손가락을 두드리며 연습했다고 한다.[15]

전쟁이 끝나 석방된 후 비트겐슈타인은 스승이었던 요셉 라보르(Josef Labor, 1842~1924)의 도움으로 왼손으로만 피아노를 칠 수 있게 편곡하고 공연도 하게 된다. 또한, 유명세를 타면서 여기저기 작곡도 의뢰하게 되었다. 라벨에게도 이런 의뢰가 있었고, 라벨은 비록 비트겐슈타인이 적국의 군인이었지만 기꺼이 수락하고 1929년에서 1930년 사이에 〈왼손을 위한 피

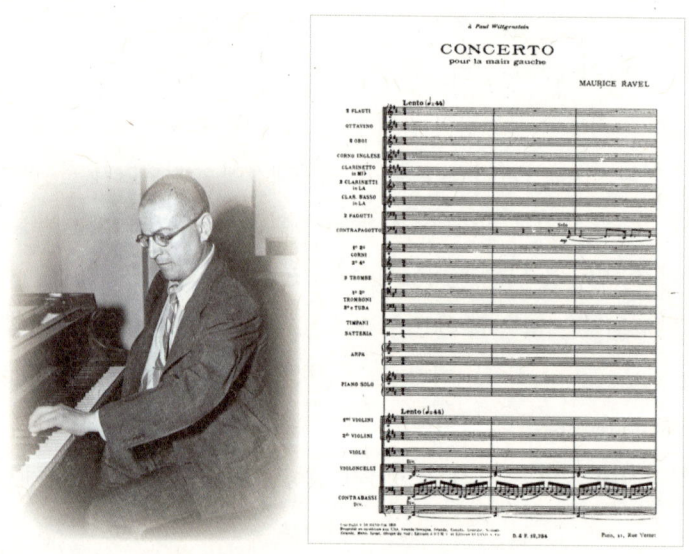

비트겐슈타인과 〈왼손을 위한 피아노협주곡〉 악보 일부

---

15 https://en.wikipedia.org/wiki/Paul_Wittgenstein 참조.

아노협주곡〉을 완성했다. 비트겐슈타인은 처음 이 곡을 보고 너무 어려워 불평도 하고 수정을 요구했으나 라벨은 응하지 않았다고 한다. 그리고 드디어 1931년 11월 빈에서 비트겐슈타인에 의해 초연이 이루어졌다. 연주회는 성황리에 끝났고, 그제야 비트겐슈타인도 이 곡에 대한 칭찬을 아끼지 않았다고 한다.

이 곡을 들으면 '이게 정말 한 손으로 치는 연주일까?' 하는 의문을 가질 정도다. 크게 3부로 이루어졌지만, 단악장의 곡으로 20분가량 연주가 이어진다. 첫 시작은 마치 전쟁터로 들어가는 듯한 긴장감이 느껴진다. 이어 관악기들이 합류해 본격적으로 전쟁이 진행되는 듯한 분위기에서 피아노가 등장해 전장의 참담함, 우울함, 좌절감 같은 느낌을 갖게 한다. 이어지는 부분에서는 금관악기와 타악기가 전쟁터의 격정적인 흐름을 알리는 듯하다가 다시 피아노의 빠른 템포가 쉼 없이 연주되면서 전체를 이끌고 끝을 맺는다.

모리스 라벨,
〈왼손을 위한 피아노협주곡〉

라벨은 비트겐슈타인의 남은 왼손 연주를 통해 전쟁의 참상과 절망, 공포는 물론이고 자신이 전장에서 체험했던 참담함을 전하고 있다. 그러면서도 그 어려운 곡을 왼손만으로도 훌륭히 연주함으로써 전쟁이 안긴 고난과 시련, 상처를 극복하는 인간의 강한 의지를 표현하려 한 듯하다.

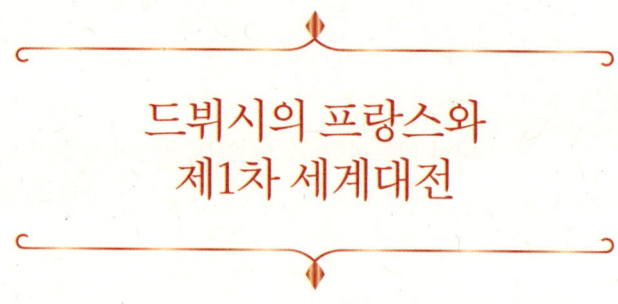

드뷔시의 프랑스와
제1차 세계대전

프랑스의 드뷔시(Claude Achille Debussy, 1862~1918)도 제1차 세계대전과 관련된 곡을 남겼다. 우리에게는 피아노 연주곡 〈달빛〉, 〈아라베스크〉, 〈목신의 오후 전주곡〉 등으로 잘 알려진 작가다. 그는 전쟁이 발발했을 때 암 수술로 몸이 쇠약해진 상태였다. 특히, 독일이 프랑스를 침공했을 때 무엇이든 해야 하겠다는 생각에 1915년부터 소나타 6곡을 작곡하려 했으나 〈첼로를 위한 소나타(Sonate pour violoncelle et piano), L. 135〉, 〈플루트·비올라와 하프를 위한 소나타(Sonata for Flute, Viola and Harp), L. 137〉, 〈바이올린 소나타(Violin Sonata), L. 140〉 3곡을 완성하고 1918년 끝내 사망했다.[16]

드뷔시는 프랑스 색채가 잘 드러나는 곡을 만들려고 애썼는데, 이는 아마도 전쟁 중에 생겨난 애국심 탓인듯싶다. 그가 숨을 거두던 당시 파리에는 그때도 독일군의 포탄이 떨어지고 있었다.

제1차 세계대전에 대해 일부 설명이 있었으나 전반적인 이해를 위해

---

[16] David J. Code, *Claude Debussy*, Reaktion Books, 2010.

드뷔시와 3곡의 소나타 악보 일부

그 배경부터 진행 상황을 좀 더 개괄해볼 필요가 있다.[17] 제1차 세계대전은 어떻게 보면 1800년대 초반 나폴레옹 전쟁 이래 가장 큰 전쟁이라 할 수 있다. 100여 년 만에 유럽대륙 전체가 전쟁으로 얼룩졌다. 산업혁명을 전후로 기존의 유럽 열강들도 변화의 조짐이 있었다. 특히, 1871년 보불전쟁으로 통일을 달성한 독일은 급속도로 발전을 거듭했고, 기존 열강들이 점령해놓은 식민지와 국제질서에 제동을 걸기 시작했다. 그 이유는 부강해진 독일을 포함한 신흥제국들이 마치 2류 국가처럼 국제사회의 인식이 높지 않았고 소외된 상태였다는 점이다. 아울러 민족주의적 갈등도 원인으로 작용했다고 할 수 있다.

흔히 오스트리아-헝가리제국의 황태자가 사라예보에서 세르비아계 청년에게 암살을 당한 것을 전쟁의 원인으로 말하는 사람도 많으나, 그것은 그저 전쟁으로 가는 도화선에 마지막 불을 붙였을 뿐이다. 당시 열강들은 산업혁명의 영향으로 원자재 확보와 생산된 제품을 팔기 위한 식민지가 절실했다. 영국은 강력한 해군력을 바탕으로 식민지 개척을 주도했고,

---

17 James Joll & Gordon Martel, *The Origins of the First World War*, London Taylorfrancis, 2007.

이어 프랑스도 가세한 상태였다. 뒤늦게 끼어든 독일의 빌헬름 2세는 해군력 증강 없이 이들 국가와 경쟁할 수 없다고 판단했다. 그러나 해양 패권을 장악하고 있던 영국은 독일의 해군력 건설이 도전이라고 생각하면서 양국 관계는 적대적 관계로 급변하기 시작했다. 특히, 영국이 남아프리카에서 보어인과 싸운 보어전쟁[18]에도 그 배후에 독일이 있었고, 프랑스와 두 차례에 걸친 모로코 위기[19]에서도 대립한 상황이었다. 특히, 일련의 상황은 독일이 유럽 열강들 사이에 왕따가 되어있다는 현실을 절감하게 했고, 독일로서는 영국과 프랑스에 대한 적대감만 높아지는 계기가 되었다.

독일 통일을 달성한 재상 비스마르크(Otto von Bismarck, 1815~1898)는 외교전략으로 러시아와는 협력적이어야만 독일이 서쪽과 동쪽, 즉 프랑스·러시아와 양면 전쟁을 피할 수 있다고 판단하여 러시아와 동맹을 맺음으로써 독일-러시아-오스트리아·헝가리제국이 프랑스를 고립시키고 포위한다는 전략을 반드시 고수해야 한다고 강조했다. 그러나 독일의 빌헬름 2세가 즉위한 후 비스마르크의 이러한 기조는 외면당했고 러시아와 거리를 두게 되었다. 이에 러시아가 프랑스와 동맹관계를 체결함으로써 영국, 프랑스, 러시아가 3국 협상국이 되었고 독일, 오스트리아·헝가리, 이탈리아가 3국 동맹국이 되어 대립하는 양상이 되었다.

이러한 정세 속에서 오스트리아-헝가리제국이 보스니아를 점령하는데, 이는 슬라브족의 반발을 사게 되었고 바로 세르비아와 이를 지원하는 러시아와의 갈등으로 이어졌다. 보스니아에 대한 오스트리아-헝가리의 압력이 커지고 요구사항이 도를 넘어서는 상황이 지속했다. 이러한 상황

---

18 남아프리카공화국은 본래 네덜란드의 식민지로 보어인이 많았는데, 나폴레옹 전쟁 때 영국이 점령하면서 독립을 주장하는 보어인과 이를 통제하는 영국인 사이에 갈등이 시작되었고, 1880년과 1899년 두 차례에 걸쳐 전쟁이 일어났다. 그 결과 1902년 끝내 영국이 장악했다.

19 1905년과 1911년 두 차례에 걸쳐 모로코에 대한 지배력을 강화하려는 프랑스에 대해 독일이 모로코를 지원하려 했으나 독일을 견제하는 영국이 결국 프랑스를 옹호함으로써 독일은 프랑스와 영국에 대한 적대적 감정만 키운 채 끝이 난 상황을 말한다.

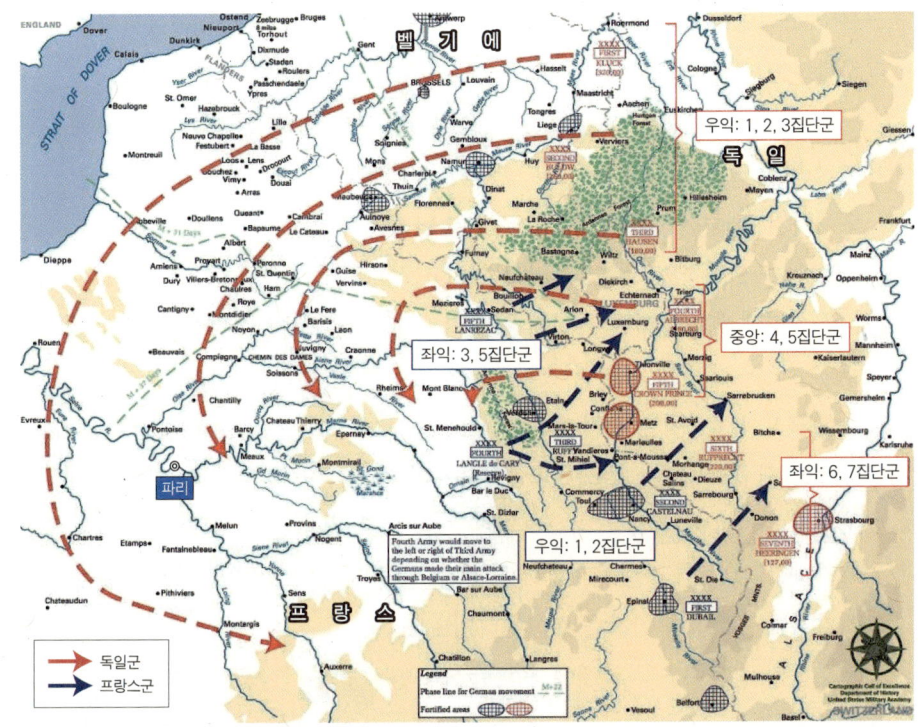

제1차 세계대전 시 독일의 슐리펜계획[20]

에서 1914년 6월 28일, 오스트리아 황태자가 보스니아를 방문하게 되었는데 이때 세르비아계 청년이 황태자를 저격하는 상황이 발생했다. 이는 당시로서는 황제국에 대한 용서할 수 없는 도전이었다. 이에 오스트리아는 세르비아에 대해 선전포고를 하고 전쟁을 개시하게 되었다. 러시아는 오스트리아-헝가리와 동맹인 독일을 경계했다. 특히, 전쟁 대비가 독일보다 늦어지면 낭패를 볼 수 있다는 우려가 강했는데, 표면적으로는 세르비아를 보호한다는 명목 아래 러시아가 먼저 총동원령을 선포했다. 독일은 이

---

20 https://namu.wiki/w/참조. 슐리펜계획(Schliffen-Plann)은 당시 육군참모총장이던 슐리펜이 1905년 12월 작성한 독일제국의 전쟁계획이다.

를 취소해달라고 요구했으나 러시아가 이에 응하지 않자 독일도 동원령을 하달하고 러시아에 선전포고함으로써 전쟁이 확대되었다.

독일의 계획은 서쪽의 프랑스를 최대한 빨리 굴복시켜 동쪽의 러시아 제국 방면으로 집중해 전쟁을 수행한다는 개념으로, 이러한 슐리펜계획을 수행하기 위해 신속하게 움직였고 1914년 8월 서쪽의 프랑스로 공격을 위한 기동을 시작하면서 본격적인 전쟁이 시작되었다.

슐리펜계획에 따른 독일의 대우회(북부 벨기에 지역을 경유하여 프랑스 파리로 기동) 계획은 초반에 상당한 효과를 거두었다. 8월 7일 프랑스로 진격하여 빠른 속도로 9월에는 파리 북방 50km까지 진출했다. 그러나 마른강에 도달했을 때 독일군은 보급선이 길어져 어려움을 겪기 시작했고, 병사들은 하루에 약 40km 이상을 기동하느라 지칠 대로 지쳐있었다. 특히, 참전을 고민하고 있던 영국은 벨기에에 대한 독립을 보장하고 있었는데, 독일이 벨기에를 공격하자 참전을 결심했다.[21]

독일군은 마른강 일대에서 프랑스와 영국군의 저항을 돌파하지 못했

참호전의 수렁에 빠진 제1차 세계대전과 영국의 Mk1 전차

---

21 James Joll & Gordon Martel, 앞의 책.

다. 결국, 독일은 진지를 구축하고 참호전으로 전환할 수밖에 없었다. 한편, 동부전선에서는 초기에 러시아가 독일 북동부와 오스트리아 영토를 공격했으나 8월 말 탄넨베르크(지금의 폴란드 그룬발트 지역)에서 독일군에 크게 패하면서 주도권을 잃었다. 따라서 독일군이 전장을 주도하는 가운데 러시아는 수세로 전환해야 했다. 하지만 러시아 내부의 상황은 더 심각했다. 사회주의 이념에 기반을 둔 반정부 시위가 격화되어 전쟁에 집중할 여력이 없었다. 특히, 1917년 러시아혁명[22]이 발생하자 러시아는 전쟁에서 패배를 선언하고 이탈하는 상황이 발생했다.[23]

한편, 열강들이 전투에 돌입하자 아프리카, 아시아 등지에서도 정부군과 반군 간의 전투가 시작되었고, 영국과 동맹을 맺었던 일본은 독일이 식민지로 운영하던 칭다오를 점령했다. 이탈리아는 처음에 3국 동맹국이었으나 1915년 3국 협상국에 가입하고 오스트리아-헝가리제국과 알프스 일원에서 밀고 당기는 전투를 수행했으나 상황은 크게 변하지 않았다.

독일은 프랑스 북부 마른 전투 이후 새로운 지역으로의 돌파구를 찾고 있었다. 그러면서도 1915년 2월에는 영국에 대한 무제한잠수함작전을 감행하여 영국의 해상봉쇄를 차단하고 해상으로의 군수물자 보급을 시도했다. 큰 피해가 발생했으나 영국 해군은 역시 강했다. 오히려 독일이 민간인 상선, 여객선 등을 구분하지 않고 공격을 감행하다가 1915년 5월 미국의 여객선을 침몰시켜 약 128명이 사망하는 사고가 발생했다.[24] 미국은 전쟁 초 참전하지 않고 중립을 유지하는 정책을 취했기 때문에 참전을 신중히 검토하고 있었다. 그러나 독일이 더는 잠수함 작전을 하지 않겠다고 선

---

[22] 1917년 러시아에서 일어난 혁명으로 전제군주국이던 러시아제국이 무너지고 세계 최초의 공산주의 국가인 러시아 소비에트 공화국이 탄생했다.

[23] Ronald Kowalski, The Russian Revolution 1917-1921, *Jahrbucher Fur Geschichte Osteuropas* 47(2), 1997.

[24] https://ko.wikipedia.org/wiki/무제한잠수함작전 참조.

독일 해군에 격침당하는 상선

언함에 따라 보류했다. 하지만 전세가 불리해지자 독일이 1917년 2월 다시 무제한잠수함작전을 재개했으며, 독일이 멕시코에 비밀 전문을 보내 멕시코와 미국을 대립시키려는 의도가 발각되었다.[25] 이로 인해 미국도 결국 1917년 참전을 결심했다.

독일은 협상국의 효과적인 대응으로 더는 프랑스로의 진출이 불가능했다. 특히, 1916년 2월부터 12월에 있었던 베르됭 전투와 7월부터 11월에 있었던 솜 전투에서 대패했다. 이로 인해 전쟁의 양상은 기동전에서 상호 고착된 가운데 엄청난 희생을 강요하는 참호전으로의 전환을 가져왔다. 독일은 전체 전선에 걸쳐 깊은 교통호와 전투호를 구축하고 참호전으

---

[25] '치머만 전보 사건'을 말하는 것으로, 당시 독일 외무장관 아르투르 치머만이 "독일제국의 무제한잠수함작전 이후 미국이 중립으로 남기를 원하지만, 만약 미국이 연합군에 참여한다면 멕시코합중국과 독일제국이 동맹을 맺어 멕시코가 미국에서 빼앗긴 영토를 되찾게 해준다"라는 내용을 멕시코 주재 독일대사에게 보냈으나 영국에 의해 감청되어 미국에 전달되었다. https://doverequiem1914.tistory.com/80 참조.

마지막 루덴도르프 공세를 위해 이동하는 독일군

로 전환했다. 그 후 1918년 3월 독일의 루덴도르프 공세(춘계공세)와 협상국의 백일 공세 등 상호 주고받는 작전을 수행했으나 전세는 이미 협상국 쪽으로 기울어진 상태였다. 독일은 군수물자 보급의 어려움과 병력 보충의 제한 등으로 전쟁을 지속하기가 점점 어려워져가고 있었다. 반면, 협상국의 전쟁 수행 여건은 미국의 참전으로 크게 좋아지고 있었다.[26]

이제 독일에는 선택지가 많지 않았다. 특히, 1918년 11월 독일에서 발생한 반정부세력의 '11월 혁명'[27]은 결정적 계기를 제공했다. 독일 정부는 붕괴되었고, 전쟁을 주도하던 빌헬름 2세는 결국 네덜란드로 망명하는 상황으로 이어졌다. 이제 더 이상의 전쟁 수행은 불가능한 상황이 되었다.

결국, 독일은 1918년 11월 11일 오전 11시, 프랑스 파리 북부에 있는

---

26 B. H. Liddell Hart, *A History of the First World War*, Pan Macmillan, 2014.
27 독일에서 1918년 11월 7일에 발생한 혁명이다. 이 혁명으로 황제가 통치하던 독일제국 제정이 붕괴하고 의회민주주의적인 바이마르 공화국이 탄생했다. 혁명의 원인은 무모한 전쟁에 따른 반대 여론이 확산하면서 제정을 붕괴시키는 반정부 시위로 확대되었다.

휴전협정 후 콩피에뉴 숲 열차에서 함께한 양측 대표단

　콩피에뉴(Compiegne) 숲 열차에서 휴전협정에 서명하고 항복했다. 길고 지루했던 제1차 세계대전이 막을 내렸다. 1914년 8월에 시작해 크리스마스는 집으로 가서 보내겠다던 병사들의 바람은 그저 전쟁터의 헛된 메아리가 되었다.

　제1차 세계대전에서는 민간인과 군인을 포함, 2,500여만 명의 사상자가 발생했다. 기관총의 엄호하에 참호전을 수행하면서 소모전[28]이 만들어낸 결과라고 할 수 있다. 특히, 산업혁명의 여파로 과학기술과 생산성이 향상된 산업기반체계는 무기 발전을 촉진했다. 대규모의 부대 이동과 보급은 철도를 이용했고, 전투기와 전차, 중기관총 등 살상 효과가 훨씬 커진 무기들이 활용되었다. 독일이 사용한 중기관총은 참호전에서 매우 큰 역

---

[28] 소모전은 전쟁에서 적측의 인원, 무기, 물자 등의 소모를 강요해서 고갈시킴으로써 승리하는 전략을 말한다.

할을 했는데, 프랑스군이 참호 밖으로 나와 기동할 수 없는 상황을 만들었다. 그 외에도 철조망 같은 기동을 막는 장애물이 더해졌다.

협상국은 이러한 철조망과 기관총을 극복하고 보병의 기동을 방호하기 위한 대책이 절실했고, 궁리 끝에 등장한 것이 바로 전차(탱크)였다. 영국에서 개발한 Mk1 전차가 처음 사용된 것은 1916년 9월 솜 전투다. 이후 프랑스가 르노 전차를 개발했고, 독일은 1918년 3월이 되어서야 'A7V'라는 모델을 선보였으나 크게 효과를 보지는 못했다.

또한, 독일은 그동안 주로 정찰용 목적으로만 운용하던 군용 항공기에 기관총을 부착하여 공중전투가 가능하게 했고, 폭탄을 탑재해 지상에 폭탄 투하를 시도했다. 영국을 공습할 때 바로 이런 폭격기가 사용되었다. 또 하나의 신무기는 잠수함이었다. 1915년 2월부터 독일은 영국의 해상봉쇄를 뚫기 위해 시작한 무제한잠수함작전에 유보트(U-boat)를 사용했는데, 이 역시 제1차 세계대전에 처음 사용되었다. 화학무기도 처음으로 등장했다. 독일은 1915년 4월 벨기에의 이프르(Ypres) 전투에서 처음으로 염소 독가스를 사용함으로써 큰 피해를 유발했다. 아울러 제1차 세계대전에서는 영국에서 상선을 개조한 항공모함이 처음 등장했으며, 독일이 개발한 420mm 대형곡사포도 선보였다.

혹자는 통일 달성 후 독일제국의 비스마르크가 주장한 것처럼 빌헬름 2세가 러시아와의 동맹관계를 파기하지 않고 유지했다면 전쟁이 발발하지 않았을 수도 있었다고 말한다. 그러나 그렇게 보기에는 무리가 있다. 왜냐하면, 누적된 여러 갈등이 복합적으로 작동하고 있었고, 마치 무엇이든 건드리면 이때라고 달려들 기세가 팽배했기 때문이다.

제국주의 열강들이 경쟁적으로 식민지를 확장하면서 내재한 불만과 신흥제국들의 빠른 성장은 견제와 충돌로 이어졌고, 적대적 관계로 발전하고 있었다. 게다가 발칸반도 지역에서의 범게르만제국(오스트리아-헝가리제국)에 대한 범슬라브족(세르비아)의 불만은 극에 달했다. 그리고 그 배후에는 독일과 러시아가 있었다. 결국, 막을 수 있는 전쟁이었다고 할 수 없는 전쟁이 제1차 세계대전이었다.

 드뷔시,
〈바이올린 소나타, L. 140〉

PART 6

제2차 세계대전과 클래식

포위된 레닌그라드에 울려 퍼진 클래식의 선율
바그너와 히틀러, 그리고 제2차 세계대전
제2차 세계대전의 회상과 추모, 그리고 음악

포위된 레닌그라드에 울려 퍼진 클래식의 선율

쇼스타코비치(Dmitrii Shostakovich, 1906~1975)는 독일이 소련을 침공해 그의 고향 레닌그라드가 포위되었을 때 그곳에 있었다. 바로 1941년 독소전쟁의 가장 치열한 전장에서 그 유명한 〈교향곡 7번(Symphony No. 7), Op. 60〉을 작곡했다. 당시 그는 포위된 레닌그라드에서 방공감시원 겸 의용소방대원으로 활동하고 있었는데, 실의에 빠진 주민에게 용기를 주고 끝까지

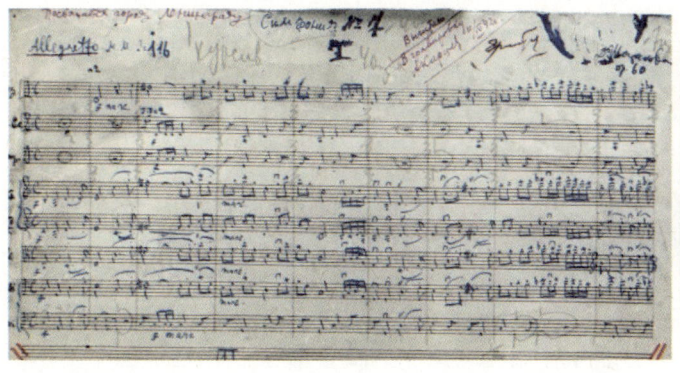 

쇼스타코비치의 〈교향곡 7번〉 자필 악보

독일에 항전하겠다는 의지를 보여주기 위해 이 곡을 작곡했다.[1]

모두 4악장으로 구성된 7번 교향곡은 1941년 8월 1악장이 완성되어 '전쟁'이라는 부제가 붙었고, 이어 그해 9월에 2악장, 10월에는 3악장이 완성되었으며, 4악장은 조금 늦은 12월에 완성되었다. 2악장에는 '회상', 그리고 3악장에는 '조국의 광야', 4악장에는 '승리'라는 부제가 붙었다. 부제만 보더라도 얼마나 간절함이 담겨 있는지 알 수 있다. 그러나 이러한 부제는 후에 곡에 대한 해석을 제한할 수 있다는 판단하에 쇼스타코비치 자신이 삭제해버렸다. 다만 그는 교향곡을 완성한 후 악보의 첫 장에 "이 교향곡을 레닌그라드시에 헌정한다"라고 쓰기도 했다. 당시 소련 당국은 그를 라디오 방송에 출연시켜 이러한 교향곡을 작곡하고 있다는 내용을 알리게 했고, 직접 피아노 연주를 하게 했다. 쇼스타코비치는 라디오 방송에 나와 다음과 같이 연설했다.[2]

> "1시간 전 저는 대규모의 교향곡 두 악장을 완성했습니다.
> 제가 이 곡을 들려드리는 데 성공한다면, 또한 세 번째,
> 네 번째 악장을 완성할 수 있다면 아마도 저는 이 곡을
> 저의 일곱 번째 교향곡이라 부를 수 있을 것입니다.
> 제가 왜 이런 사실을 여러분께 알려드리냐고요?
> 저를 통해 제 이야기를 듣는 청취자 여러분이 있다는 것을
> 알려드리기 위해서입니다."

1939년 독일의 폴란드 침공으로 시작된 제2차 세계대전은 그야말로 전광석화처럼 진행되었다. 제1차 세계대전의 교훈을 뼈저리게 느꼈던 독

---

1 리처드 화이트하우스, 김형수 역, 『쇼스타코비치, 그 삶과 음악』, 포노(PHONO), 2014.
2 https://namu.wiki/w/교향곡 7번(쇼스타코비치) 참조.

일은 이른바 '전격전'이라는 대규모 기계화부대를 운용하는 기동전으로 전장을 지배했다. 전쟁 초기 독일은 동쪽과 서쪽 양쪽에서 전쟁을 수행할 경우 전투력이 분산되어 불리할 것으로 판단했다. 따라서 1939년 8월, 소련과 불가침조약을 체결함으로써 동쪽에 위치한 소련과는 전쟁을 회피하고 서유럽을 점령하는 데 집중할 수 있었다. 소련 침공은 서유럽이 어느 정도 확보된 이후로 늦춰졌으며, 약 2년이 경과된 1941년 6월에 시작되었다.[3]

작전명 '바르바로사'[4]로 알려진 독소전쟁은 결국 독일의 불가침조약 파기와 함께 개시되었다. 히틀러는 당시 우랄산맥 서쪽의 소련 영토를 유

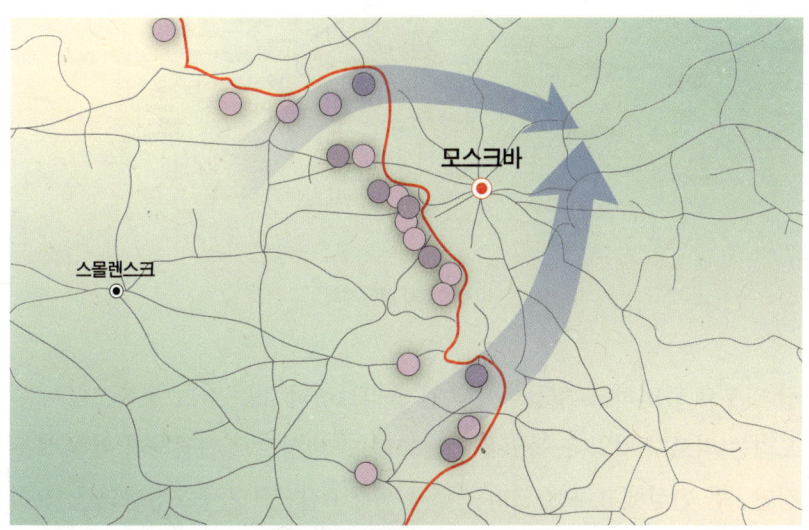

1941년 11월, 모스크바로 진격하는 독일군

---

3 Gerhard L. Weinberg, *A World at Arms: A Global History of World War II*, Cambridge University Press, 2005.

4 고대 신성로마제국 프리드리히 1세의 별명이었던 '바르바로사(붉은 수염)'에서 유래한다. 프리드리히 1세는 명군으로 불린 전설적 인물로 동방에 관심을 기울였기에 대소련전에 걸맞다고 판단한 것으로 여겨지며, 붉은 수염은 스탈린을 암시하기도 했다고 한다(나무위키).

바르바로사 작전계획[5]

럽 일부로 규정하고, 열등한 민족인 슬라브족의 소련을 그 동쪽으로 내쫓으려는 의도가 있었다. 독일은 레닌그라드[6] 방향으로 진격하기 위해 북부집단군을 편성했고, 모스크바 점령을 위해 B집단군인 중부집단군을, 그리고 남쪽 스탈린그라드(Stalingrad) 방향에는 만슈타인이 이끄는 남부집단군

---

5 https://namu.wiki/w/바르바로사 작전 참조.
6 레닌그라드시의 본래 지명은 상트페테르부르크다. 상트페테르부르크는 1918년 수도를 모스크바로 이전하기 전까지 소련의 수도였다. 제1차 세계대전 발발로 인해 독일어로 표기된 상트페테르부르크는 러시아식의 페트로그라드(러시아어 Петроград)로 변경되었다. 이후 러시아혁명 후 레닌이 사망하자 그를 기념하기 위해 레닌그라드(러시아어 Ленинград, 1924~1991)로 변경되었다. 그러다가 국민투표를 통해 1991년 9월 6일 다시 상트페테르부르크로 이름을 바꾸어 오늘에 이르고 있다(위키백과).

을 편성했다.

　그중에서도 북부집단군의 진출 속도는 두드러졌으며, 급기야 8월에는 레닌그라드시 외곽까지 진출했다. 당시 레닌그라드는 약 330만 명의 시민이 피난을 가지 않고 그대로 잔류하고 있었다. 소련의 스탈린은 강력한 저항보다 지연전을 펴면서 철수하는 형태로 군대를 종심 깊게 운용하는 전략을 폈다. 스탈린은 레닌그라드시 주민은 철수 없이 그대로 사수할 것을 명했다. 왜냐하면, 레닌그라드는 과거 소련의 수도이자 공산혁명의 상징적인 장소로 그 의미가 남다른 곳이었다. 또한, 발틱함대가 위치해 있고, 상당수의 군수물자 생산시설이 있어 경제적으로도 중요한 의미가 있었다. 소련군과 레닌그라드 시민이 쉽게 항복하고 레닌그라드를 내어줄 경우 독일군 병력이 모스크바 쪽으로 전환됨으로써 위험해질 상황이었다.

　그런데 독일 북부집단군이 레닌그라드시를 점령할 무렵 히틀러는 중부집단군의 전력을 증원해 모스크바를 속히 점령하길 원했다. 따라서 북부집단군의 제4기갑군이 중부로 전환되는 상황이 발생했다. 북부집단군은 전력이 부족하여 레닌그라드 시내 진출에 제한을 받았다. 외곽을 포위하고 모든 통신과 보급 루트를 차단하는 등 고립시킨 후 포격을 가함으로써 몰살시키고, 또한 굶주리게 함으로써 항복을 받아낸다는 전략을 구사

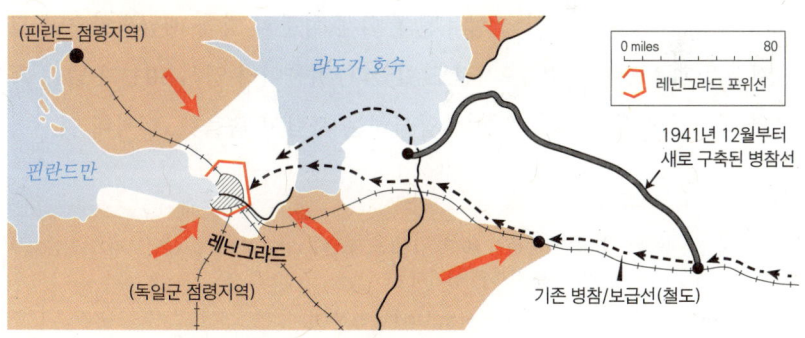

독일 북부집단군과 핀란드군에 의해 포위된 레닌그라드

했다.[7] 꼼짝없이 모든 외부로부터의 지원이 차단된 상태로 고립되었다.[8]

당시 작전상황도를 보면 중앙의 레닌그라드(Leningrad) 남쪽은 독일군이 포위했고, 북쪽은 핀란드군이 포위했다. 또한, 북동에는 라도가(Ladoga) 호수, 북서에는 핀란드만(Gulf of Finland)이 있어 자연스럽게 포위망이 형성되었다. 특히 음식 및 보급품을 운반하는 기선 운항을 막았고, 동남쪽의 철도도 독일군이 점령함으로써 육상과 해상의 모든 보급로가 차단되었다. 따라서 유일하게 접근할 수 있는 새로운 루트는 라도가 호수를 경유하는 것이었는데, 겨울철 결빙이 되기 전까지는 제한되었다.

독일군에 의해 포위된 레닌그라드는 이제 외부로부터의 보급이 차단된 상태로 버틸 수밖에 없는 상황이 되었다. 정확히 말하면 1941년 9월 8일부터 1943년 1월 27일까지 약 872일간 독일군의 포위하에 있었다. 우리가 잘 알고 있는 레닌그라드 포위전이다. 식량이 부족하여 처음에는 배급제를 시행했으나 이것마저 시간이 지남에 따라 제한을 받아 굶어 죽는 사람이 속출했다. 1942년 1~2월에는 하루에 700~1,000명의 사람이 기아로 죽어갔다. 가죽을 삶아 먹거나 쥐, 새, 애완동물은 물론, 인육을 거래하는 상황까지 갔다. 당시 레닌그라드 경찰은 식인종을 단속하는 특별단속반을 운영했고, 200여 명을 유죄 판결했다고 한다.[9]

특히, 1941년 11월부터 1942년 2월까지 혹한에 먹을 것이 절대적으로 부족했는데, 톱밥이 다량 함유된 혼화제 성분의 빵을 배급받았으며 그마저 군인과 노동자만 받는 기간도 있었다. 겨울이라 영하 30℃가 넘는 혹한에 에너지가 문제였다. 혹한에 동사하는 사람이 속출했고, 시내 여기저

---

[7] 독일군은 봉쇄 기간 중 공중폭격 10만 7,158발, 포탄 14만 8,478발을 레닌그라드에 쏟아부었다. 하루에 거의 300발을 퍼부은 셈이다.

[8] Michael Jones, *Leningrad: State of Siege*, Hachette, 2008.

[9] Alexis Peri, *The War Within: Diaries from the Siege of Leningrad*, Harvard University Press, 2017.

레닌그라드 시내에
나뒹구는 시체들

기에 시체가 즐비했다. 기간 중 군인이 150만 명 이상, 노약자와 여성 등 민간인 140만 명 이상이 대피 중 포격 또는 기아로 인해 사망했다고 한다.

> "1941년 12월 28일 새벽 12시 30분에 제냐 언니가 죽었어요.
> 1942년 1월 25일 낮 3시에 할머니가 죽었어요.
> 1942년 3월 17일 새벽 5시에 레카 오빠가 죽었어요.
> 1942년 4월 13일 새벽 2시에 바샤 아저씨가 죽었어요.
> 1942년 5월 10일 낮 4시에 레샤 아저씨가 죽었어요.
> 1942년 5월 13일 아침 7시 30분에 엄마가…
> 사비체바 집안 사람들이 죽었어요.
> 모두 죽었어요.
> 타냐 혼자만 남았다. …"

레닌그라드에 살던 열한 살의 타냐(Tanya Savicheva)라는 소녀가 일기장에 남긴 글이다. 당시 상황이 얼마나 참혹했는지를 보여주고 있다. 타냐는 1944년 영양실조와 면역저하 등으로 끝내 숨지고 말았다. 이 일기는 전쟁이 끝난 후 1945년 독일의 나치 전범들을 다루는 뉘른베르크 국제군사재판에서 증거로 채택되기도 했다.[10]

그러나 이러한 최악의 상황에서도 레닌그라드 시민의 저항 의지는 꺾이지 않았고, 희망의 빛들이 솟아나기 시작했다. 특히, 쇼스타코비치가 포위된 레닌그라드에서 작곡한 7번 교향곡은 시민에게 용기와 희망을 주는 기폭제가 되었고, 레닌그라드의 참혹한 상황을 외부 세계에 알리는 계기가 되었다.

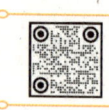 쇼스타코비치, 〈교향곡 7번, Op. 60, 레닌그라드〉

첫 연주는 전쟁으로 준비가 늦어져 1942년 3월 5일 쿠이비셰프(Kuibyshev, 모스크바 동쪽)의 문화궁전에서 사무엘 사모수드(Samuel Samosud, 1884~1964)가 지휘하는 볼쇼이극장 관현악단의 연주로 이루어졌다. 이례적으로 소련 전역에 공연 실황이 라디오로 생중계되었다. 초연과 동시에 소련의 많은 언론이 파시즘에 대항하는 저항 의지를 담은 역작이라고 대서특필했다. 악보는 국립음악출판소에서 간행되었으며, 최신 소재였던 마이크로필름에도 옮겨졌고, 미국과 영국 등 연합국에도 전해져 연주가 이루어졌다.

8월에는 포위된 레닌그라드에서 이 곡이 연주되었다. 당시 지휘자 칼

---

10 Michael Jones, 앞의 책.

엘리아스베르크(Karl Eliasberg)는 레닌그라드 방송 관현악단의 단원들을 직접 찾아다녔지만, 살아남은 단원들이 불과 스무 명 남짓이라 이 교향곡을 연주하기에는 부족했다. 따라서 군인 중 연주자들을 뽑아 동원하기도 했다. 하지만 연주자들이 대부분 영양실조와 질병으로 악기 연주가 힘들었으며, 리허설 도중 쓰러져 사망하는 인원도 있었다. 어쨌든 열악한 여건 속에서도 공연은 마침내 이루어졌고, 시민에게는 용기와 함께 승리의 의욕을 불러일으킬 수 있는 계기가 되었다. 공연 후 1시간이나 박수가 이어졌다고 한다.

1악장의 시작은 마치 전쟁이 시작되는 숨 막히는 상황을 묘사하는 듯하고, 중반부에는 본격적으로 독일군의 공격이 시작되어 사람들의 심장이 벌렁거리고 레닌그라드 시민이 고통과 시련을 겪으면서도 항전 의지를 다지듯이 음계를 달리하며 반복된다. 마치 결전의 의지를 다지고 또 다지는 듯한 느낌이다. 7번 교향곡 중 가장 인상적인 부분이다. 누군가는 이 부분의 리듬을 프랑스의 작곡가 라벨(Maurice Ravel, 1875~1937)의 1928년 작품 〈볼레로〉를 모방했다고도 하나 그렇게 생각되지는 않는다. 볼레로는 스페인풍의 춤곡이다.

2악장과 3악장은 고립된 상태가 길어지며 그 속에서 생겨나는 처참한 현실과 인간의 고독, 강하게 항전하고 싶어도 숨죽이며 연명할 수밖에 없는 현실적인 고뇌가 느껴진다. 그리고 마침내 4악장에서는 고립 속에서 점점 희망의 빛이 생겨나고 생명의 길이 이어지는 듯한 이미지와 함께 마지막 부분에서는 마침내 승리를 달성하여 환호성을 지르고 시민 모두 승리의 축가를 힘껏 외치는 듯한 분위기가 풍긴다.

실제로 1942년 12월 겨울이 되자 레닌그라드 북동쪽의 라도가 호수가 얼어 차량이 이동할 수 있는 통로가 마련되었다. 따라서 차단된 육로 외에 결빙된 호수를 통해 레닌그라드로 각종 식량과 보급물자를 운반할 수 있게 되었다. 때마침 독일군도 지쳐갔다. 독일 본토에서 약 1,700km를 이동한 지역이라 보급에 어려움을 겪었고, 겨울 혹한에 따른 동상 환자 등 사상자가 늘어났다. 반면, 소련은 상대적으로 병력이 증원되고 물자가 보급됨으로써 전세가 역전되기 시작했다. 그 시기 소련 남부의 스탈린그라드 지역에서도 소련의 역공세로 독일군이 참패하는 상황이 전개되고 있었다.

결국, 1943년 1월 독일군은 레닌그라드 외곽의 포위망을 풀고 철수할 수밖에 없었다. 레닌그라드 시민은 끝까지 독일군에 항복하지 않고 사수했다. 스탈린은 레닌그라드에 '영웅 도시'라는 칭호를 부여했고, 쇼스타코비치에게는 '스탈린상'을 수여했다.

쇼스타코비치의 8번 교향곡은 전쟁이 발발한 지 약 2년이 지난 1943년 여름에 작곡되었고, 그해 말에 러시아 국립교향악단에 의해 모스크바 대강당에서 초연되었다. 1943년의 전황은 소련이 스탈린그라드 전투에서 승리를 거둔 후 전쟁의 주도권이 바뀐 상황이었다. 즉, 러시아가 방어에서 공격으로 전환하여 쿠르스크(Kursk, 모스크바 남쪽) 공세를 준비하면서 한편으로는 우크라이나, 폴란드 방면으로 독일군을 추격하는 상황이었다.

모두 5악장으로 구성된 8번 교향곡은 스탈린그라드 전투의 승리와 함께 전쟁에서 희생된 이들을 추모하는 메시지를 담고 있어 일명 '스탈린그라드 교향곡'이라고 부르기도 한다. 하지만 당시 소련 당국도 8번 교향곡이 승리를 축하하는 의미에서 밝고 힘찬, 빠른 템포의 곡일 것이라고 예상했는데, 실제로는 그렇지 못했다. 오히려 전쟁 희생자를 기리는 측면에서 전쟁의 공포나 절망과 탄식, 그리고 많은 희생자를 떠올리게 하여 느린 템포로 어두운 분위기를 연출한다. 특히, 1악장에서는 첼로와 콘트라베이스의 묵직하고 강한 이미지가 곡 전체의 느낌을 대변한다. 이전의 7번 교향곡이 장조의 곡이었다면, 8번 교향곡은 단조의 곡이다. 따라서 당시 소련에서는 소비에트 정신을 훼손한다고 하여 연주를 금지하기도 했다. 연

주가 다시 허락된 것은 스탈린이 사망한 후의 일이다.[11]

쇼스타코비치의 9번 교향곡은 제2차 세계대전이 끝난 1945년 8월 말에 완성된 곡이다. 일명 '승리의 교향곡'이라고도 한다. 특히, 7번 교향곡부터 9번까지 3개의 교향곡은 모두 제2차 세계대전 시기에 작곡되어 '전쟁 교향곡 3부작'이라고 부르기도 한다. 전승국이 된 소련에서 당시 9번 교향곡에 대한 기대는 컸다. 승리의 기쁨을 담은 대곡이 완성될 것으로 예상하고 있었다. 쇼스타코비치도 이를 의식해 "새 교향곡은 러시아 국민과 붉은 군대로 구성된 대규모 합창단이 함께하는 미증유의 대작이 될 것이다"라고 언급한 바 있다. 8월에 완성되어 그해 11월에 초연이 되었는데, 처음에는 그런대로 호평을 받았다. 하지만 대작을 기대했던 스탈린과 당 관계자 등의 극우세력들은 강한 비판을 했다. 가볍고 단조로우며 정형화된 틀의 곡이라는 평을 했다. 또한, 규모도 전작들은 70~90분 정도지만 9번 교향곡은 약 30분으로 짧았다. 이로 인해 1948년에 이 곡은 금지곡이 되기도 했고, 당시 쇼스타코비치는 사회주의 리얼리즘에서 벗어나 서구적인 형식주의로 기울어졌다는 비판 아래 인민재판에 가까운 질책을 받기도 했다.[12]

쇼스타코비치는 제2차 세계대전이 시작되기 전에 이미 6개의 교향곡을 완성했다. 레닌그라드 음악원을 졸업하고 1925년 그의 나이 19세에 1번 교향곡을 발표했는데, 매우 인상적이었으며 그를 전 세계에 알리는 중요한 계기가 되었다. 당시 소련 내에서도 주목받던 그가 1941년 포위된 레닌그라드에 있었다. 따라서 그의 음악 활동은 대단히 주목받는 상황으로 이어졌다. 독일군에 포위되어 고립된 도시에서 마치 한 줄기 희망의 불꽃이 밝혀지듯이 그는 참혹한 레닌그라드 전투의 실상을 세상에 알리는 역할을 했다. 1942년 레닌그라드에서 첫 연주를 할 때는 라디오를 통해 전

---

11 리처드 화이트하우스, 김형수 역, 앞의 책.
12 http://www.doctorstimes.com/news/articleView.html?idxno 참조.

지역에 방송된 것은 물론, 스피커를 통해 독일군 진영에도 방송했다. "너희들이 아무리 압박을 가해와도 우리는 건재하다. 우리는 클래식 음악과 함께 정상적인 일상을 보내고 있다"는 메시지를 전달한 것이다.[13]

당시 쇼스타코비치는 갈등도 많았을 것으로 생각된다. 많은 희생 속에서도 항전 의지를 펼치고 있는 시민을 생각하면 그들에게 용기를 줘야 했지만, 당시 스탈린 정권은 강압적 통제와 무자비한 통치로 시민의 삶과 고통은 중요하게 생각하지 않았고, 쇼스타코비치의 작품에도 많은 간섭이 있었다. 어떤 경우에는 정권의 입맛에 맞는 작품을 만들 수밖에 없었다. 특히, 1948년에는 그의 교향곡 8번, 9번 등이 당과 극우세력의 극렬한 비판을 받아 연주가 금지됨은 물론, 조사를 받는 등의 어려움도 겪었다. 전쟁의 상황으로 볼 때 8번, 9번 교향곡이 7번 교향곡보다 더 승리에 대한 희망을 기원하고 전쟁 후 승리를 축하하는 의미에서 더 밝고 경쾌하며, 장엄하게 표현될 수도 있었다. 하지만 전장의 참담함과 비관적인 실상, 희생자들을 기리는 내용이 더 강하게 표현되었다.

전쟁사 측면에서 레닌그라드 전투는 전 세계에서 가장 오랜 기간에 걸쳐 치러진 전투이며, 포위전이다. 또한, 전쟁이 아닌 단일 전투에서 민간인과 군인을 포함해 가장 많은 약 300만 명이 숨졌다. 소련으로서는 레닌그라드 시민이 끝까지 항복하지 않고 사수함으로써 독일군 북부집단군 50여만 명을 묶어놓을 수 있었다. 이는 모스크바를 사수하고, 또한 남쪽의 스탈린그라드 전투에서 소련이 독일군을 격퇴하는 중요한 여건을 만들어주었다. 이러한 결과로 소련은 1943년부터 공세로 전환하여 독일군을 패퇴시키는 계기가 되었다.

쇼스타코비치의 레닌그라드 교향곡은 레닌그라드 포위전의 참혹한 전장에서 시민이 주인공이 된 역작이다. 삶과 죽음이 공존하는 극도의 공

---

[13] Sofia Moshevich, *Dmitri Shostakovich, Pianist*, McGill-Queen's University Press, 2004.

포와 혼란 속에서 독일군의 포탄이 언제 떨어져 죽을지 모르는 상황, 먹을 것도 없어 굶주림에 지쳐가는 시민에게 끝까지 버틸 수 있는 희망과 용기를 불어넣은 한 줄기 빛이 되었다.

나치 독일의 소련 침공과 관련하여 꼭 살펴볼 작품이 하나 더 있다. 소련의 낭만주의 후기 작곡가 프로코피예프(Sergei Sergeyevich Prokofiev, 1891~1953)는 독일의 침공 시기에 러시아의 대문호 톨스토이(Leo Tolstoy, 1828~1910)의 소설『전쟁과 평화』를 소재로 대본을 작성하여 오페라《전쟁과 평화(War and Peace), Op. 91》를 작곡했다.[14]

톨스토이의『전쟁과 평화』는 나폴레옹 전쟁 시기 프랑스와 러시아의 전쟁을 배경으로 하고 있다. 특히, 나폴레옹이 1812년 6월, 러시아를 침공하여 모스크바를 점령했던 시기에 모스크바가 불바다가 되었던 상황과 당

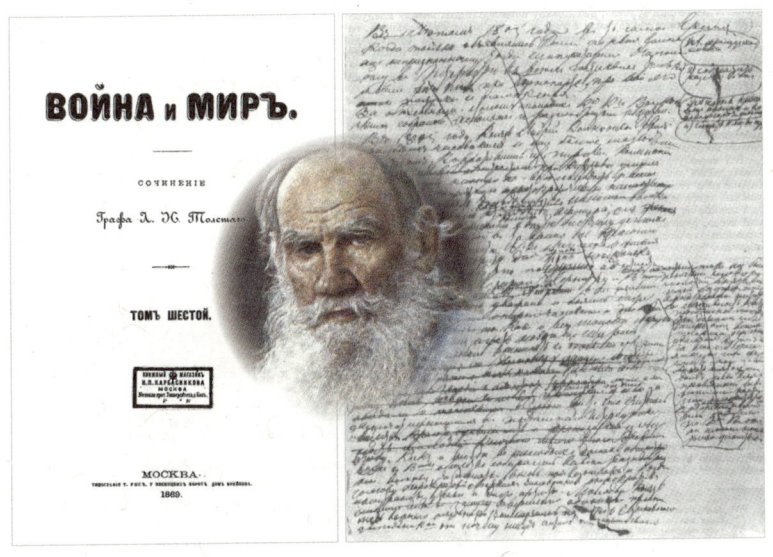

톨스토이의『전쟁과 평화』표지와 자필 원고

---

14 그레고리 하트, 임선근 역,『프로코피예프, 그 삶과 음악』, 포노(PHONO), 2014.

시의 러시아 총사령관 쿠투조프가 승리를 위해 후퇴를 단행한 전쟁을 배경으로 하고 있다. 이러한 전쟁 속에서 사랑의 곡예가 역사와 전쟁의 소용돌이처럼 요동치는 내용을 적나라하게 그려낸 작품이다.

톨스토이는 1865년 처음으로 "1805년"이라는 표제로 당시의 러시아 신문 「러시아 통보」에 게재하기 시작하여 1866년 2부를 발표했고, 제목을 『전쟁과 평화』로 정했다. 그리고 나머지 부분을 완성해 1869년 단행본으로 출판했다. 그는 전쟁 상황을 통해 삶의 의미와 사랑을 깨닫는 일련의 과정에서 예술적 가치를 표현하려 했다. 특히, 톨스토이는 당시 러시아 총사령관 쿠투조프의 승리가 진정한 러시아의 승리라는 것을 강조했다.[15]

프로코피예프는 약 120년이 지난 1941년 나치 독일군대가 러시아를 침공하여 모스크바를 점령하고, 레닌그라드를 포위하는 등 또다시 전쟁

프로코피예프와 《전쟁과 평화》 오페라 악보 일부

---

15 Andrei Zorin, *Leo Tolstoy*, Reaktion Books, 2020.

으로 치닫자 1800년대 톨스토이의 작품을 소환해 오페라를 작곡했다. 모스크바가 적에게 점령당한 상황이 나폴레옹 전쟁 시기와 비슷했기 때문일 것이다. 그는 아내 미라 멘델슨(Mira Mendelson)의 도움을 받아 4월부터 대본을 작성하고, 8월부터 작곡에 착수해 1942년 초판을 완성했다. 1944년 피아노로 초연을 했고, 1945년 모스크바에서 오케스트라 연주회를 열었으며, 1946년 무대를 꾸며 공연했다. 그러나 제대로 된 대규모의 공연은 1959년에 이루어졌다.

1부는 '평화'를 테마로, 7개 장으로 구성되었다. 프랑스의 나폴레옹이 본격적인 전쟁을 개시하면서 러시아도 개입했는데, 이러한 불안정한 사회 속에서 전쟁에 참전했던 안드레이와 나타샤가 만나 사랑에 빠진다. 그리고 결혼을 약속했으나 부모가 반대하여 안드레이는 강제로 유학을 떠나게 된다. 그사이 나타샤는 다른 유부남의 유혹에 넘어가 그만 스캔들에 휘말린다. 돌아온 안드레이는 이를 알게 되어 결혼 약속을 깨고 다시 전쟁터로 간다. 안드레이는 전쟁터에서 큰 부상을 입고 돌아오는데, 나타샤의 극진한 간호에도 죽고 만다. 전쟁이 만들어낸 상처였다. 마지막에 나타샤는 안드레이의 친구 피에르와 사랑하게 되고 미래를 함께한다는 내용으로 1부의 막이 내린다. 즉, 평화가 찾아왔다는 메시지로 끝을 맺는다.

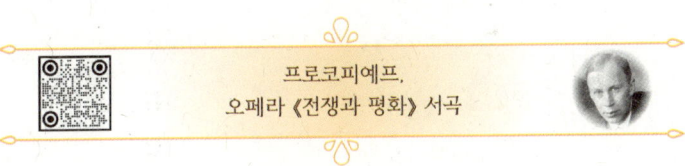

프로코피예프, 오페라 《전쟁과 평화》 서곡

2부는 '전쟁'이 테마로, 6개 장으로 구성되었다. 전쟁이라는 테마가 암시하듯, 나폴레옹의 1812년 러시아 원정 작전을 묘사했다. 나폴레옹의 지휘소가 등장하고, 러시아 총사령관 쿠투조프의 지휘소도 등장한다. 그리고 불타는 모스크바가 연출된다. 그러나 결국 쿠투조프의 뛰어난 전략으로 승리를 거둔다는 내용을 묘사하고 있다. 프로코피예프는 이 오페라를 통해 러시아 민중의 강인한 삶과 사랑 그리고 애국심을 담으려고 했다.

바그너와 히틀러,
그리고 제2차 세계대전

독일 사람들이 가장 좋아하는 클래식 작곡가는 바로 바그너(Wilhelm Richard Wagner, 1813~1883)다. 흔히 베토벤(Ludwig van Beethoven, 1770~1827)이 아니냐고 의문을 제기할 수 있겠으나 그렇지 않다. 그것은 아마도 그가 독일 사

바그너와 그의 자필 악보

람들이 잘 알고 좋아하는 중세유럽의 전설이나 게르만 신화를 작품 소재로 많이 다뤘고, 게르만 우월주의와 민족주의적인 그의 사상과 정서가 국민적 공감을 불러일으켰기 때문이 아닐까 싶다. 게다가 전 유럽을 장악했던 제2차 세계대전의 주역 히틀러(Adolf Hitler, 1889~1945)도 좋아해서 전쟁 전 국민을 하나로 만드는 데 그의 음악을 활용했으며, 그가 죽을 때 들었던 음악이 바로 바그너의 음악이라는 점도 특별한 이유라 할 수 있다.

전쟁의 결심은 정치 영역이다. 다만 전쟁 수행을 위한 전략, 전술과 군사력 운용에 관한 것은 군사적 분야다. 1914년부터 1918년까지 발생했던 제1차 세계대전에서 약 2,500만 명이 사망했음에도 20년 만에 제2차 세계대전이 다시 발발했다. 독일의 히틀러는 끝내 전쟁을 결심했다. 1939년 9월 독일의 폴란드 침공으로 시작된 제2차 세계대전은 1945년까지 약 6년간 유럽은 물론, 아프리카와 동남아, 태평양까지 전 세계를 전쟁의 소용돌이로 몰아넣었다. 제1차 세계대전보다 더 강력해진 무기와 살상력으로 훨씬 많은 희생자가 발생했고, 7,500만 명 이상이 숨졌다.

제2차 세계대전은 예견된 전쟁이었을지도 모른다. 왜냐하면, 제1차

행진하는 독일군과 아돌프 히틀러

1919년 6월 베르사유 궁전에서의 조약 체결 장면

세계대전에서 패망한 독일은 엄청난 대가를 치러야 했는데, 이 과정에서 독일 국민의 자존심은 바닥에 떨어졌고 복수심은 높아졌다. 그러면서 게르만족 중심의 민족주의를 태동하게 했다. 전쟁으로 독일은 인구의 약 10%를 잃었고, 1919년 6월 체결된 베르사유조약에 따라 폴란드 지역, 오스트리아 지역 등 독일 동부지역과 프랑스와 접경지역인 알자스-로렌 등 영토의 약 15%를 빼앗겼다.

또한, 군대를 제한하여 재건 자체가 불가능하게 했는데, 예를 들면 국방부와 육군본부를 해체하고 육군참모총장도 없앴으며, 징병제를 폐지했다. 육군은 10만 명 이상의 병력 보유를 금지하고, 해군은 1만 5천 명만 보유토록 했다. 공격수단으로 운용될 수 있는 전투기, 탱크 등은 보유하지 못하도록 했다.

특히, 독일은 1,320억 금마르크(당시 약 330억 달러, 현 시세 6,050억 달러)라는 막대한 전쟁배상금을 지불해야 했는데, 독일의 당시 한 해 세(稅) 수입이 60~70억 금마르크라고 할 때 약 20년 이상 한 푼도 쓰지 않고 배상해야 하는 금액이었다. 현재의 한화(韓貨)로 환산하면 약 877조 원 이상이 될 것으로 본다. 독일은 해외에서 차관을 빌려오거나 국채를 발행해 배상금을 충당해야 했다. 이 과정에서 화폐가치는 떨어지고 물가는 치솟았다. 1918년 빵 한 덩이가 0.5마르크였는데, 1923년에는 1천억 마르크가 되었다.[16]

독일 국민의 마음은 들끓기 시작했고, 경제 위기와 함께 정치적 혼돈이 지속했다. 여기저기서 극좌·극우 정당들이 생겨났다. 독일공산당은 정국을 주도하면서 독일의 바이마르공화국을 전복하려 했다. 이에 대항하여 극우 파시즘 세력이 등장했는데, 바로 나치당(국가사회주의 독일 노동자당)이었다. 히틀러와 나치당[17]이 처음부터 주목을 받은 것은 아니었다. 그러던 중 1923년 나치당이 이른바 '뮌헨폭동'으로 알려진 쿠데타를 일으켰는데, 이를 통해 오히려 히틀러의 나치당이 주목받았다. 즉, 쿠데타 실패로 히틀러가 투옥되었는데 약 1년 후 석방되자 반공, 파시즘의 지도자로 우뚝 서게 되었다.

1933년 히틀러는 선거에서 다수당을 차지했고, 독일 총리로 지명되었다. 1934년에는 당시 독일 대통령 힌덴부르크(Paul von Hindenburg, 1847~1934)가 사망하자 히틀러는 대통령의 권한도 위임받았다. 히틀러는 "독일의 영광을 되찾자"고 외쳤고, 독일 국민은 열광했다. 독일 국민을 하나로 묶는 대독일주의가 꿈틀대기 시작했다.[18]

제2차 세계대전의 원인을 한마디로 정리하기는 쉽지 않다. 명확한 것은 경제적인 문제가 크게 작용했다는 것이다. 특히, 제1차 세계대전 이후 프랑스를 중심으로 한 연합군 측에서 독일에 전쟁 책임을 너무 가혹하게

---

16   George Allardice Riddell, *The Treaty of Versailles and After*, George Allen & Unwin LTD., 1935.
17   반공을 내세우고 민족지상주의, 군국주의를 지향하면서 자유주의 부정과 함께 폭력적인 방법에 따른 일당 독재를 주장하는 것이 파시즘인데, 나치즘은 독일의 파시즘 이념으로 '국가사회주의 독일 노동자당(nationalsozialistische Deutsche Arbeiterpartei)'에서 유래한다.
18   https://namu.wiki/w/아돌프 히틀러 참조.

요구한 것에 대한 분노가 크게 작용한 것으로 본다. 1930년대 초 경제 대공황과 전쟁배상금 지불에 따른 경제난이 최악으로 작용했다. 특히, 국민을 가장 자극하는 것이 먹고사는 문제인데, 당시 독일 사람들은 이러한 경제적 상황을 심각하게 만든 책임이 유대인에게 있다고 생각했다. 왜냐하면, 당시 독일의 금융과 언론은 거의 유대인이 장악하고 있었는데, 그들이 자신의 이익만 챙기고 게르만족 국민의 생계를 어렵게 만든다고 믿었다. 또한, 시대적으로도 유럽은 기독교 중심의 문화로, 반유대주의 사상이 팽배해 있는 상황이었다. 히틀러와 나치당이 주장하는 게르만족 중심의 민족주의는 국민을 열광시켰고, 하나로 모았다. 그리고 유대인, 슬라브족 등 이민족에 대한 강한 증오심으로 발전했다.

1935년 히틀러는 베르사유조약이 불평등하다는 이유로 폐기했다. 또한 전쟁배상금을 지불하지 않겠다고 했다. 그러면서 다시 징병제를 도입하고 군대를 재건하기 시작했다. 또한, 유대인을 포함한 이민족을 구금하거나 폭행하고 재산을 몰수하는 등으로 학대했다. 군대는 빠르게 무장되었고, 독일의 확장세는 대단했다. 오스트리아를 강제 합병하고 주변의 뺴

뮌헨 협정(왼쪽부터 체임벌린, 달라디에, 히틀러, 무솔리니)

앗겼던 지역을 되찾았다. 또한, 1939년 초에는 체코를 점령했다. 1938년 9월, 히틀러는 영국, 프랑스, 이탈리아 총리와 협정을 맺고 다시는 침략하지 않겠다고 했지만,[19] 주변 강대국을 안심시키고 전쟁준비를 하는 '평화를 가장한 정치쇼'에 불과했다. 전쟁의 서막이 올랐다.[20]

흔히 제2차 세계대전 하면 떠오르는 것으로 히틀러, 나치즘, 유대인 학살, 전격전 등을 들 수 있다. 히틀러는 특히, 음악이 독일 민족을 하나로 결속시킬 수 있다고 믿었다. 히틀러는 그중에서도 독일의 대표적인 낭만주의 시대 음악가인 바그너의 사상에 심취했다. 바그너의 음악을 독일인의 우수성을 표상하는 대표적인 예로 활용했다.

제2차 세계대전이 발발하기 전인 1936년 베를린 올림픽에서도 바그너의 '전체예술' 개념에서 영감을 얻어 행사 기획을 했다고 한다. 또한, 당시 독일 국민에게 히틀러나 당 지도부의 연설 내용을 정기적으로 알리기 위해 라디오를 많이 보급했는데 연설 방송 전에 바그너의 음악이 흘러나왔다고 한다. 바그너의 음악은 자연스럽게 모든 독일 국민에게 익숙해졌다.

히틀러는 젊은 시절부터 음악에 관심이 많았으며, 특히 오스트리아 빈에서 바그너의 오페라 《로엔그린(Lohengrin)》과 《트리스탄과 이졸데(Tristan and Isolde)》를 관람하고 크게 감동하여 40여 회 이상 보러 다녔다고 한다.[21]

《로엔그린》[22]에 관해 좀 더 살펴보면, 이 곡은 바그너가 직접 대본을

---

19 '뮌헨 협정'이라고 하는데, 독일 뮌헨에서 영국의 네빌 체임벌린 총리, 프랑스의 에두아르 달라디에 총리, 이탈리아의 두체 베니토 무솔리니가 만나 서명했다. 이는 당시 독일이 체코의 주데텐란트 지역에 대한 영유권을 주장함에 따라 4개국이 모여 이를 인정하고, 다시는 주변국에 대해 침략하지 않겠다고 한 약속이다.
20 Gerhard L. Weinberg, 앞의 책.
21 https://blog.naver.com/yunji9964/221650926874 참조.
22 줄거리는 한 신비한 기사가 백조가 끄는 배를 타고 와서 곤경에 빠진 귀족 처녀를 돕는다는 이야기다. 그 기사의 이름이 로엔그린이다. 로엔그린은 이 처녀와 결혼하지만, 그녀에게 자신이 어디에서 왔는지는 묻지 말아달라고 부탁한다. 그러나 그녀는 뒤에 이 약속을 잊어버리게 되고, 결국 그녀를 떠나 다시는 돌아오지 않는다.

바그너 오페라
《로엔그린》 1막의 한 장면
'백조 타고 온 기사'

쓴 오페라로 1848년 완성되었다. 로엔그린은 전설 속의 인물로 백조를 탄 기사의 이름이다. 우리에게는 1막과 3막에 나오는 전주곡 '신부들의 합창'과 결혼식에서 즐겨듣는 '입장행진곡'이 잘 알려져 있다. 로엔그린의 전설은 예부터 독일과 프랑스 등에 퍼져 있었는데, 바그너는 주로 볼프람 폰 에센바흐(Wolfram von Eschenbach, 1170년경~1220년경, 독일 중세시대의 작가)의 대표작 『파르치팔(Parzival)』에 의거하여 대본을 썼다.[23] 이 전설은 빛과 어둠, 즉 선과 악의 투쟁과 호기심이 사랑을 잃게 한다는 내용이 그 바탕을 이루고 있는데, 바그너도 그것을 살렸다. 또한, 진정한 예술가가 세상에서 올바로 인정받지 못하는 운명을 로엔그린으로 상징화했다.[24]

---

23 '파르치팔'은 소설에 등장하는 의적의 이름이다. 에센바흐가 13세기 초에 쓴 운문체 장편 서사시 소설로 운율을 맞춘 시행 2만 5천 쌍으로 이루어졌고, 책 16권 분량의 장편이다.
24 Richard Wagner, *Lohengrin*, Alma Books, 2018.

1865년
《트리스탄과 이졸데》
공연 당시 장면

《트리스탄과 이졸데》는 중세 유럽 전설 속 비극적 사랑의 주인공들이다. 1848년 유럽에는 빈 체제(Vienna System)[25]에 저항하는 혁명이 번졌는데, 바그너도 당시 드레스덴(Dresden) 혁명에 가담했다가 수배되어 국외로 피신해야 했다. 이때 취리히로 피신했는데, 거기서 그에게 도움을 주고 작품 활동을 할 수 있도록 후원해주는 사람을 만났다. 그러다가 후원자 아내의 미모와 문학적 감성에 빠져들었다.

 바그너, 오페라 《트리스탄과 이졸데》
전주곡과 '사랑의 죽음'

---

[25] 빈 체제는 1814년부터 1818년까지 나폴레옹 전쟁 시기 오스트리아 빈에서 열린 회의체로, 회의 후 유럽의 새로운 국제질서를 일컫는 말이다. 즉, 나폴레옹 전쟁 이전 상태로 복귀하는 것으로 자유주의와 민족주의에 반대하고 이러한 상황이 발생하면 유럽의 각 국가는 이를 진압할 책임을 진다는 내용을 결의했다.

그러나 이루어질 수 없는 사랑이라 이러지도 저러지도 못하는 상황에 놓였다. 이때 전설처럼 전해오는 '트리스탄과 이졸데'의 사랑이 마치 자신의 처지를 말해주는 것으로 생각하게 되었고, 그 전설 내용을 토대로 직접 오페라 대본을 쓰고 작곡한 곡이다.[26] 3막의 오페라인데 바그너의 오페라 중 가장 난해한 작품으로 평가받아 1859년 작곡이 완성된 후 1862년 초연까지 상당한 기간이 걸렸으며, 초연 후에도 평가가 많이 엇갈렸던 것이 사실이다.[27]

히틀러는 독일인의 자긍심을 치켜세우고, 독일의 우월주의를 세뇌하여 나치주의를 달성할 목적으로 바그너의 음악을 택했다. 바그너도 철저한 반유대주의자였고, 특히 독일의 게르만 신화를 토대로 극적인 음악을 만들었다. 따라서 바그너의 음악과 사상은 독일 민족의 우수성을 알리고 하나로 모으는 데 아주 유용했을 것으로 본다. 실제로 그는 "바그너의 음악은 인간의 감정을 뒤흔들 뿐 아니라 독일인의 위대함과 독일 정신을 드러내주고 게르만 민족의 단결을 가져올 수 있기 때문이며, 또 다른 이유는 그가 '반유대주의자(antisemitism)'이기 때문이다"라고 직접 밝힌 바 있다.[28]

바그너는 1869년 『음악 속의 유대주의』라는 에세이를 통해 "유대인은 이질적인 외모와 행동 때문에 독일인에게 불쾌감을 주며, 우리는 본능

---

[26] 이졸데는 자신의 약혼자를 죽인 트리스탄을 독약으로 죽이려 하는데, 독약이 잘못 처방되어 사랑의 묘약을 나눠 마시게 되었다. 이내 두 사람은 사랑에 빠졌다. 하지만 두 사람의 사랑은 있어서는 안 될 사랑이었기에 트리스탄은 의심을 받게 된다. 결국, 어느 날 사람들이 찾아와 트리스탄을 죽이려 한다. 트리스탄은 부상을 입고 피신했으나 차도 없이 죽어간다. 이졸데가 트리스탄을 살리기 위해 찾아오지만, 결국 이졸데 품에 안겨 죽고 만다. 죽은 후 사람들을 태운 배가 다가오자 또 트리스탄을 죽이러 오는 사람들로 알았으나, 그들은 다가와 두 사람의 사랑이 트리스탄의 잘못이 아니라 독약 대신 사랑의 묘약을 마셔서 그렇다고 말한다. 이졸데는 정신을 잃고 트리스탄 위에 쓰러져 숨을 거둔다는 내용이다.

[27] Arthur Groos 편집, *Richard Wagner: Tristan und Isolde*, Cambridge University Press, 2011.

[28] John Toland, *Adolf Hitler: The Definitive Biography*, Knopf Doubleday Publishing Group, 1992.

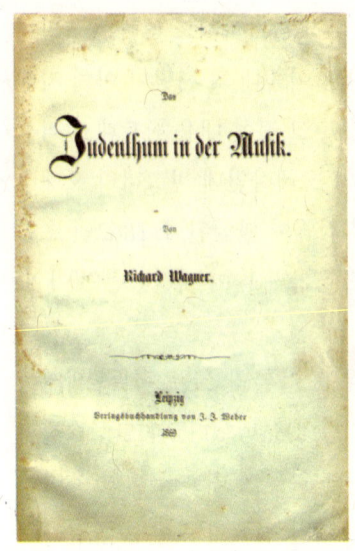

1869년 『음악 속의 유대주의』
에세이 표지

적으로 그들과의 접촉에서 마음이 거슬리고 언짢음을 느낀다. 그들은 고유의 말이 없고, 고유의 나라도 없다. 그래서 유대인은 다른 나라의 언어를 그냥 앵무새처럼 따라 하고 예술을 모방할 뿐이며, 시를 쓰거나 예술작품을 만들 수 없다"라고 썼다. 이는 당시의 시대적 상황과 함께 사회의 분위기를 반영한 글이라 생각되며, 어쨌든 바그너의 이러한 표현은 '근대적 반유대주의 운동'의 기폭제가 되었다고 할 수 있다.[29]

그렇다면 왜 바그너는 이처럼 유대인에 대한 혐오적 증오의 감정을 갖게 되었을까?[30] 모든 것이 다 설명되진 않겠지만, 많이 회자하는 두 가지 일화가 있다. 유대인 작곡가 마이어베어(Giacomo Meyerbeer, 1791~1864)와 우리에게 〈바이올린협주곡〉과 〈한여름 밤의 꿈〉 등으로 잘 알려진 멘델스

---

29 스티브 존슨, 이성호 역, 『바그너, 그 삶과 음악』, 포노(PHONO), 2012.
30 http://idweekly.com/news/view.php?no=5898; https://ko.wikipedia.org/wiki/리하르트_바그너 참조.

존(Jacob Ludwig Felix Mendelssohn Bartholdy, 1809~1847)과 관련된 내용이다.

바그너는 20대 후반에 음악 감독으로 재직하던 오페라하우스가 파산하여 도피하다시피 국외로 나갈 수밖에 없었다. 런던 등을 거쳐 파리로 갔을 때, 당시 파리에서 큰손 역할을 하던 마이어베어에게 재정적 도움과 함께 자신이 작곡한 〈리엔치(Rienzi)〉가 연주되도록 도움을 청했다. 그런데 당시 마이어베어의 반응은 그리 만족스럽지 못했고, 결과도 좋지 못해 심한 배신감을 느꼈다고 한다. 〈리엔치〉는 1842년 독일 드레스덴에서 초연되었고, 바그너는 귀국해 궁정악장으로 활동하게 되었다. 이때부터 민족주의적 성향과 반유대적인 성향이 뚜렷해지기 시작했고, 이후 유대인에게 "페스트나 다름없는 놈들"이라는 비난도 서슴지 않았다고 한다.

다른 하나는 1836년 바그너가 멘델스존에게 〈C장조 교향곡〉을 선물로 보내면서 멘델스존에 의해 자신의 곡이 연주되기를 바랐는데, 멘델스존은 관심이 없었고 악보마저 잃어버리는 일이 발생했다. 이에 자존심에 심한 상처와 무시당했다는 느낌을 받았을 것으로 본다.

이러한 경험은 앞서 마이어베어로부터 받았던 배신감에 더해 증오심으로 발전하게 된 것으로 생각된다. 시대 분위기와 개인적 경험이 복합적으로 작동한 결과라고 생각한다. 바그너는 가장 독일적인 게르만 신화를 이상으로 삼아 게르만 민족에게 보편적 긍지를 심어줄 오페라 음악 작곡과 이론 정립에 힘썼다. 또한, 바그너는 당시 '전체예술'을 강조했는데, "예술이란 일부 계층의 오락기구가 아니라 사회 각계각층을 망라한 국민 전체의 예술적 표현이어야 한다. 그리고 가장 근원적이며 순수한 국민적 시작(詩作) 소재는 한 시대의 성격에 사로잡히지 않고 본질적인 것을 상징적으로 표현하는 신화여야 한다"고 강조했다.

히틀러는 독일 국민을 하나로 결집하고 게르만 민족의 우수성을 부각하기 위해 바그너를 소환했다. 바그너의 반유대주의 사고와 게르만 신화를 소재로 한 음악을 최대한 활용했다. 집회의 시작은 《뉘른베르크의 마이스터징어(명가수)〉로 문을 열고, 군대가 행진할 때는 〈순례자의 합창(오페라 《탄호이저》의 서곡)〉이나 《니벨룽의 반지》 중에서 '발퀴레의 기행'을 사용했다고 한다. 대체로 바그너의 음악이 장엄하고 묵직한 분위기를 연출한다는 측면에서 잘 맞았을 것으로 생각된다.[31]

《뉘른베르크의 마이스터징어(명가수)》는 바그너의 오페라 중 비교적 희극에 가까운 작품이다. 뉘른베르크는 독일 중남부에 있는 도시다. 바그너가 휴양차 갔다가 『독일문학사』라는 책을 읽으면서 한스 작스와 마이스터징어의 이야기를 알게 되면서 이를 오페라로 만들겠다고 마음먹어 1867년 완성한 곡이다. 여기서 뉘른베르크의 명가수는 한스 작스라는 실제 인물을 그리고 있다.[32]

16세기 중엽 뉘른베르크성에서 마이스터징어,[33] 즉 수공예에 종사하는 장인들이 노래 수업을 받고 전문적 노래도 하는 사람들의 경연이 있었는데, 우승한 사람은 당시 금 세공사의 딸 에바와 결혼할 수 있었다. 이에 그녀와 사랑하는 사이인 발터라는 기사가 지원하고, 한스 작스라는 구두 명장이 그녀에 대한 사랑을 포기한 채 발터를 도와 우승함으로써 사랑을 이루게 한다는 이야기를 다룬 작품이다. 마지막 3막의 합창 부분에서는 신성한 독일예술의 영광됨을 노래하며 맺는다. 특히, 작품 속에서 바그너는 한스 작스가 발터를 명장이 되도록 하는 장면에서 "외국의 헛된 규칙을 신봉하면 나라가 분열되고 장인정신이 사라질 것이다. 신성로마제국이 사라져도 신성한 독일예술은 살아남을 것이니 진정한 독일 정신을 찬양해야 한다"고 설득한다. 이는 통일된 독일과 독일 정신의 우월성, 그리고 영향에

---

[31] https://blog.naver.com/yunji9964/221650926874 참조.

[32] 한스 작스는 1494년 뉘른베르크에서 태어나 구두 만드는 일을 했고, 명가수가 되기로 결심해 유랑을 떠나 6천 개가 넘는 시를 만들기도 했다. 그는 "예술적 창조력이 풍부한 국민정신의 마지막 인물"로 평가받기도 했다.

[33] 수공업에 종사하는 장인들로서 예술을 사랑하고 노래를 전통적인 형식으로 계승하던 사람들.

1막에서 발터 기사가 노래 부르는 장면

오염되지 않을 것을 주장하는 것으로 나치가 이용하기에 매우 적절했다.[34]

 바그너, 오페라 《뉘른베르크의 명가수》 중
1막 전주곡

　　히틀러는 이런 음악이 독일인의 자긍심을 크게 높일 수 있다고 생각했으며, 휘파람으로 따라부를 정도였다고 한다. 또한, 나치 전당대회를 뉘른베르크에서 하면서 이 곡을 축제의 오페라로 택했다고 한다. 특히, 히틀러는 3막에서 군중이 부르는 "잠에서 깨어나라"를 국민에게 전의를 고취하기 위해 사용했다.
　　"순례자의 합창"이 나오는 바그너의 오페라 《탄호이저》는 13세기의

34　Albert Heintz, *The Master-singers of Nuremberg*, G. Schirmer, 1890.

3막 "순례자의 합창" 공연 장면

음유시인 탄호이저를 소재로 1845년 작곡한 곡이다. '탄호이저와 바르트부르크의 노래 경연(Tannhäuser und der Sängerkrieg auf Wartburg)'이 정식 이름이다.

 탄호이저가 미(美)와 사랑의 여신 베누스[35]와 향락을 즐기다가 지루해지자 고향인 바르트부르크(독일 중부 아이제나흐 지역)로 돌아가는 길목에서 로마로 향하는 순례자의 행렬을 본다. 그는 향락에 빠졌던 것에 대해 참회하기 위해 그들을 따라가려 한다. 그때 고향 친구 볼프람과 그곳의 영주가 나타나 순례자의 행렬을 따라가지 말고 바르트부르크의 고향으로 가서 노래 경연에 나가기를 권유한다. 특히, 아름답고 정숙한 여인 엘리자베트가 우승하는 사람에게 상을 내린다고 하자 엘리자베트를 본다는 기대로 마음을 바꾼다.

---

35 우리가 알고 있는 비너스로, 로마 신화에서 미와 사랑의 여신이며, 그리스 신화의 12신 중 아프로디테와 에트루리아 신화의 투란(Turan)에 해당한다.

노래 경연이 시작되자 친구 볼프람이 첫 순서로 정숙한 사랑의 아리아를 불렀고, 탄호이저는 베누스를 생각하면서 향락적인 사랑의 노래를 불렀다. 이는 탄호이저가 미와 사랑의 여신 베누스와 함께 있었다는 것을 고백하는 것과 마찬가지였다. 공연장에 있던 귀족 부인들은 나가버렸고, 기사들은 탄호이저를 죽이려고 달려들었다. 가까스로 엘리자베트가 막아서며 그에게 참회의 기회를 주자고 하자 영주는 순례자들의 행렬을 따라갈 것을 명령해 길을 떠나게 된다.

 바그너, 오페라 《탄호이저》 중 "순례자의 합창"

시간이 지나 순례자들이 돌아오는데, 엘리자베트가 탄호이저를 아무리 찾아도 찾을 수 없었다. 엘리자베트는 성모마리아에게 탄호이저의 죄가 용서받을 수 없다면 대신 자신의 목숨을 거둬들여 그의 죄를 용서해달라고 기도한다. 얼마 후 탄호이저가 지팡이를 짚고 나타나는데, 교황으로부터 용서를 받지 못했다는 것이었다. 그때 또다시 베누스가 나타나 그를 다시 유혹하며 함께 갈 것을 권유하자 흔들린다. 친구 볼프람은 만류하며 만약 엘리자베트가 와서 탄호이저의 마음을 돌이킬 수 있다면 용서받을 수 있다고 하며 설득하는데, 이때 베누스가 갑자기 내가 졌다면서 사라진다. 이어 바르트부르크성에서 관을 멘 장례 행렬이 다가오는데, 바로 죽은 엘리자베트의 행렬이었다. 그녀가 자신의 목숨을 바쳐 탄호이저를 구원하려고 했으며, 그 결과로 탄호이저가 구원을 받으면서 베누스가 사라진 것이었다. 탄호이저는 엘리자베트의 시신을 보고 쓰러지면서 "거룩한 엘리

자베트, 나를 위해 기도해주오!"라 외치고 죽어간다.[36]

"순례자의 합창"은 3막 초반부에 나오는 음악이다. 엄숙하면서도 장중해 비장함을 느끼게 하는 곡이다. 민족주의를 자극해 독일 국민을 하나로 모으기에 음악적 감성이 충분했다. 바그너는 이 오페라로 그의 존재를 확실히 드러내며 최고의 반열에 오르게 되었다.

《니벨룽의 반지(Der Ring des Nibelungen)》는 4악장의 서사 악극곡이며, 오페라 역사상 가장 위대한 걸작 중 하나로 꼽힌다. 저주받은 반지가 저주에서 풀려나기까지의 여정과 그 반지를 둘러싼 다양한 인물의 이야기를 담고 있다. 고대 노르웨이와 아이슬란드의 전설집 사가(saga) 및 중세 독일의 영웅 서사시 니벨룽의 노래에 기초해 창작된 오페라다. 1848년부터 1874년까지 약 26년에 걸쳐 만들어졌다.

《니벨룽의 반지》는 크게 보탄(Wotan, 신들의 신)을 중심으로 하는 신들의 세계, 난쟁이 니벨룽족(게르만 신화에 등장하는 씨족)의 세계, 지크프리트(Siegfried)[37]를 중심으로 하는 인간의 세계로 구성되어 있으며, 신들의 세계가 몰락한 후 인간의 세계가 새로이 탄생하는 과정이 묘사되고 있다. 반지를 둘러싸고 펼쳐지는 권력을 향한 인간의 욕망, 사랑, 배신, 복수 그리고 종말을 통한 권력의 허망함, 인생의 무상함 등 인간 삶의 보편적인 주제를 다루고 있다.

특히, 3부에서는 주로 지크프리트를 다루고 있는데, 바그너는 지크프리트를 다가올 미래의 이상적이고 전형적인 인간상으로 제시하면서 오페라 전반에 걸쳐 영웅이자 반유대인의 전형으로 그리려 했다. 지크프리트를 자신과 동조시키려 했다고도 볼 수 있다. 즉, 미래 게르만 민족과 세계

---

[36] Richard Wagner, *Tannhäuser*, Courier Corporation, 1984.
[37] 게르만 신화를 다룬 사가(saga)의 에다와 뵐숭에 등장하는 영웅으로 보이며, 바그너의 오페라에 등장하는 인물은 6세기 메로빙거 왕조의 시게베르트(Sigebert) 1세로 추정된다.

를 구원할 영웅이 바로 자신이라는 것이다. 바그너의 음악이 히틀러의 내면에 잠재된 영웅 의식과 민족구원의 사명에 충실한 배경음악이 될 수 있었던 이유다.

 바그너, 오페라 《니벨룽의 반지》 중 '발퀴레의 기행'

공연은 16시간 정도로 대규모 오페라다. 총 4부의 오페라 중에서 '발퀴레의 기행'은 2부 3막에 나온다. 발퀴레(Die Walkuren)는 신들의 신 보탄이 9명의 딸에게 전장에서 죽은 영웅들의 영혼을 선별하여 영웅의 전당인 '발할라(Valhalla)'로 안내하는 역할을 하도록 하는데, 이들을 가리켜 '발퀴레'라고 한다. 《탄호이저》중 가장 잘 알려져 있고 많이 듣는 부분이 바로 2부에 나오는 '발퀴레의 기행'으로, 영화음악이나 드라마 등에도 자주 인용되는 곡이다.[38]

제1차 세계대전의 교훈은 고스란히 다음 전쟁에 반영되어 나타났다. 프랑스는 1917~1918년에 있었던 참호전과 진지전의 경험을 바탕으로 요새화된 강력한 방어진지를 구축하면 어떠한 공격도 막아낼 수 있을 것으로 자신했다. 프랑스의 전쟁부 장관이던 앙드레 마지노(Andre Maginot)가 구상하여 1929년부터 1938년까지 약 10년에 걸쳐 독일과의 접경지역 및 공격을 대비한 지역에 약 750km의 이른바 '마지노선'[39]을 구축했다.[40]

---

[38] Roger Scruton, *The Ring of Truth: The Wisdom of Wagner's Ring of the Nibelung*, Abrams, 2017.
[39] 대전차장애물과 철조망을 깔아놓고 뒤에는 교통호와 내부철도망으로 연결된 대형 요새와 벙커, 대피소, 관측소, 지상 특화점 등 그야말로 공중공격과 포격에 능히 버티며 전투를 수행할 요새화된 진지를 구축했다.
[40] https://ko.wikipedia.org/wiki/마지노선 참조.

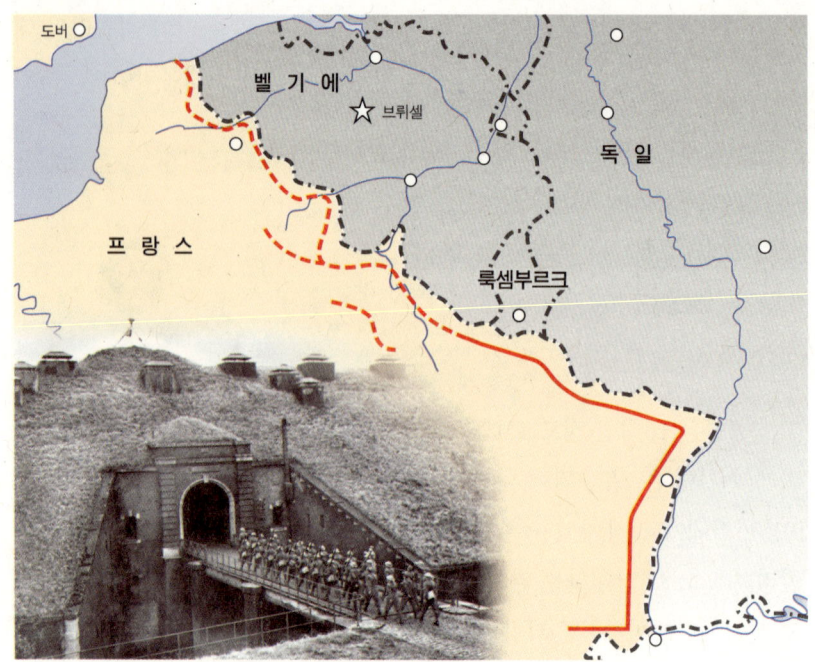

마지노선(적색)의 갱도에 투입되는 병력

프랑스는 북쪽보다 독일과 직접 국경선을 접하고 있는 남쪽을 경계했다. 독일이 구릉성 지역인 남쪽을 통해 대규모 기동을 할 것으로 판단했다. 룩셈부르크 지역은 삼림이 울창해 기동이 제한될 것으로 봤고, 벨기에를 경유할 경우 상당히 먼 거리를 돌아가야 하고 조기에 전쟁 기도가 노출되며, 중립국을 침략함으로써 영국을 자극하여 영국이 조기에 참전할 수 있다는 점도 우려했다.

독일은 제1차 세계대전에서 슐리펜계획[41]을 실행했으나 전쟁에 패

---

41 1891년부터 1906년까지 독일제국의 참모총장 슐리펜(Alfred von Schlieffen, 1833~1916)이 프랑스를 공격하기 위한 슐리펜계획을 구상했다. 프랑스가 강하게 대비하고 있는 중부와 남부를 견제하고 북부의 네덜란드와 벨기에 지역을 경유하여 우익(북쪽)을 강하게 편성해서 공격하는 전략이었다. 하지만 이 계획을 실행하면서 1914년 당시 참모총장이던 몰트

했다. 제2차 세계대전에서는 참모총장이던 할더(Franz Halder, 1884~1972)가 '황색상황(Aufmarschanweisung N°1, Fall Felb)' 계획을 제안했으나 히틀러가 반대했다. 이는 기존의 슐리펜계획과 유사하여 기습 달성이 어렵고, 기간이 오래 걸린다는 단점을 지적했다. 그 대신에 당시 A집단군의 참모장(중장)이던 만슈타인(Erich von Manstein, 1887~1973) 장군이 제안한 '낫질 작전계획(Sichelschnittplan)'을 채택했는데, 신속한 기습 달성이 가능한 계획이었다.

독일은 1938년 3월 오스트리아를 병합하고, 9월에는 체코의 주데텐란트(Sudetenland, 체코 서부지역으로 독일과 접경지역) 등 중요지역을 일부 점령했다. 1939년 3월에는 체코의 나머지 지역을 모두 확보했다. 한편, 당시 프랑스와 영국은 폴란드의 주권을 보장한다고 선언했다. 하지만 9월 1일 독일이 마침내 폴란드를 침공했고, 이에 영국과 프랑스가 독일에 선전포고하면서

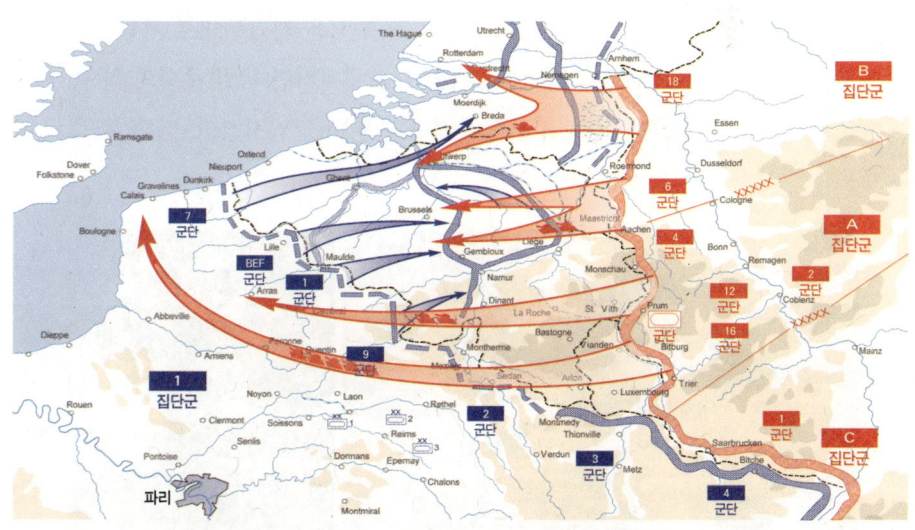

프랑스의 계획(청색)과 독일의 기동계획(적색)

케(Helmuth Johann Ludwig von Moltke, 1848~1916)가 일부를 수정하여 적용함으로써 중요 패인이 되기도 했다.

제2차 세계대전이 본격화되었다. 9월 27일, 약 4주 만에 폴란드가 항복함으로써 독일과 소련에 의해 분할 점령되었다. 다음 해인 1940년 4월부터 6월에 독일은 덴마크와 노르웨이를 공격하여 항복을 받아냈고, 프랑스를 공격하기 위한 모든 여건을 만들었다.

    1940년 5월 10일 드디어 독일의 총구가 프랑스를 향했고 방아쇠가 당겨졌다. 프랑스는 남부지역을 마지노선으로 대비하면서 병력을 절약하여 북부지역, 즉 네덜란드 지역을 통해 독일의 주력이 올 것에 집중했다. 벨기에 남부와 룩셈부르크 지역은 삼림지대라 기동이 제한될 것으로 판단해 대비가 약했다. 위 요도에서 보면, 프랑스의 주력이 북쪽에 집중적으로 배치된 것을 확인할 수 있다. 그러나 독일은 이를 역이용했다. 즉, 북부는 작은 규모의 부대로 프랑스의 주력부대를 견제하고 독일의 주력부대는 중앙의 아르덴느 삼림지대의 협소한 기동로를 개척하면서 기습을 시도했다.

    예상을 뛰어넘는 기습작전이었다. 독일 주력은 기갑부대로 기동전을 펼치며 아주 빠른 속도로 진출했다. 위의 요도에서처럼 독일 주력의 한 축은 대서양까지 진출해 북부 프랑스 주력을 완전히 고립시켰고, 다른 한 축

아르덴느를 통과하는 독일 기갑부대와 2024년 필자 방문 시 삼림의 모습

은 파리를 점령했다. 프랑스는 독일의 침공이 개시된 지 40여 일 만인 6월 22일 항복했다. 독일은 이어 7월부터 10월까지 영국에 대한 대규모 공습을 감행했다. 하지만 영국의 효과적인 레이더망과 대공방어로 독일은 많은 전투기 손실을 당해 더 이상의 공격이 제한되었다.

한편, 독일과 동맹을 맺은 이탈리아는 1940년 이집트와 그리스를 침공했고, 1941년 2월 독일은 아프리카 전역에 지원 군단을 파병했다. 하지만 북아프리카 전역은 독일로 하여금 전투력을 분산시키게 하는 가장 피해야 할 상황을 만들었고, 결국 1943년 5월 독일군은 북아프리카 전역에서 패하게 된다.[42] 왜냐하면, 1941년 6월부터 독일은 소련을 침공하기 위해 대규모 병력을 투입했기 때문이다.

초기 1년 반가량 독소 전역에서 수세에 몰렸던 소련은 시간이 지나면서 점차 회복했고, 스탈린그라드 전투에서 승리함으로써 반격의 계기를 마련했다. 이어 1943년 7월 쿠르스크 전투에서도 승리하며 완전히 공세로 전환했고, 7월 말에는 키이우를 해방시켰다. 그 사이 아시아에서는 1942년 12월, 독일과 동맹이었던 일본이 진주만을 공격하며 태평양전쟁이 개시되었고, 미국이 본격적으로 제2차 세계대전에 가담하게 되었다.

하지만 1943년부터 대부분 지역에서 히틀러의 독일은 연합군의 공세를 받으며 수세에 몰리게 되었다. 전쟁의 장기화로 독일이 전쟁물자 보급과 병력 충원에 제한을 받은 반면, 연합군은 미국의 가세로 이전보다 훨씬 원활해졌다. 1943년 말과 1944년 초에 연합군은 이탈리아 북부에 상륙한 후 남부로 진격했고, 1944년에는 연합군 폭격기가 독일을 공격하기 시작했다.

또한, 6월 6일에는 연합군의 노르망디 상륙작전이 성공함으로써 독일은 이제 서쪽에서는 연합군, 동쪽에서는 소련군의 공격을 받게 되었다.

---

[42] https://ko.wikipedia.org/wiki/북아프리카 전역 참조.

베를린 공방전 당시 국회의사당에 깃발을 게양하는 소련군

연합군은 파죽지세로 독일군을 압박했다. 1945년 베를린이 소련군에 의해 포위되기 시작했고, 패망의 시간이 다가왔다. 1945년 4월 30일, 히틀러는 마침내 베를린의 총통관저 지하벙커에서 아내 에바 브라운과 함께 자살을 선택했다.[43] 사실상 '히틀러의 전쟁'이 끝난 시점이었다.

    1945년 5월 1일 아침부터 독일제국의 라디오에는 종일 안톤 브루크너(Joseph Anton Bruckner, 1824~1896)의 〈교향곡 7번〉 2악장이 방송되어 히틀러의 죽음을 알렸다. 2악장은 브루크너가 바그너의 죽음을 애도하기 위해 작곡한 음악이다. 브루크너도 낭만주의 음악을 꽃피운 작곡가로 서로 교류가 많았다. 브루크너는 바그너를 정말 좋아했고 존경했다. 그런 이유로 히틀러도 브루크너 음악을 좋아했고 감동을 받았다. 또한, 히틀러의 고향이

---

[43] Marianna Torgovnick, *The War Complex: World War II in Our Time*, University of Chicago Press, 2005.

브루크너 〈교향곡 7번〉 표지와 악보 일부

오스트리아 북부의 린츠(Linz)와 가까운 곳이었는데, 공교롭게도 브루크너의 고향도 린츠 인근에 있어 각별함을 갖고 있었다.

나치는 브루크너 음악의 부흥을 시도했다. 그의 음악이 독일 대중의 시대정신을 표현하고 있다고 판단했다. 오스트리아 린츠의 브루크너 사립 대학은 1932년 브루크너 음대로 바뀌었고, 린츠의 교향악단도 브루크너 오케스트라 린츠(Bruckner Orchestra Linz)가 되었다. 히틀러는 1937년 독일 남부 레겐스부르크(Regensburg)의 발할라(Walhalla: 국가 영웅 묘원)에 브루크너의 흉상을 세우고 기념식을 거행했다.[44]

또한, 브루크너가 묻힌 린츠의 성 플로리안 수도원을 브루크너의 원고 보관소로 개조할 계획까지 세웠다. 이렇게 오스트리아에 공을 들인 것은 정치적 목적도 있었던 것으로 생각된다. 즉, 나치가 1938년 3월 오스트

---

44 https://brunch.co.kr/@@2Lmr/30 참조.

브루크너 동상 앞 히틀러

리아를 병합함에 따라 오스트리아 국민의 거부감을 완화할 필요가 있었다. 그래서 히틀러와 브루크너의 고향이 같은 린츠 지역이라는 점을 최대한 활용하려고 했던 것으로 생각된다. 1943년에는 브루크너 심포니 오케스트라(Bruckner Symphony Orchestra)를 창립하여 창단공연을 열기도 했다. 당시 브루크너는 나치 독일에서 가장 인기가 있었던 작곡가 중의 한 사람이었다. 이런 이유로 독일 라디오 방송은 바그너와 브루크너의 작품을 자주 방송했다.

　브루크너의 7번 교향곡은 그의 11개 교향곡 중 하나로, 1883년에 완성되었다. 당시 많은 작곡가가 바그너의 영향을 받았고 이를 바그네리안(Wagnerian, 바그너 음악의 숭배자들)이라 부르는데, 그의 그늘에 있었다. 낭만주의 시대 음악을 이끌던 말러, 슈트라우스, 리스트 등이 이에 해당한다. 브루크너의 7번 교향곡은 전통적인 4악장으로 구성했고, 단조가 아닌 장조의 곡이다. 그럼에도 2악장이 바그너의 죽음을 애도하는 비장한 분위기를 연출하는 것은 매우 특징적이다. 브루크너는 이 곡의 발표로 극찬을 받았고,

작곡가로 크게 인정받게 되었다.[45]

브루크너,
〈교향곡 7번, WAB. 107〉 2악장

　브루크너의 경우 친나치주의자가 아니었다. 그렇다고 반유대주의 색채를 띤 것도 아니었다. 브루크너의 의지와 관계없이 나치는 브루크너의 음악이 독일 대중의 시대정신을 표현하고 있다고 판단해 브루크너 음악의 부흥을 시도했다. 반유대주의 사상을 가진 바그너를 좋아한 것에 대한 히틀러의 개인적 호감과 오스트리아 병합과 관련된 정치적 이유가 복합적으로 작용한 듯하다.

　바그너와 브루크너 외에도 당시 나치 정권이 정치적으로 활용한 작곡가가 있었다. 후기 낭만주의 작곡가로 잘 알려진 리하르트 슈트라우스(Richard Georg Strauss, 1864~1949)다. 그는 뮌헨에서 태어나 베를린에서 주로 활동했고, 교향곡과 오페라 작곡 등을 통해 음악계에 잘 알려진 인물이었다. 나치 정권은 1930년대에 그를 '제국음악원'의 총재로 임명했다. 1936년에는 베를린 올림픽의 송가를 작곡하고 지휘했다.[46] 하지만 그는 친나치주의자가 아니었기에 때로는 대립하고 갈등도 있었다. 다만 그의 모호함은 며느리가 유대인이었기 때문에 나치 정권의 탄압으로부터 며느리와 손자를 보호하기 위한 어쩔 수 없는 선택이 아니었나 한다. 후대의 평가도 대부분 이를 인정한다.

45　Sergio Martinotti, *Anton Bruckner*, Edizioni Studio Tesi, 1990.

46　Michael Kennedy, *Richard Strauss: Man, Musician, Enigma*, Cambridge University Press, 2006.

제2차 세계대전의
회상과 추모, 그리고 음악

전 세계가 추축국[47]과 연합국으로 나누어져 약 6년을 싸웠던 제2차 세계대전의 피해는 매우 컸다. 군인, 민간인을 포함하여 약 5,000만~7,500만 명이 숨졌다. 특히, 유대인은 약 600만 명이 학살되었다. 여기에 슬라브족, 집시, 동성애자, 정치범 등 인종 청소 대상을 모두 포함하면 1천만 명 이상이 희생되었다. 전쟁으로 인한 피해가 아니라 배타적 차별주의가 만들어낸 최악의 비극이었다. 히틀러는 대게르만 우월주의, 민족주의의 필요성을 주장하며 유대인과 슬라브족은 열등한 민족이고 독일제국을 오염시키고 피해를 준다는 이유로 탄압했다.

히틀러가 집권한 후 1933년에는 유대인이 운영하는 사업에 대한 국가적 차단이 이루어졌고, 1935년에는 뉘른베르크법[48]을 바탕으로 유대

---

[47] 이탈리아의 무솔리니가 유럽의 국제관계는 로마와 베를린을 연결하는 선을 '추축(Axis)'으로 하여 변화할 것이라고 언급한 데서 유래한 말로 독일, 이탈리아, 일본을 가리킨다.

[48] 뉘른베르크법은 1935년 뉘른베르크의 나치 전당대회에서 발표되어 법제화되었다. 유대인은 독일인과 결혼 및 성관계를 금지하고, 독일 국기를 게양할 수 없으며, 공무원이 될 수 없다는 내용을 담고 있다. 아울러 독일 시민을 규정하여 국가 시민은 독일 국민 혹은 독일 혈

인에 대한 법적 차별이 가해졌다.[49] 1938년부터는 반유대적 폭력이 발생했다. 1939년 독일이 폴란드를 침공하면서 유대인을 몰아넣은 구역인 게토(Ghetto)[50]가 형성되어 격리가 이루어졌다. 이러한 인종 말살 정책은 히틀러의 친위대인 SS부대(Schutzstaffe)[51]가 담당했다.[52]

    본격적인 대규모 집단수용소는 1940년 5월부터 조성되는데, 독일 국경과 인접한 폴란드 지역에 아우슈비츠 1호가 건설되고 1942년 2호와 3호가 건설되었다. 독일은 당시 '집단학살수용소', '강제노동수용소' 등 여러 종류의 수용소를 운영했다. 집단학살수용소는 사람을 죽일 목적으로 운용한 곳으로 아우슈비츠를 포함하여 트레블랑카 수용소, 헤음노 수용소 등 6곳이며, 그중 아우슈비츠가 가장 악랄했다. 집단학살수용소에는 가스실, 생체실험실, 시체소각장 등이 운영되었다.

    당시 대량학살은 주로 가스실에서 이루어졌는데, 기록을 보면 기차를 통해 포로가 들어오면 그대로 가스실로 보내지거나 때로는 군의관의 신검을 거쳤다고 한다. 이런 절차가 끝나면 접수플랫폼으로 보내져 가지고 있는 모든 물품을 압수하여 전쟁자금으로 활용했다. 그런 다음 방역을 위해 샤워를 해야 한다는 이유로 알몸으로 가스실로 몰아넣었다. 혹시 몰라 안심시키기 위해 때로는 수건과 비누를 주고, 샤워 후에 줄 커피가 식으니 빨리 씻을 준비하라고 말하면서 다 들어가고 나면 "입욕"이라는 신호와 함께

통으로, 독일 국민과 독일을 위해 충실히 봉사하기 위해 기꺼우면서도 적절히 행동하는 사람을 지칭한다고 정의함으로써 이민족은 독일 시민이 아님을 명확히 했고, 유대인 탄압을 본격화하는 계기가 되었다.

49 https://en.wikipedia.org/wiki/Nuremberg_Laws 참조.
50 유대인이 모여 살도록 법으로 강제한 도시의 거리나 구역.
51 나치 독일에 존재했던 준군사조직이자 국가사회주의 독일 노동자당의 당군이다. 나치 독일과 히틀러의 인종 말살 정책을 포함해 전쟁 범죄에 가장 많이 가담한 조직이다.
52 Albert S. Lindemann & Richard S. Levy, *Antisemitism: A History*, Oxford University Press, 2010.

포로수용소에 갇혀 쇠약해진 유대인

가스를 주입해 학살했다고 한다. 한마디로 잔인무도하며, 정말 끔찍한 일이다. 결국, 유대인을 사람으로 생각하지 않았다고 볼 수밖에 없다.

나치는 유대인을 가스실에서 학살할 때도 바그너의 《탄호이저》에 나오는 "순례자의 합창"을 틀고, 유대인은 이 음악을 들으면서 죽어갔다고 한다. 그래서 '죽음의 선율'이라고 부르며, 이스라엘에서 바그너의 음악을 금기시하고 있는 이유다.[53]

유대인 학살을 규탄하고 추모하기 위한 아주 특별한 곡이 있다. 20세기 최고의 클래식 음악가로 꼽히는 쇤베르크(Arnold Franz Walter Schönberg, 1874~1951)가 작곡한 〈바르샤바의 생존자(Ein Überlebender aus Warschau), Op. 46〉라는 곡이다. 쇤베르크는 오스트리아 빈에서 유대인 부모 아래 태어났다.

---

[53] https://ko.wikipedia.org/wiki/홀로코스트 참조.

1911년 그가 작곡한 〈구레의 노래(Gurre-Lieder)〉[54]는 당시 말러의 8번 교향곡만큼이나 주목받기도 했다. 또한, 그가 완성한 '12음 기법'[55]은 음악사적으로 큰 업적이기도 하다. 쇤베르크는 1925년 베를린 예술학교의 교수로 임용되었으나 나치 정권이 들어서며 유대인에 대한 탄압이 시작되자 미국으로 망명하여 그곳에서 활동했다.

〈바르샤바의 생존자〉는 전쟁이 끝난 후 1947년 미국에서 작곡된 곡으로, 폴란드 내 유대인 생존자들에게서 들은 이야기를 기반으로 만들어졌다. 특히, 이 곡은 그가 완성한 12음 기법으로 작곡되었으며, 마치 생존자가 증언하는 듯한 내용의 내레이션이 등장하는 특징이 있다.[56]

곡의 첫 번째 부분은 한 유대인이 가스실로 들어가기 전 집합해 있던

〈바르샤바의 생존자〉 악보 일부와 쇤베르크

---

54 덴마크의 소설가 야콥센(Jens Peter Jacobsen, 1847~1885)이 쓴 19개의 시를 소재로 만든 성악곡이다.

55 쇤베르크는 "상호 간에서만 관계를 갖는 12음에 의한 작곡기법"이라고 정의했다. 12음은 온음과 반음을 합한 것으로 통상 12음을 갖고 작곡하는데, 이를 정형화시킨 것이다. 즉, 1옥타브 안의 12개 반음을 전혀 중복 없이 써서 음렬을 만들고 이를 바탕으로 하여 전곡의 모든 선율적·화성적 요소를 구성하는 작곡법이다.

56 Charles Rosen, *Arnold Schoenberg*, University of Chicago Press, 1996.

중 지시하는 부사관의 총 개머리판에 맞아 정신을 잃고 쓰러져 우여곡절 끝에 살아남게 되는 내용을 담았고, 두 번째 부분은 죽음에 대한 공포와 두려움 속에서 유대인이 그들의 기도문을 찬송하는 내용을 합창으로 다뤘다. 내레이션의 일부를 보면 다음과 같다.[57]

> 중사가 고함쳤다.
> "집중! 똑바로 서! 아니면 내가 개머리판으로 도와줄까?
> 그래 좋아, 너희들이 그렇게도 원한다면 말이야."
> 부사관과 그의 병사들이 마구 때렸다. 젊었거나 늙었거나,
> 건장하건 아프건, 잘못이 있건 없건 가리지 않고…
> 울부짖는 소리와 신음이 듣기에도 고통스러웠다.
> 나는 매우 세게 얻어맞았고, 쓰러질 수밖에 없었다.
> 쓰러져 일어날 수 없는 우리는 모두 머리통을 얻어맞았다.
> 나는 정신을 잃은 것이 틀림없다.
> 그다음 나는 한 군인이 말하는 것을 들었다.
> "모두 죽었습니다."
> 그리고 부사관은 우리를 치우라는 명령을 내렸다.
> 나는 정신을 반쯤 잃은 채 가장자리에 누워있었다.

시작부터 관악기의 날카로움이 들리는데, 마치 무엇인가 비상 사태가 발생하여 경고하는 듯한 상황을 연출하며, 중간중간의 트럼펫은 불협화음처럼 연주되며 삭막한 분위기를 더한다. 또한, 군대 드럼과 베이스드럼은 긴장감을 조성하고 잔잔한 듯하다가 커지기를 반복하면서, 느려졌다 빨라지기를 반복하는 팡파르는 수용된 유대인의 불안과 두려움을 표현하고 있

---

[57] https://blog.naver.com/opazizi/221552355091 참조.

는 듯하다. 쇤베르크는 이 음악을 통해 당시의 비극적인 상황을 내레이션 기법을 통해 알리고, 아울러 유대인 학살이 얼마나 잔인하게 이루어졌는지를 고발하고자 했다.

 쇤베르크, 〈바르샤바의 생존자. Op. 46〉

쇼스타코비치도 1962년 작곡한 13번 교향곡 〈바비야르(Babi Yar)〉를 통해 유대인 학살의 잔혹상을 고발했다. 바비야르는 우크라이나의 수도 키예프 근처의 마을 이름이다. 독소전쟁 중이던 1941~1943년까지 나치 친위대인 아인자츠그루펜 주도로 3만여 명에 달하는 유대인과 집시, 우크라이나인, 러시아인, 소련군 포로들이 집단 학살된 곳이다.

5악장의 곡으로, 특히 1악장에서는 바비야르에서 벌어진 학살에 대한 회고와 학살자들의 광기, 은둔 중 발각되어 비참한 최후를 맞이했던 안네 프랑크의 일화, 반유대주의에 대한 증오가 차례로 이어지는 시가 사용되었다. 이어 점령지에서 만취 상태로 유대인을 학살하는 반유대주의자들을 묘사하며, 이것이 끝나면 반유대주의자들의 악랄함과 비겁함을 질타하는 내용의 베이스 독창이 나온다.[58]

그 외에도 전쟁 기간 중, 특히 포로수용소에서 아주 특별한 연주회도 있었다. 바로 〈세상의 종말을 위한 4중주(Quatuor pour la fin du Temps)〉라는 곡인데, 프랑스의 작곡가 메시앙(Olivier Messiaen, 1908~1992)이 폴란드에 있는 포로수용소에 있을 때 작곡하고 연주한 기악곡이다. 당시 메시앙은 드뷔시(Claude Achille Debussy, 1862~1918)를 잇는 프랑스의 대표적인 작가였다. 그는

---

[58] Brian Morton, *Shostakovich*, Haus Publishing, 2022.

〈세상의 종말을 위한 4중주〉 악보 일부와 메시앙

프랑스 아비뇽에서 태어났는데, 1939년 제2차 세계대전이 발발하자 프랑스군에 소집되어 참전했다. 1940년 그는 포로가 되어 질레지아에 있는 수용소에 수감되었다. 다만 이곳은 유대인 같은 이민족 학살을 위한 수용소가 아니라 전쟁포로를 다루는 곳이라 어느 정도 음악활동을 할 수 있었다.

당시 수용소에는 피아노, 바이올린, 첼로, 클라리넷 같은 악기를 다룰 줄 아는 동료들이 있었는데, 그들과 함께 연주하기 위해 작곡하게 되었다. 〈세상의 종말을 위한 4중주〉는 전체가 8악장으로 구성되었으며, 1945년 1월 동료 포로들이 지켜보는 가운데 초연이 이루어졌다. 포로수용소에서 클래식 곡이 연주되는 보기 드문 장면이 만들어진 것이다. 연주가 끝난 후 전쟁캠프의 신문은 "마지막 음이 울리고 침묵이 흘렀다. 그 침묵은 이 작품의 위대함을 확립시켰다"라고 전하면서 성공적인 연주였음을 소개했다.[59]

---

[59] https://m.blog.naver.com/opazizi/221591923081; https://namu.wiki/w/세상의 종말을 위

메시앙,
〈세상의 종말을 위한 4중주〉

또한, 프랑스의 풀랑크(Francis Poulenc, 1899~1963)는 1940년에 〈멜랑콜리(Melancolie), FP. 105〉라는 곡을 작곡했다. 멜랑콜리는 '슬픔', '우울함'을 뜻하는 말이다. 풀랑크는 20세기 프랑스 클래식 음악의 중요한 인물로, 특히 가곡과 실내악에서 두각을 나타냈다. 풀랑크는 1940년 제2차 세계대전으로 독일이 프랑스를 점령하고 있을 때 이 곡을 작곡했는데, 전쟁의 공포와 불안 속에서 슬픔과 상실감, 내면의 고독을 음악적으로 표현했다.[60]

프로코피예프(우표)와 〈피아노소나타 7번〉 악보 일부

한 4중주 참조.

60 Sidney Buckland, *Francis Poulenc: Music, Art and Literature*, Routledge, 1995.

제2차 세계대전이 배경이 된 '전쟁소나타'도 있다. 피아노소나타인데, 쇼스타코비치의 '전쟁교향곡'처럼 러시아의 작곡가 프로코피예프(Sergei Sergeyevich Prokofiev, 1891~1953)가 작곡한 피아노소나타 6, 7, 8번을 '전쟁소나타'라 부른다. 이 곡들은 제2차 세계대전이 발발한 1939년에 시작해 1940년, 1942년, 1944년에 각각 완성했다.[61]

특히, 〈소나타 7번〉은 20세기 가장 대표적인 피아노소나타 곡으로 평가받고 있다. 작곡가가 붙인 부제는 아니지만, '스탈린그라드'라고 부르기도 한다. 그 이유는 전쟁 기간의 시대적 상황과 맞물려 전쟁에 따른 음울하면서 어두운 모습과 함께 죽음과 삶이 공존하는 치열한 현장의 분위기가 잘 나타나 그렇게 불리고 있는 것으로 생각된다. 스탈린 정부로부터의 압박에 시달리던 상황에서 전쟁 속의 인간을 묘사한 작품들이며, 그의 다른 작품들보다 공격적이고 폭력적이며 또한 음울한 분위기를 띠고 있다.

모두 3악장으로 구성되어 있는데, 1악장은 역동적이고 리듬 있게 전개되고, 2악장은 매우 서정적인 분위기를 연출한다. 그리고 3악장은 클라이맥스로 타악기들을 공격적으로 두드리는 듯한 강렬하고 극적인 기세로 몰아붙이는 분위기를 만들어낸다. 아마도 전쟁터의 실상과 정신적 충격 상황을 그대로 반영한 듯하다. 3악장은 꼭 한 번 들어보기를 추천한다.

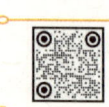 프로코피예프, 〈피아노소나타 7번, Op. 83〉 3악장

전쟁의 희생자를 추모하기 위한 목적으로 작곡되어 많이 알려진 곡도 있다. 바로 영국 작곡가 벤저민 브리튼(Benjamin Britten, 1913~1976)의 〈전쟁

---

[61] 그레고리 하트, 임선근 역, 앞의 책.

독일군의 폭격으로 뼈대만 남고 다 파괴된 코번트리 대성당

레퀴엠(War Requiem), Op. 66〉이다.[62] 독일이 1940년 11월 영국에 대한 대대적인 폭격기 공습을 감행함에 따라 영국 중부의 코번트리라는 지역은 많은 희생자가 발생했고 도시 전체가 파괴되는 피해를 당했다. 이 지역은 산업시설이 많아 군수품 조달을 많이 한다는 이유로 독일군은 전쟁 기간에 40여 회가 넘는 공중폭격을 했다. 이 과정에서 당시 500여 년의 역사를 가진 코번트리 성 마이클 대성당도 외벽만 남고 거의 파괴되었다.

전쟁이 끝난 후 1956년부터 복구공사가 시작되었는데, 전쟁의 참상을 그대로 살리기 위해 파괴되었던 벽체를 그대로 보존한 채 그 옆에 재건축이 이루어졌고 1962년 완공되었다. 1962년 5월, 전쟁의 상처를 딛고 다시 우뚝 선 대성당에 대한 봉헌식이 진행되었는데 이를 기념하기 위해 만들어져 사용된 곡이 브리튼의 〈전쟁 레퀴엠〉이다. 또 한편으로는 제2차 세

---

[62] Neil Powell, *Benjamin Britten: A Life for Music*, Macmillan, 2013. 레퀴엠은 죽은 사람의 영혼을 위로하기 위한 미사 음악으로, 위령곡(慰靈曲) 또는 진혼곡(鎭魂曲)이라는 의미가 있다.

계대전에서 전사한 자신의 친구들을 추모하는 의미도 담고 있다.

 벤저민 브리튼, 〈전쟁 레퀴엠, Op. 66〉

브리튼은 이 곡을 1961년에 시작해 1962년 완성했다. 가사의 소재는 가톨릭에서 사용하는 미사곡과 제1차 세계대전에 참전했다가 종전 1주 전에 전사한 영국의 시인 오웬(Wilfred Owen, 1893~1918)[63]이 쓴 9편의 시를 활용했다. 오웬 자신이 참전해 전쟁터에서 겪은 참상을 상세히 묘사한 시가 브리튼의 〈전쟁 레퀴엠〉 속에 흐르며, 전쟁의 공포와 슬픔을 동시에 느낄 수 있는 곡이다. 오웬의 시 중 유명한 「전사한 젊은이를 위한 송가(Anthem For Doomed Youth)」의 일부 내용을 보면 그 참상이 그대로 느껴진다.[64]

> **전사한 젊은이를 위한 송가**
> 소 떼처럼 죽어가는 이들에게 무슨 조종*이 울리나.
> 단지 소총의 기괴한 분노뿐.
> 단지 더듬거리는 장총의 빠른 드르륵 소리만
> 그들의 황급한 기도를 잠재울 수 있으리라.
> 이제 그들에겐 조롱, 기도나 조종 소리,
> 애도의 소리도 없다. 저 합창을 제외하고는

---

63   그는 25세에 전사했다. 많은 시를 쓴 것은 아니지만 1917년부터 1918년까지 집중적으로 전쟁터의 느낌을 가감 없이 그대로 담았다는 데 큰 의미가 있고, 그가 죽은 후 1920년에 시집으로 출간되었다.
64   https://blog.naver.com/opazizi/222800207798 참조.

> 날카로운 소리, 울부짖는 포탄, 광란의 합창,
> 슬픈 지방(shires)으로부터 그들을 부르는
> 나팔소리를 제외하고는.
>
> *조종(passing-bells)은 죽음을 알리는 종

　　모두 6악장으로 구성된 성악곡이다. 1악장의 시작은 불안감과 공포감이 느껴지는 듯한 상황 속에서 합창으로 시작된다. 자주 등장하는 차임벨 소리는 차가움과 의식의 고요함을 더한다. 합창에 이어 테너가 오웬의 시를 읊는다. 2악장에서는 트럼펫 등 관악기가 타악기와 마치 사격과 포성의 소리를 재현하듯 한다. 그리고 합창과 시낭송이 이어진다. 3악장은 "주 예수 그리스도여!"라고 외치면서 시작된다. 1악장 '레퀴엠 에테르남', 2악장 '부속가', 3악장 '봉헌송', 4악장 '거룩하시도다', 5악장 '하느님의 어린 양', 6악장 '저를 구원하소서' 순으로 이어진다. 합창과 테너, 소프라노 등의 노래와 함께 관현악 반주로 전통적인 미사곡을 연주하며 전반적으로 엄숙한 분위기를 자아내면서도 전쟁의 공포 분위기를 강하게 표현하고 있다.

　　제2차 세계대전을 소재로 한 음악은 이 외에도 많다. 영화와 연극, 미술 등 예술 전 분야에 걸쳐 다뤄졌다. 그리고 아직도 진행 중이다. 아마도 전쟁의 상처가 그만큼 크고 깊기 때문일 것이다. 히틀러와 나치가 사용했던 음악, 즉 베토벤, 바그너, 브루크너 등의 음악이 전쟁을 위해 만들어진 곡은 아니다. 나치가 이 음악들을 정치적 목적으로 이용했을 뿐이다. 음악은 사람들을 때로는 웃게 하고 때론 슬프게도 하며 그리고 흥분하게도 한다. 선전·선동으로 전쟁을 외치던 나치는 음악을 통해 사람들을 자극하고 격동적으로 만들어 전쟁의 한가운데로 몰아넣었다. 그리고 전쟁이 끝나자 아이러니하게도 음악은 희생된 자들을 추모하고 있다.

글을 마무리하며

　　전쟁은 정치의 수단으로서, 정치적 의지를 상대에게 관철하기 위한 폭력행위다. 클라우제비츠도 전쟁을 논하면서 인간의 본성인 폭력의 무제한성과 연관된 국민을 전장을 지배하는 한 요소로 언급했다. 또한, 현실전쟁의 속성으로 폭력성, 우연성, 합리성을 설명하면서 폭력성은 특정 집단의 공동체 의식하에 상대 집단을 타도하려는 원초적이고 파괴적인 성향이라고 전쟁이 갖는 폭력적 속성을 밝힌 바 있다. 그러한 전쟁에 노출된 인간은 정치적 도구로서 생사를 넘나드는 긴장과 공포, 불확실성과 마찰 등에 직면한다. 인간이 경험할 수 있는 가장 첨예한 갈등과 본능이 자연스럽게 마주한다.

　　레프 톨스토이는 그의 저서 『예술이란 무엇인가?』에서 예술이란 사람들 사이에 감정을 전달하는 소통수단으로 예술의 감염성을 강조하면서 "사람이 이 감정을 경험해서 작자와 같은 심경에 감염하고 다른 사람들과의 결합을 느낄 때 이 상태를 나타내는 것이 예술이다"라고 했다. 따라서 전쟁을 소재로 한 예술작품은 전쟁의 참상과 슬픔, 비통함 등을 함께하고 전쟁이 남긴 상처와 경험에 공감하는 감염의 과정을 거침으로써 다시는 전쟁이 일어나서는 안 된다는 메시지를 주는 것이라 할 수 있다.

　　전쟁사에 대한 이해는 전쟁을 억제하기 위해 어떤 전략과 방책을 모색하는 데 중요한 단서가 된다. 또한, 전쟁을 어떻게 구상하고 기획하여 최소의 희생으로 최대의 승리를 획득하는 데 훌륭한 참고서가 될 수 있다. 전리(戰理), 즉 전쟁의 이치란 무기체계와 환경이라는 변수가 작동할 뿐이라고 할 수 있다. 그러므로 전쟁과 관련된 역사를 이해하는 것은 누구에게든 주권 국가의 국민으로서 반드시 필요한 소중한 과정이라 할 수 있다. "평화를 원하거든 전쟁에 대비하라"는 말은 전쟁에 관한 이해 속에서 전쟁을 예방하기 위해 무엇을 해야 하는지를 의미하는 명제다.

『클래식과 전쟁사』라는 책을 통해 전쟁사를 가까이하고, 클래식 음악을 듣는 소박한 바람이 있다. "재미있게 전쟁사를 읽고, 맛나게 클래식을 즐기라"는 개념이다. 꼭 클래식 음악이 아니더라도 예술작품과 친숙해지는 계기가 되었으면 한다. 인문학에 관심이 있는 독자들에게는 정서 함양과 소양을 위해, 전쟁사를 다루는 학생들에게는 음악과 함께 전쟁사를, 그리고 더 많은 학생들에게 교양 과목으로서 도움이 되길 바라는 마음 간절하다.

집필 과정에서 아쉬움도 있다. 전문성 있게 분석적으로 클래식 음악을 다루지 못한 점과 음악 사조별로 명확하게 구분하지 못한 점, 그리고 전쟁의 관점과 군사적 측면에서의 깊이 있는 분석과 각 전투 현장을 더 깊게 다루지 못한 점 등은 아쉬움으로 남는다. 하지만 이것이 끝이 아니라 시작이라는 생각을 갖고 더 많은 연구를 거쳐 다시 만날 것을 약속한다.

참고문헌

그레고리 하트. 임선근 역. 『프로코피예프, 그 삶과 음악』. 포노(PHONO), 2014.

김강녕. 「미국 남북전쟁의 전개와 의의 및 교훈」. 『한국과 세계』 5(4), 2023.

김세라·정석호. 『잔 다르크와 백년전쟁』. 주니어김영사, 2012.

김익원. 『思想 속의 思想: 십자군전쟁–루터의 개혁까지의 연쇄원인』. 성광문화사, 1987.

김재홍. 『30년 전쟁: 유럽 최후의 종교전쟁』. 21세기북스, 2013.

김종선. 『링컨과 남북전쟁 그리고 노예해방선언』. 좋은책만들기, 2017.

데이비드 비커스. 김병화 역. 『하이든, 그 삶과 음악』. 포노(PHONO), 2010.

리처드 화이트하우스. 김형수 역. 『쇼스타코비치, 그 삶과 음악』. 포노(PHONO), 2014.

마크 네스빗. 김봉기 역. 『(체임벌린의) 남북전쟁』. 한스하우스, 2011.

문수미. 『클래식이 이토록 가까울 줄이야』. 시대인, 2025.

박종호. 『베르디 오페라: 26편의 오페라로 읽는 베르디의 일생』. 풍월당, 2021.

빅토르 위고. 고봉만 역. 『(빅토르 위고의) 워털루 전투: 유럽의 운명을 바꾼 나폴레옹 최후의 결전』. 책세상, 2015.

서석주. 『브람스에게 보내는 편지: 브람스의 삶과 작품』. 예솔, 2012.

스티브 존슨. 이성호 역. 『바그너, 그 삶과 음악』. 포노(PHONO), 2012.

양삼석. 「작곡 소재로서의 전쟁: 서양 고전음악을 중심으로」. 『인문학 논총』 36, 2014; 『인문학 논총』 40, 2016.

오지희. 『(이 한 권의) 베토벤 = Beethoven's Life &Music』. 예솔, 2020.

윤덕희. 「18세기 중반 영국 육군의 전투력 분석: 데팅겐전투(1743)를 중심으로」. 『서양사론』 157, 2023.

이영빈. 『Antique is Romantique』. 국보, 2023.

_____. 『Pax Classicana』. 국보, 2019.

이주천. 『미국의 독립전쟁』. 주니어김영사, 2011.

이채훈. 『소설처럼 아름다운 클래식 이야기』. 혜다, 2020.

이혜진. 「헨델의 오페라 〈리날도〉를 바라보는 18세기 영국의 두 가지 시선」. 『예술문화연구』 26, 2019.

전수연. 『베르디 오페라, 이탈리아를 노래하다』. 책세상, 2013.

제러미 니콜러스. 임희근 역. 『쇼팽, 그 삶과 음악』. 포노(PHONO), 2010.

제러미 시프먼. 임선근 역. 『모차르트, 그 삶과 음악』. 포노(PHONO), 2010.

_____. 김병화 역. 『베토벤, 그 삶과 음악』. 포노(PHONO), 2010.

제프리 우텐. 김홍래 역. 『워털루 1815: 백일천하의 막을 내린 나폴레옹 최후의 전투』. 플래닛미디어, 2007.

주효숙. 「토르콰토 타소의 『해방된 예루살렘』 읽기」. 『이탈리아어문학』 42(0), 2014.

프리드리히 폰 실러. 이원양 역. 『발렌슈타인』. 지만지드라마, 2019.

홍용진. 「백년전쟁 초기 프랑스 시가에 나타난 정치적 감정들」. 『서양중세사 연구』 40, 2017.

『객석』. 2021년 9월호. "혁명과 독재의 예술사, 서거 200주기 맞은 나폴레옹과 예술".

C. V. 웨지우드. 남경태 역. 『30년 전쟁: 1618~1648』. 휴머니스트, 2011.

Albert Heintz. *The Master-singers of Nuremberg*. G. Schirmer, 1890.

Albert S. Lindemann & Richard S. Levy. *Antisemitism: A History*. Oxford University Press, 2010.

Alexander Mikaberidze. *The Napoleonic Wars: A Global History*. Oxford University Press, 2020.

Alexis Peri. *The War Within: Diaries from the Siege of Leningrad*. Harvard University Press, 2017.

Andrei Zorin. *Leo Tolstoy*. Reaktion Books, 2020.

Arbie Orenstein. 전혜수 역. 『라벨의 삶과 음악』. 음악춘추사, 2000.

Arthur Groos 편집. *Richard Wagner: Tristan und Isolde*. Cambridge University Press, 2011.

Ayton, A. & Preston, S. P. *The battle of Crécy, 1346*. Boydell and Brewer, 2002.

B. H. Liddell Hart. *A History of the First World War*. Pan Macmillan, 2014.

Brian Morton. *Shostakovich*. Haus Publishing, 2022.

Camille Crittenden. *Johann Strauss and Vienna: Operetta and the Politics of Popular Culture*. Cambridge University Press, 2006.

Charles Rosen. *Arnold Schoenberg*. University of Chicago Press, 1996.

Clifford Rogers. *The Military Revolutions of the Hundred Years War I*. Routledge, 1995.

C. T. Allmand. *The Hundred Years War: England and France at War c. 1300–c. 1450*. Cambridge University Press, 1988.

David Armitage. *The Declaration of Independence*. Harvard University Press, 2007.

David Gates. *The Napoleonic Wars 1803–1815*. Pimlico, 2003.

David J. Code. *Claude Debussy*. Reaktion Books, 2010.

Emma Hornby & David Maw. *Essays on the History of English Music in Honour of John Caldwell*. Boydell & Brewer, 2010.

Estep, William R. 라은성 역. 『르네상스와 종교개혁』. 그리심, 2002.

Geoffrey Parker. *The Thirty Years' War*. Routledge, 1997.

Geoffrey Wawro. *The Austro–Prussian War: Austria's War with Prussia and Italy in 1866*. Cambridge University Press, 1997.

_____. *The Franco–Prussian War: The German Conquest of France in 1870–1871*. Cambridge University Press, 2003.

George Allardice Riddell. *The Treaty of Versailles and After*. George Allen & Unwin LTD., 1935.

George Grove. *Beethoven and his Nine Symphonies*. Cambridge University Press, 1896.

George Nafziger. *Napoleon's Invasion of Russia*. Random House Publishing Group, 1987.

Gerhard L. Weinberg. *A World at Arms: A Global History of World War II*. Cambridge University Press, 2005.

Ian Davidson. *The French Revolution: From Enlightenment to Tyranny*. Profile Books, 2016.

J. Christopher Herold. *The Age of Napoleon*. Houghton Mifflin Harcourt, 2002.

J. Gallois. *Charles–Camille Saint–Saëns*. Editions Mardaga, 2004.

James Joll & Gordon Martel, *The Origins of the First World War*. London Taylorfrancis, 2007.

James M. Volo. *The Boston Tea Party: The Foundations of Revolution*. Bloomsbury Publishing USA, 2012.

Jeremy Siepmann. *Life and Works; VERDI*. 낙소스(eBook), 2024.

John A. Wagner. *Encyclopedia of the Hundred Years War*. Bloomsbury Publishing USA, 2006.

John Toland. *Adolf Hitler: The Definitive Biography*. Knopf Doubleday Publishing Group, 1992.

Jonathan Phillips. *The crusades, 1095–1204*. Routledge, 2014.

K. Ekman. *Jean Sibelius*. Read Books, 2013.

L. Kearney. *Tchaikovsky and His World*. Princeton University Press, 1998.

Linda S. Frey & Marsha L. Frey. *The French Revolution*. Bloomsbury, 2004.

Marianna Torgovnick. *The War Complex: World War II in Our Time.* University of Chicago Press, 2005.

Mary Cyr. *Performing Baroque Music.* Routledge, 2011.

Maynard Solomon. *Beethoven.* Schirmer Trade Books, 2012.

Michael Jones. *Leningrad: State of Siege.* Hachette, 2008.

Michael Kennedy. *Richard Strauss: Man, Musician, Enigma.* Cambridge University Press, 2006.

Michael Talbot. 이원양 역. *Vivaldi*, Routledge, 2016.

M. S. Anderson. *The War of Austrian Succession 1740–1748.* Routledge, 1995.

N. Jaspert. P. Jestice 역. *The crusades.* Routledge, 2006.

Neil Powell. *Benjamin Britten: A Life for Music.* Macmillan, 2013.

Paul Henry Lang. *George Frideric Handel.* Courier Corporation, 1996.

Paul Jankowski. *Verdun: The Longest Battle of the Great War.* Oxford University Press, 2013.

Paul P. Bernard. *Austria's Last Turkish War: Some Further Thoughts.* Cambridge University Press, 2009.

Peter J. Parish. *The American Civil War.* Routledge, 1974.

Peter Jackson. *The Seventh Crusade, 1244–1254.* Routledge, 2007.

Peter McPhee. *The French Revolution, 1789–1799.* Oxford, 2002.

Richard Middleton. *The War of American Independence.* Routledge, 2012.

Richard Wagner. *Lohengrin.* Alma Books, 2018.

―――. *Tannhäuser.* Courier Corporation, 1984.

Roger Scruton. *The Ring of Truth: The Wisdom of Wagner's Ring of the Nibelung.* Abrams, 2017.

Roland John Wiley. *Tchaikovsky.* Oxford, 2009.

Ronald Kowalski. *The Russian Revolution 1917–1921.* Routledge, 1997.

Sandra Jarrett. *Edvard Grieg and His Songs.* Routledge, 2003.

Sergio Martinotti. *Anton Bruckner.* Edizioni Studio Tesi, 1990.

Sidney Buckland. *Francis Poulenc: Music, Art and Literature.* Routledge, 1995.

Sofia Moshevich. *Dmitri Shostakovich, Pianist.* McGill-Queen's University Press, 2004.

Stephen Badsey. *The Franco-Prussian War: 1870–71.* Bloomsbury, 2022.

Steven J. Haller. *Tchaikovsky: 1812 Overture.* Record Guide Productions, 2010.

이미지 출처

PART 1 중세시대 전쟁과 바로크 음악

16	https://namu.wiki/w/십자군전쟁, CC BY-NC-SA 2.0 KR 참조하여 재작성
17	ⓒ MapMaster, wikimedia, CC BY-SA 4.0 참조하여 재작성
22	ⓒ Gabagool, wikimedia 참조하여 재작성
25	ⓒ MapMaster, wikimedia, CC BY-SA 3.0 참조하여 재작성
26	https://namu.wiki/w/제3차 십자군 원정, CC BY-NC-SA 2.0 KR 참조하여 재작성
28	ⓒ Guilhem06, wikimedia, CC BY-SA 3.0 참조하여 재작성
31	https://namu.wiki/w/십자군전쟁/목록 참조하여 재작성
43	https://ko.wikipedia.org/wiki/크레시 전투 참조하여 재작성
49(좌)	ⓒ Tijmen Stam, wikimedia, CC BY-SA 2.5
59	https://namu.wiki/w/뤼첸 전투 참조하여 재작성

PART 2 1700년대 전쟁과 클래식 음악

70	https://namu.wiki/w/데팅겐 전투 참조하여 재작성
75	ⓒ Rebel Redcoat, wikimedia, CC BY-SA 3.0 참조하여 재작성
78	https://namu.wiki/w/퐁트누아 전투 참조하여 재작성
102	ⓒ Bubba73, Wikipedia, CC BY-SA 3.0
103(下)	https://namu.wiki/w/남북전쟁 참조하여 재작성
109(좌)	ⓒ Pasquale Salerno, wikimedia, CC BY-SA 2.0

PART 3 혁명과 나폴레옹, 그리고 클래식

132	https://namu.wiki/w/아우스터리츠 전투 참조하여 재작성

135(右)	ⓒ Marie-Guillemine Benoist, wikimedia
139	ⓒ Dageno, wikimedia, CC BY-SA 4.0
148	ⓒ Ben Bender, wikimedia, CC-BY-SA-3.0
156(左)	ⓒ IzzXory, musescore
165	얀 카이에르스, 홍은정 역, 『베토벤』, 서울: 길, 2018

PART 4 나폴레옹 이후의 전쟁과 클래식

196	ⓒ Robert Alfers, ziegelbrenner, wikimedia, CC BY-SA 3.0 참조하여 재작성
203	ⓒ MOSSOT, wikimedia, CC BY-SA 3.0
214	ⓒ Geopsis, wikimedia, CC BY-SA 3.0 참조하여 재작성
215	ⓒ Michal Pise, wikimedia

PART 5 제국주의 충돌과 제1차 세계대전

224	ⓒ Drawn by Gdr, wikimedia, CC BY-SA 3.0 참조하여 재작성
228(左)	ⓒ Unknown author, wikimedia
236	JWIKI, CC-BY-SA 3.0

PART 6 제2차 세계대전과 클래식

243(右)	ⓒ Roger & Renate Rössing, wikimedia, CC BY-SA 3.0 de
245	https://namu.wiki/w/독소전쟁 참조하여 재작성
247	https://lazy-guy.tistory.com/511 참조하여 재작성
249	ⓒ RIA Novosti archive, wikimedia, CC-BY-SA 3.0
263	ⓒ Bundesarchiv, Bild 183-R69173, wikimedia, CC-BY-SA 3.0 de
268	ⓒ Foto H.-P.Haack (H.-P.Haack), wikimedia
276	ⓒ Goran tek-en, wikimedia, CC BY-SA 4.0 참조하여 재작성
277	ⓒ FallGelb_Final.svg, wikimedia, CC BY-SA 3.0 참조하여 재작성
278(左)	ⓒ Bundesarchiv, Bild 101I-382-0248-33A / Böcker, wikimedia, CC-BY-SA 3.0